海德格尔与黑格尔
美学思想比较研究

李 创◎著

人 民 出 版 社

序

    本书是我的博士生李创在自己的博士论文基础上修订出版的第一本学术著作。作为导师,我不由觉得十分欣慰和高兴,在此表示衷心的祝贺。

    在我的博士生中,李创是十分勤奋刻苦的一个。他读博前,已经工作了几年。虽然他年龄比同级同学大一点,但他刻苦学习的劲头非常足。在复旦大学四年的博士生学习期间,我看到他不分寒暑假,始终"泡"在学校图书馆、系资料室里如饥似渴地"啃"读名著、钻研学术,尤其重视外语和美学基础理论的学习。有时候为搞清楚一个重要概念、术语,他尽量查阅各种中外文献,加以比较对照,有一种执著不懈的"憨""笨"精神,体现出对学术的敬畏和追求。在他第一本学术著作即将出版之际,为他写一篇序言,是义不容辞的。

    记得当年在蒋孔阳先生指导下选择硕士毕业论文题目时,我与师兄曹俊峰、张玉能分别以黑格尔、康德、席勒美学思想作为研究选题,因为蒋先生是我国德国古典美学研究的开创者,我们理所当然要沿着先生开拓的领域继续努力。而在我指导李创他们这级学生时,我的三位博士生可能也想要继承、发扬这个德国古典美学研究的传统,所以分别以黑格尔、谢林、费希特的美学思想作为博士论文的选题。这当然甚合我意。

    在学习期间,李创原本钟情于海德格尔思想的研究,但是,到后来,他发现海德格尔受到黑格尔深刻影响,在某种意义上可以说,不懂得黑格尔,也很难真正理解海德格尔。所以,后面两年,他结合自己以往研究的基础,选择了黑格尔与海德格尔美学思想的比较研究作为博士论文题目。不过,对于他的选题,我在欣喜之余不免有些担心,主要因为作为两位西方哲学、美学大家,他们本身的思想体系均十分庞大复杂,要搞清楚两者美学思想的主要内容并比较分析其联系与差异,其难度可想而知。而且,国内这方面的比较研究还少有可供参考的成果,因而更是难上加难,这对李创独立思考和探索也提出了更高的要求。幸而凭借复旦浓郁的学术氛围与丰富的中外文学术资料,主要是通过他本人的艰苦努力和深入研究,终于按时完成了这篇近二十万字的博士论文的写作,并顺利通过了论文答辩,获得了答辩专家的好评。

经修订后,通览书稿,我觉得本书有以下几个特点和优点:

第一,能够在深入解读黑格尔与海德格尔美学思想的基础上,对其中若干重要方面进行较为深入的比较研究,比较中能够注意从事情本身出发,力求切合原意,不盲从学界流行观点。如该书论述了海德格尔对黑格尔"美是理念的感性显现"说的独特理解,分析了海德格尔《艺术作品的本源》对黑格尔《美学》的继承与批判,探讨了海德格尔对黑格尔三种艺术历史类型(即象征型、古典型、浪漫型)相关观点的创造性发挥,如此等等,凸显了二位美学大家思想上的区别与联系,实际上否定了国内外学界某些人将二人截然对立起来、无视黑格尔对海德格尔巨大而深刻影响的流行看法。

第二,该书有一些观点具有创新性,是李创经过独立研究获得的个人独有的体会。比如他在西方古典学视域下考察黑格尔美学的形成,过去似无人论及,至少在国内是如此;又如对黑格尔的"绝对精神"与海德格尔后期核心概念"Ereignis"进行多方面深入比较,而且上升到"现代性之克服"的高度加以审视和评论,是很有见地的;再如对海德格尔与黑格尔语言思想进行比较研究,也是国内外学界关注较少、研究不多的。这些例子说明李创在学术上对理论创新有自觉的追求,这是很可喜的。

第三,在学习期间,李创花了大量时间学习外语,除了英语外,还刻苦学习德语乃至希腊文,因而具有较强的外语能力。这使他能对黑格尔与海德格尔著作的德文原文进行精准的阅读、分析,并能较广泛地参考国内外学者最新的研究成果。如关于 Ereignis 的中文翻译,作者做了大量的考核,不仅从语言学、语义学角度,而且从西方哲学史的视域来展开论述,提出了自己的读解和阐释,成一家之言。

该书的这些成功之处,无论对于黑格尔还是海德格尔美学思想的研究都是很有价值的,应该充分肯定。当然,该书也存在一些不足和可以改进之处,主要是对黑格尔哲学、美学思想的阅读和把握,还不够完整、深入,这与李创确定选题较晚,没有足够时间细读黑格尔相关著作有关。相信李创今后在这方面会作出更多努力的。

最后,希望李创能在学术道路上坚持下去,走得更远,取得更为丰硕的成绩。

朱立元

2018 年 12 月 25 日写于复旦大学

目　　录

绪　　论

　　古老而又神秘的德意志民族既有着严谨的理性精神又富于浪漫激情，深刻体现在以康德为奠基者，黑格尔为集大成者的德国古典哲学、美学领域。确如朱光潜先生所言，从整体来看，德国古典哲学就是整个西方哲学领域里的浪漫运动，它成为德国浪漫运动的理论基础。他们继承古希腊哲学传统，以理性之光祛除思想的迷误，时刻关注并反思人类命运，他们的思考代表了继古希腊哲学以来人类哲学认识的最高度，使得后来者必须在他们的基础之上才能前进。本书所要探讨的黑格尔与海德格尔就是扎根于德意志深厚民族土壤与伟大传统中的大师，他们的艺术之思与西方古典传统具有浓厚的血脉相连性。

　　诚如黑格尔所言，"哲学就是在思想中被把握的它的时代"。在他生活的 18 世纪，正是启蒙运动高涨时期，启蒙主义在英、法已经形成，美国独立宣言发表，一个新的资本主义的时代已宣告到来，这对相对落后保守的德国形成了重大冲击，理性得到了空前的高扬。在宗教上，崇尚理性信仰的新教对保守的天主教产生巨大冲击；在哲学上，笛卡尔作为"理性自我"的"我思"为近代哲学找到了一块可靠的陆地，形成西方近代哲学的开端。康德"人的理性为自然界立法"成为德国古典哲学的基本原则，深深地影响了黑格尔，使得黑格尔早期发出"理性就是上帝"的呼声，作为理性的"绝对精神"成为黑格尔思想中的上帝。在古典学方面，以温克尔曼（J. J. Winckelmann，1717—1768）为代表的古典艺术史家对一个完美理想的希腊精神的吁求，对黑格尔的美学思想产生了极大的影响。在文学上，德国古典作家歌德、席勒所掀起的"狂飙突进"运动和随后以诺瓦利斯、施莱格尔兄弟为首的浪漫派都对黑格尔产生了巨大的影响,黑格尔终生崇敬歌德,甚至以歌德精神上的"儿子"自居,歌德的作品成为他自己思想的指路明灯,而另一位游离于浪漫派边缘的诗人荷尔德林则是黑格尔早年最为亲密的同学和朋友。

而在海德格尔所处的 19 世纪与 20 世纪之交,西方资本主义的发展带来了空前的繁荣,但它的弊端也日益凸显,使得海德格尔面临着较黑格尔更为复杂而急迫的现代性问题,现代性所造成的分裂日益加重,虽然普遍受到质疑,但启蒙时期的理性精神以及作为现代科学本质的技术理性,已成为人类本质沦丧的罪魁。经历两次大战失败的德国如何重建民族精神,作为现代技术时代的人类如何防止异化,成为海德格尔所面对的时代问题。叔本华、尼采及浪漫派诗人诺瓦利斯(Novalis,1772—1801)、荷尔德林(Friedrich Hölderlin,1770—1843)、特拉克尔(Georg Trakl,1887—1914)、格奥尔格(Stefan Anton George,1868—1933)等,成为海德格尔克服西方形而上学的指路针。

对于美学而言,自鲍姆伽登(Alexander Gottlieb Baumgarten,1714—1762)1750 年建立美学学科后,他的"感性学"经过康德的批判与继承,到了黑格尔达到了德国古典美学的高峰,成为西方形而上学美学的集大成者与西方现代美学的开启者。发源于黑格尔的生命美学成为克服黑格尔理性的一种策略,经克尔凯郭尔(Søren Kierkegaard,1813—1855)、狄尔泰、尼采、柏格森,形成德国古典哲学与美学向现代转变的一个重要进路。哲学研究重点从理念转向现实的生活世界,形成从认识论向生存论的转变。不再强调对美的本体的追问,而强调个体的生存与体验,海德格尔早期的核心术语不是"存在",而是"生命",显示了他对这一思潮的继承。

海德格尔将建立在主体性原则上的美学作为现代性的另一弊病而加以诊断,尼采成为他克服黑格尔美学的支撑,他关于艺术之思是一种"反美学",试图将美学从主体性体验角度还原到人类生存的本原事件。但从总体来看,黑格尔的《美学》无疑是海德格尔构建自己的反美学时最为重要的思想资源。

海德格尔认为保留黑格尔的体系是适合的,但要将之进行颠倒,他以建立在个体生存基础上的"存在"来解构黑格尔作为先验主体性的"绝对精神",从个体生存的"存在"与本已的"时间"作为哲学发问的开端,重新解释整个西方哲学史,揭示现代人生存的命运,探寻现代性的根源与症结。

与黑格尔认为东方象征型艺术为最低而基督教浪漫型艺术为最高阶段相反,海德格尔强调一切艺术都是一种象征或比喻,而关于希腊古典型艺术,则都作为美的典范而加以高扬。在艺术与哲学的关系上,与黑格尔认为哲学终将扬弃艺术不同,海德格尔则倡言哲学的终结和思的任务之重启,哲学将为本真之诗所取代,显示出对艺术发展的一种乐观精神。

共同的民族传统、共同的宗教背景与古典修养,使得两者都将古希腊作为理想,对古希腊的崇尚,使得两者的哲学总体上呈现出一种乡愁。黑格尔关于上帝之死的论断经尼采而影响了整个时代,尼采对基督教的猛烈抨击,对世俗道德的肯定,使得海德格尔对基督教持一种否定态度,使哲学从认识论转变到生存论,古希腊的神,尤其是太阳,成为海德格尔思想中新的"神"。1969 年在法国莱托举办的研讨会上,学者们认为对存在的追问经历了三个阶段:追问生存(生命)的意义;追问存在的"真理";追问存在的位置(全集第 15 卷,第 344 页)。太阳是他这三个阶段共同的趋归,生存的意义在于观看太阳光,这是他从荷马诗句得出的结论;存在的真理乃是太阳的隐与现,这是他从赫拉克利特残篇中找到的答案;存在的位置是太阳,这是他从浪漫派尤其是荷尔德林等诗人诗歌中得到的解答。而他后期向"月亮"的转变,成为他与东方尤其是中国道家思想内在相通的根本原因。

海德格尔与黑格尔的美学思想不是简单的对峙,而是一个继承、批判、解构、重构的复杂关系,毫无疑义,他是除了马克思、克尔凯郭尔外,对黑格尔哲学及其美学思想的重要性进行深入正确解读的另一位伟大思想家。探讨海德格尔与黑格尔美学思想的同与异,是深入研究西方美学尤其是海德格尔美学之思的必然选择。

国内外研究综述

作为两位伟大的思想家,由于海德格尔与黑格尔思想的密切联系,国内外学术界对之也有相关研究,但主要集中于哲学思想的探讨,伽达默尔、德里达、巴塔耶(Georges Bataille,1897—1962)、梅洛·庞蒂、列维纳斯包括齐泽克(Slavoj Žižek,1949—　)等大思想家都曾对海德格尔与黑格尔作过深入的研究,科耶夫(Alexandre Kojève,1902—1968)甚至将黑格尔存在论化。卡尔·洛维特(Karl Löwith,1897—1973)的《从黑格尔到尼采》以及奥特·柏格勒(Otto Pöggeler,1928—2014)的《艺术问题:从黑格尔到海德格尔》均作出了深入的探讨。

国内学术界中,张世英先生对黑格尔与海德格尔的哲学作出过深入的研究和论述。柯小刚先生的《海德格尔与黑格尔时间思想之比较》(同济大学出版社2004年版)从两者的时间思想出发做了分析。另外,胡自信先生在《海德格尔与黑格尔》(中华书局2002年版)一书中,也对两者的哲学思想进行了探讨。

在国内黑格尔美学研究方面,我国著名美学家朱立元先生长期从事黑格尔美学研究,他的《黑格尔美学论稿》是中文世界首部黑格尔美学研究专著。(现修订后与《黑格尔戏剧美学思想初探》合编为《黑格尔美学引论》,天津教育出版社2013年版)他从马克思主义观点,对黑格尔美学作出了精深的研究,具有广泛的影响,他对黑格尔与海德格尔关于"艺术终结论"的观点有着独到的认识。

刘旭光先生的《海德格尔与美学》(上海三联书店2004年版)是国内对海德格尔美学思想进行研究的代表性论著。

薛华先生的《黑格尔与艺术难题:一段问题史》(中国法制出版社2008年版)、邱紫华先生的《思辨的美学与自由的艺术》(华中师范大学1997年版)以及陈望衡先生的《黑格尔美学论稿》(贵州人民出版社1986年版)、雷礼锡的《黑格尔神学美学》(湖北人民出版社2005年版)均为国内近年黑格尔美学研究著作。

海德格尔对黑格尔的《精神现象学》、《逻辑学》以及《美学讲演录》均作过深入的研究。现分别收入海德格尔全集第 11 卷《同一与差异》、第 32 卷《黑格尔的〈精神现象学〉》、第 68 卷《黑格尔》以及第 5 卷《林中路》和第 9 卷《路标》中的相关篇章。麦克斯·缪勒（Max Müller，1823—1900）认为黑格尔是海德格尔"如假包换的、持久的、敌对的交谈对手"①。香港中文大学关子尹教授也认为："但是他（海德格尔）对黑格尔的态度很明显是不友善的，甚至是带有敌意的。"②但根据海德格尔的说法，他们两者的关系绝不仅仅只是简单的处于两种思想观点"争执"的对立关系，而是展示了有限性与无限性两个十字路口。③ 海德格尔的出发点是人类生存的有限性，黑格尔的出发点是绝对精神的无限性。

有众多论者指出黑格尔是一种"同一性"思维，而笔者在阅读海德格尔的过程中，同样感觉到海德格尔也是一种"同一性"思维，而且笔者以为，同样作为基督教传统的继承与反叛者，海德格尔对存在的言述，在后期将存在追溯到神，与黑格尔是非常相似的。只是在对"神"的理解上，二人存在差别，但都与正统基督教思想有异。这反映了两者所处不同时期德国的政治经济状况和对基督教的理解差异以及对现代性的克服所采取的策略不同。黑格尔哲学的出发点仍然是建立在笛卡儿"我思"意义上的"意识"，人具有意识，能思想，通过反思认识到自己的有限性，故而人是自由的。海德格尔首先面对着与新康德主义（卡西尔甚至胡塞尔）的论辩，他要克服康德的主体性哲学，因此对康德的思想持批判态度，而黑格尔作为康德哲学的继承与发展者，海德格尔对黑格尔除了批判，也有继承的一面。因此正如海德

---

① Max Müller, *Sinn Sinn-Deutungen der Geschichte. Drei philosophische Betrachtungen zur Situation*, Zürich: Edition Interfrom. 1976, S. 109.
② 关子尹：《黑格尔与海德格尔：两种不同形态的同一性思维》，《同济大学学报》（人文社会科学版）2014 年第 1 期。
③ 参见海德格尔：《黑格尔的精神现象学》，德国维多里奥·克劳斯特曼出版社 1997 年版，第 22 页。

格尔在《哲学论稿》中说："把黑格尔的体系带入占统治地位的视野中,但要完全反过来思考。"①对黑格尔而言,他要在主体性之内来克服主体性的囿限,以否定性、流动性的绝对主体性来克服主客对峙、主客分裂。存在、无限的意识、绝对、大全、绝对精神、世界精神,也是"无限的意识"或"意识之无限性"。而对海德格尔而言,他是通过解构主体性、去主体性、强调高于主体性、作为主体性之来源与基底的自然(physis)力量、时间(尤其是太阳、月亮)来反抗现代性。正如赫拉克利特所说,宇宙乃是一团永恒的活火。对他来说,存在、本体、Ereignis、physis、时间、光等是同一的,都归结为太阳、月亮的那种交替变化,首要地是指太阳。

笔者要特别指出,朱立元先生由于长期从事黑格尔美学的研究与教学工作,他的《黑格尔美学引论》具有严谨、清晰、深入的特征,无疑是国内黑格尔美学研究的权威著作,也是笔者主要的参考。德国学者奥特·柏格勒先生的著作《艺术问题:从黑格尔到海德格尔》(*Die Frage nach der Kunst: von Hegel zu Heidegger*,Freiberg/ München 1984)则是笔者在外国著作中所重点参考的。在笔者确定选题并从德国购回此书后,发现该书的一些基本思想包括章节安排与本人有不谋而合之处,对笔者写作帮助巨大。柏格勒先生是享有盛名的黑格尔研究专家,又与海德格尔本人有所交往,因此,该书具有重要参考意义。

由于黑格尔与海德格尔作为两座高峰,他们的哲学体系严谨庞大,著作繁多,从整体上进行研究几乎是不可能的任务,本书仅限于对海德格尔与黑格尔美学思想部分进行比较。众所周知,黑格尔对"Ästhetik"作为美学名称不以为然,对于他来说,美学就是艺术哲学、美的艺术的哲学。海德格尔的"美学"实际是一种"反美学",但他无疑又对艺术从哲学角度进行了深入的研究,从实际来看,关注海德格尔艺术思想的也主要是从事美学研究的学者,因此笔者仍然将标题定为"海德格尔与黑格尔美学思想比较研究"。

---

① 海德格尔:《哲学论稿》,孙周兴译,商务印书馆 2012 年版,第 183 页。

第一章 黑格尔美学研究

第一节 西方古典学与黑格尔美学的形成

一、古典学的兴起及历史

西方古典学(classical studies),以其权威学者维拉莫维茨(Ulrich von Wilamowitz-Moellendorff,1848—1931)的定义,其研究内容是:"希腊—罗马文化及其存在的每一个方面……古典学的任务在于通过学术重新复活那个已逝的世界。"①他指出,对古典学的众多分支学科如语文学、考古学、古代史、碑铭学、古币学、纸草学等的分类,只是学科细化及人们认识能力的限制所作的区分,要注意学科研究的整合,尤其注意不能被人为形成的学科边界意识所束缚。总体而言,古典学的基础在于对古典语言(古希腊语与拉丁语)的学习与掌握,其工作主要是对古代经典哲学家与诗人、戏剧家等的著作文本进行严格的考订、注释、校勘,以及对古希腊罗马艺术、宗教、历史、政治等的研究。古典学研究强调历史客观性与学术的严谨性与"科学性"。青年黑格尔(1770—1831)所生活的 18 世纪后期正是古典学在整个西方文化思想领域日益占据核心地位,也被称作人文主义革命的时期。这一时期德国知识界掀起了学习古希腊文化的热潮,以对抗罗马—法兰西这种非原

---

① U.v.Wilamowitz-Moellendorff,Geschichte der Philology,Springer Fachmedien Wiesbaden GmbH 1998,S. 1,中译参考维拉莫维兹:《古典学的历史》,陈恒译,生活·读书·新知三联书店 2008 年版,第 1 页,部分内容有变动。

创性拉丁文化对德国思想界的垄断①,通过对古希腊文化的学习以提振和建构德意志民族自身的独特文化。

开一代风气之先,对德国古典美学及整个德国思想文化领域产生巨大影响的是在西方古典学史上有着重要地位、开创了古典考古学和艺术史的温克尔曼,其倡导的新人文主义,即对一个纯正的希腊艺术作品及精神的学习与摹仿,对歌德、黑格尔、席勒、莱辛、赫尔德、海涅、洪堡特等人均产生了极大影响,形成了德国文化领域的启蒙思潮。古典学家鲁道夫·普法伊费尔(Rudolf Pfeiffer,1889—1979)在《古典学术史》中说:"只有在德意志,而并非其他任何地方,孕育了一种受基督教新教影响的人文主义,它在几代人当中既被热情地支持又受到猛烈的抨击。这是一场由温克尔曼引导的强有力的运动,其历史地位堪比从康德到黑格尔这些走在前列的哲学家们所开创的思想体系,正是这股力量在德意志重新唤起了古典学。"②英国女学者巴特勒(Eliza Marian Butler,1885—1959)也说:"在我看来,温克尔曼的希腊乃是 18 世纪下半叶和整个 19 世纪促动德意志诗歌进程的本质要素……这样一个希腊深刻影响了现代文明的整体走向……在这一纵横四海的希腊影响力潮流当中,德意志成为最高典范……德意志民族较之其他民族更为彻底地吸纳了希腊精神。简言之,希腊精神的欧洲影响力是难以估量的,不过,其烈度在德意志臻于顶峰。"③

被黑格尔视为精神上的父亲的歌德,不仅将 18 世纪看作温克尔曼的世纪,并且终生致力于实现温克尔曼所寄予新古典主义的期望。他认为自己一生都在追寻理想中的希腊,声称自己要"用心灵寻找希腊人的土地"。他直到晚年还呼吁:"让我们每个人都以自己的方式成为希腊人! 让我们都

---

① 这一时期法国所推崇的是如西塞罗、维吉尔、李维、奥维德等罗马作家、政治家、思想家的著作。
② 鲁道夫·普法伊费尔:《古典学术史》,张弢译,北京大学出版社 2015 年版,第 224 页。
③ 伊莉莎·玛丽安·巴特勒:《希腊对德意志的暴政:论希腊艺术与诗歌对德意志伟大作家的影响》,林国荣译,社会科学文献出版社 2017 年版,第 8—9 页。

是希腊人!"①这一古典理想充分反映在他与欧里庇得斯同名的诗体剧《伊菲革涅亚在陶里斯》以及《科林斯的新娘》、《被束缚的普罗米修斯》、《海伦》等文学创作中。② 而德国古典美学的"古典性"就深植于温克尔曼所倡导的新希腊精神。作为时代思想家,西方古典学在这一时期的发展,尤其是温克尔曼《古代艺术史》,直接影响了黑格尔的艺术观和《美学讲演录》的基本特色与理论主张。

从黑格尔的学习和学术经历来看,他幼年时就在出生地斯图加特城拉丁学校学习古典语文,在家中则由母亲教其拉丁语③,他最初的日记就由拉丁文写成。在中学时曾经醉心于索福克勒斯和欧里庇得斯的悲剧,并从希腊文原文翻译了朗吉诺斯的《论崇高》,也曾以散文、韵文的形式两次翻译索福克勒斯的名剧《安提戈涅》。写于 1787 年的《论希腊人和罗马人的宗教》以及 1788 年的《论古代诗人的某些特征》、《关于古希腊罗马经典作品呈现给我们的一些优点》等文,显示了青年黑格尔对古典世界的熟谙与热爱,如他说:"但是,古人,尤其是古希腊人……的语言具有令人惊异的丰富词汇,它们可以表达感性对象和有形自然界中的无穷的变化现象和细微差异,尤其是可以修饰各种感情和性格的演变。"④他在写于 1792—1794 年的《研究》中说:"希腊人自由地居住,处于宽敞的大街,在他们的住宅里有空大的、未遮盖的庭园。在他们的城市里,常有大的广场。他们的庙宇是以美

---

① K.J.Dover, ed., Perceptions of the Greeks, chapter 8: Germany 1750—1830, by Joachim Wohlleben, p.181.

② 另外如席勒诗歌《希腊诸神》,理论著作《审美教育书简》、《论素朴的诗与感伤的诗》、F.V.施莱格尔《古希腊诗歌研究》、《希腊、罗马诗歌研究》等作品中也体现了这种古典理想。

③ 黑格尔在 1787 年 1 月 1 日的日记中写道:"目前我在当地中学里读七年级,现在是第一学年。我的主要注意力仍是语言,而且是希腊语和拉丁语。"(《黑格尔早期著作集》上卷,贺麟等译,商务印书馆 1997 年版,第 30 页)众多传记作家也指出了古典文化对黑格尔学术开端的影响,如美国学者 Terry Pinkard 在《黑格尔传》中所说:"更确切地说,黑格尔毕生醉心学问,无条件地尊重学问,这些几乎肯定是肇始于他向母亲学习拉丁语和他对母亲的依恋之情这些早年的体验。"(特里·平卡德:《黑格尔传》,朱进东、朱天幸译,商务印书馆 2015 年版,第 4 页)

④ 《黑格尔早期著作集》上卷,贺麟等译,商务印书馆 1997 年版,第 50—51 页。

观、高雅的风格而建立起来的,像希腊人的精神那样单纯,像希腊人所奉献的神那样崇高。神灵的形象,是美的最高理想,是最美的人的形式,好像能在新生的霞光中产生出来。一切都表现在它的存在与生命的最高力量之中,没有腐败的景象……凡是在天主教徒的崇拜中可以算是美的东西,都是从希腊人和罗马人那里搬过来的:敬神时散发香气的神香,美丽的圣母玛利亚,但庙宇都是哥特式的。"① 而黑格尔在图宾根神学院学习期间,给他们讲授古典文化的老师卡尔·菲力浦·考恩茨(Carl Philipp Conz,1762—1827)对希腊文化充满热爱,燃起了黑格尔和荷尔德林对古希腊文化的激情。② 因此,毫无疑问,古典学应是黑格尔学术活动的基础与开端。③ 他在 1808 年任纽伦堡文科中学校长时曾讲授古典(古希腊罗马)文学。在 1809 年专门做了一次有关古典学的讲话,黑格尔说道:"然而,如果我们同意要以卓越的东西作为我们的起点,那么对较高级的学习的基础必须首先是且保持为古希腊文学,其次则是罗马文学。这些杰作的完美与壮丽必定是精神的沐浴和世俗的洗礼,为灵魂提供了鉴赏力与知识所需的最初的、永不消失的音调与色彩……这个曾经存在的世界是一个最美的世界,我们要成为这个世界的本土居民……当我说若不懂得古代的作品,他活着就不知道什么是

---

① 黑格尔:《黑格尔早期著作集》上卷,贺麟等译,商务印书馆 1997 年版,第 58 页。

② 雅克·董特:《黑格尔传》,李成季、邓刚译,上海人民出版社 2015 年版,第 50 页,黑格尔的同学荷尔德林同样精通古希腊语,如荷尔德林在 1794 年 7 月 10 日给黑格尔的信中称"康德和希腊是我唯一的功课",他不仅第一首发表的诗歌就是《希腊》,也曾从古希腊原文翻译过索福克勒斯的名剧《安提戈涅》以及品达的诗歌。黑格尔在纽伦贝格当校长时曾讲授古希腊语,甚至巴伐利亚王国政府于 1816 年 9 月 4 日在报纸登载任命黑格尔为埃尔兰根大学语文学教授。(参见苗力田编:《黑格尔通信百封》,上海人民出版社 1983 年版,第 6、156 页),值得注意的是,黑格尔研究专家 Terry Pinkard 教授指出:"黑格尔和荷尔德林理想中的希腊的形式,还在于部分地凭借他们所理解的卢梭理想化的乌托邦。"(特里·平卡德:《黑格尔传》,朱进东、朱天幸译,商务印书馆 2015 年版,第 32 页)

③ 而黑格尔虽然在早期就接触到康德哲学,但对他美学思想形成有着重大影响的《判断力批判》则是他进入图宾根神学院以后才接触到的(康德《判断力批判》于 1790 年出版),相对于康德将人类认识划分为知、情、意的区分,黑格尔实际更强调古希腊对人作整体观的理解。

美,我不认为我的观点是过分的。"①在《美学》中,黑格尔也宣称:"古典型艺术是理想的符合本质的表现,是美的国度达到圆满的情况。没有什么比它更美,现在没有,将来也不会有。"②

"古典"(Klassische)在黑格尔处并不首先意味着时间意义上的"古代",而是在"艺术完美"③、"第一流、经典的、典范性"意义上而言的。从黑格尔《精神现象学》"艺术宗教"部分来看,他实际只提到希腊艺术,在青年黑格尔看来,只有希腊艺术才是真正的艺术。正如我国著名美学家、黑格尔美学研究专家朱立元先生所指出的:"崇尚古典艺术,是黑格尔一生未变的美学信条。"④黑格尔认为美学乃是"美的艺术的哲学",古希腊艺术作为"美的艺术",古希腊宗教作为"艺术宗教",也就意味着古希腊艺术在黑格尔的"美的艺术的哲学"这一辩证逻辑体系中必定处于核心与基础地位。

德国学者海姆特·库恩(Helmut Kuhn,1899—1991)在《黑格尔美学作为古典主义体系》一文中也持这一看法,他指出:"黑格尔作为古典美学的完成者,是与那些古典学者站在一起的,从他们获得历史性、系统性的艺术思考"、"黑格尔作为美学家,尽了古典主义的责任,人们可以说通过黑格尔德国古典美学得以完成"⑤。美国学者格伦·格瑞(J. Glenn. Gray,1913—1977)在其《黑格尔的希腊理想》⑥一书中也指出了黑格尔早期受到当时古典学思想的深刻影响。虽然黑格尔作为德国古典哲学美学集大成者的崇高地位掩盖了他在古典学方面的光芒,他的《美学》将整个世界艺术发展史均涵括其中,不能被单纯理解为古典学著作,但古典学是他的出发点与始终坚

① 《黑格尔全集》第10卷,张东辉、户晓辉译,梁志学、李理校,商务印书馆2012年版,第414页,译文根据原文有改动。
② 黑格尔:《美学》第二卷,朱光潜译,商务印书馆1979年版,第274页。
③ 黑格尔:《美学》第二卷,朱光潜译,商务印书馆1979年版,第174页。
④ 朱立元:《黑格尔美学引论》,天津教育出版社2013年版,第449页。
⑤ Helmut Kuhn, *Hegels Ästhetik als System des Klassizimus*, *Die kulturfunktion der Kunst*, I, Band, Verlag Junker und Dünnhaupt, Berlin 1931.
⑥ J. Glenn. Gray, *Hegel's Hellenic Idea*, king's Crown Press, New York, 1941.

持的原则,因此只有从古典学角度才能更加全面地理解他的美学思想。

二、古典型艺术是黑格尔《美学》的中心

在黑格尔"美是理念的感性显现"这一命题中,"理念"不是如柏拉图及新柏拉图主义中抽象的或者高居天国的神秘的理念,或者一种排除了人类主体因素的关于世界的本原形式,"理念"既具有"概念"的一般属性,即概念与所表达的对象实体的统一,又是一种典型化、理想化的概念。最基本、最直接的理念就是"生命",即人的生命。不是单纯作为名词的生命,而是生命及其实在的统一,也就是有限性、特殊性的个人与无限性、普遍性的精神的结合。"人"是黑格尔美学关注的焦点,艺术的任务就是表达人类生命的整体性。而正如部分归之于整体,人只有作为社会、国家的一分子才能存在。正如亚里士多德所说:"国家在本性上先于家庭和个人……不能在社会中生存的东西或因为自足而无此需要的东西,就不是国家的一个部分,它要么只是动物,要么是个神。"①黑格尔认为,人只有在国家中才有能成为理性存在者的立脚点,才能获得其本质。理念同时也是一种理想、典型,美作为理念就要求艺术家表达出一种理想美、典型美,符合"美的理念"的理念只能是最具有生命力、最理想化、最自由、最年轻、最美的人,如前所说,即是古希腊神灵的形象。因此只有古典型艺术才符合这一美的理念的内在要求。同时,理想的美必然是一种自由美。"自由"在黑格尔哲学中具有特殊的重要性,自由就是从自然蒙昧状态向作为纯粹精神存在的不断提升,国家并非对个体自由的限定,而是自由的实现。作为理想的创作者必须是一个具有自由精神的个体,欣赏者通过艺术作品也能得到精神的自由,作为自由的艺术家只有在具有民主体制的国家之中才能产生,而以民主制为特征的古希腊就是这样理想的国家。正如修昔底德《伯罗奔尼撒战争史》第 2 卷

---

① 亚里士多德:《政治学》1253a,苗力田译,第 9 卷,中国人民大学出版社 1994 年版,第 7 页。部分文字有变动。

所记录的伯里克利的悼词所指出的:希腊精神的特征是"优美"。黑格尔认为,正是这种优美导致希腊民主体制的产生,在希腊,忙碌的劳作,公民在伦理和法律上的平等,使得个体性的差异和性格的多样性都能得到最好的发展。希腊人自由的天性在这一体制下得到充分发展,他们崇敬人、尊重他人,将人体作为神显现自己的最佳场所,以自己的身体作为最初的艺术品,在身体中实现了人性与神性的完美结合,这充分反映在古希腊雕塑中,通过雕塑反映了希腊人对人的尊严与价值的尊重。

"显现"(Scheinen)以及"启蒙"(Enlightment)的本义均与"光"有关。光尤其是太阳,对早期人类的生存及劳作是至关重要的,在古希腊人的朴素神话意识看来,太阳神阿波罗也是艺术之神。正如柏拉图在"洞喻"中所揭示的,理念与光也具有某种特殊的关联,作为后启蒙时代的思想家,黑格尔继承了古希腊真理作为光的隐喻的传统。光与人的主体性紧密相关。他的哲学体系由理念的发展而展开,因此也与光有着隐秘的关联。比如我们可以看到,黑格尔的历史哲学遵循着光(尤其是太阳)的运行路线:绝对精神从东方升起,在西方落下。他的宗教哲学与美学也可以从光的经验出发,如宗教哲学从东方原始宗教对太阳的崇拜(如祆教)出发,经过以人性化方式理解的太阳神(阿波罗,其后的赫利俄斯是其精神性更为提升的表现)的古希腊宗教,到达上帝作为纯粹的光的象征的天启宗教的基督教;他的美学,从埃及的象征太阳光的方尖形石碑的象征型艺术,到古典型雕刻中避免对直接展示灵魂的目光的表现,而强调从身体整体去表现内在精神,从而体现出古希腊人高超的知解力与理性及完整的观照相结合的理想状态,到以现代绘画(光为其主要因素)为代表的浪漫型艺术。这也显示了黑格尔受到古典学的深刻影响。德国古典学者麦克斯·缪勒(Max Müller,1823—1900)通过比较语言学及神话的考察,得出"太阳神话"的结论。在古典学出身的尼采看来,希腊艺术是在作为日神的美的原则与酒神的真的原则二元源泉的斗争与融合中产生的,日神文化遵循适度即美的原则。荷马史诗就是典型的日神艺术。在《悲剧的诞生》中他说,"日神,作为一切造型力量之神,同时是预言之神。按照其语源,他是'发光者'(scheinende),是光明之神,也支配着内心幻想世界的美丽外观(Schein)。"①"我们用日神的名字统称美的外观的无数幻觉,它们在每一瞬间使人生一般来说值得一过,推动人去经历这每一瞬间。"②从这里也可以看出他对黑格尔美学的继承。

而"理念"要凭借"感性"材料(石头、颜料、画布等)才能显现。在艺术作品中,感性材料不是以单纯的外在形式出现,而是经过人类心灵加工,并为了人类心灵而存在的,反映了主体的内在"情致"。也就是说,感性的东西是经过心灵化了的,而心灵的东西也要借感性化才能显现出来。在理想的艺术中,感性材料与内在心灵完美地结合在一起。正如黑格尔说:"知性不会有什么艺术,或者说,顶多会有一门壮美的艺术……然而艺术实质上是优美的艺术,它必定会出现在希腊人那里。"③也就是说,只有在古典型艺术(古希腊雕塑)中,感性质料与精神形式才得到了完美的结合;而在浪漫型艺术中,由于精神不断向更高阶段的发展,使得基督教艺术存在着不断摆脱感性因素束缚而向纯粹精神性上升的内在要求,而现代(基督教时期)偏重理智思索的倾向也不适宜于优美艺术的表达,因此,基督教时期虽然也有艺术,但古典型艺术才是黑格尔艺术史观中的中心,这是"美是理念的感性显现"这一命题所得出的必然结论。

黑格尔在《美学》中具体分析指出:在主要起源于东方、前于古典型的象征型艺术中,"本来应该表现于形象的那种理念本身还是漫无边际的,未受限定的,所以它无法从具体现象中找到受到定性的形式,来完全恰当地表现出这种抽象的普遍的东西。这种不适合就使得理念越出它的外在形象,不能完全和形象融成一体。这种理念越出有限事物的形象,就形成崇高的

---

① 尼采:《悲剧的诞生》,周国平译,译林出版社 2014 年版,第 7 页。
② 尼采:《悲剧的诞生》,周国平译,译林出版社 2014 年版,第 117 页。值得注意的是,尼采虽然在《悲剧的诞生》中提到歌德、叔本华等人,但并没有提到黑格尔与温克尔曼,但他显然受到后两者深刻的影响。
③ 黑格尔:《黑格尔全集》第 27 卷,"世界史哲学讲演录",刘立群等译,商务印书馆 2014 年版,第 83 页。

一般性格"①。因此不能称为真正的艺术,而只能被理解为艺术前的艺术。而后于古典型的浪漫型艺术虽然作为更高的美,它的表现内容是绝对的内心生活,它的表现方式通常是日常现实,正如艺术史所显现的,如果说古典主义艺术以追求理想美为目标,而现代艺术中则有许多对丑、怪诞等的表现。黑格尔也说:"浪漫型艺术的实际表现方式基本上不越出日常现实的范围,这是符合上述原则的。它并不怕采用客观现实中有限事物的一切缺点。因此,在浪漫型艺术里再见不到理想的美,即使外在的观照对象摆脱了时间性和变化无常的痕迹,把现实的原来的枯萎的现象变成鲜花灿烂的美。浪漫型艺术并不求表现出既自由生动而又绝对静穆的存在以及肉体里渗透到灵魂的气象,它并不以这种最足以见出内在本质的生活为它的目的,它对美的这种顶峰掉头不顾。它把内在的因素和偶然形成的外在因素交织在一起,不怕让显然不美的因素尽量发挥它们的作用。"②黑格尔对现代的社会偏重理智,以及艺术家喜欢在作品中表达抽象思想的倾向进行了批评,并由此得出了"艺术终结论"的哀叹。他说:"希腊艺术的辉煌时代以及中世纪晚期的黄金时代都已一去不复返了……从这一切方面看,就它的最高的职能来说,艺术对于我们现代人已经逝去了。因此,它也丧失了真正的真实和生命,已不复能维持它从前的在现实中的必需和崇高地位,毋宁说,它已转移到我们的观念世界里去了。"③

三、古典学家对黑格尔的影响

在众多古典学者中,温克尔曼的古典艺术史观对黑格尔艺术史观的影响最为明显。正如鲍桑葵在《美学史》中所总结的:"对于大多数英国学者和他本国的许多人来说,温克尔曼现在已经仅仅是一个空名字了……不过,

---

① 黑格尔:《美学》第二卷,朱光潜译,商务印书馆1979年版,第9页。
② 黑格尔:《美学》第二卷,朱光潜译,商务印书馆1979年版,第286页。
③ 黑格尔:《美学》第一卷,朱光潜译,商务印书馆1979年版,第15页。

他的见解是在席勒和歌德,黑格尔和谢林的头脑中生了根的。"①在《美学》全书序论中,黑格尔就指出了温克尔曼的重要性,他说:"此外,比这还更早,温克尔曼就已从观察古代艺术理想中得到启发,因而替艺术欣赏养成了一种新的敏感,把庸俗的目的说和单纯的摹仿自然说都粉碎了,很有力地主张要在艺术作品和艺术史里找出艺术的理念。我们应该说,温克尔曼在艺术领域里替心灵发现了一种新的机能和一种新的研究方法。"②

作为理性派哲学家沃尔夫(Christian Wolff,1679—1754)与"美学之父"鲍姆嘉登(Alexander Gottlieb Baumgarten,1714—1762)的同代人,温克尔曼虽听过他们的课,但并不认同他们对美学做纯粹学院式的理论推导,而认为美学的出发点应是对具体的艺术作品和创作实践活动的经验考察。他说:"对于美的本质的研究无法像哲学那样,从一般到特殊,从本质到属性;而应该满足于从个别艺术品中得出可能的结论。"③

对温克尔曼来说,古希腊艺术是理想的典范与永恒的摹本。他在《关于在绘画和雕刻中摹仿希腊作品的一些意见》中说:"使我们变得伟大,甚至不可企及的唯一途径乃是摹仿古代。"④温克尔曼认为,只有在对古希腊杰作的摹仿中,才能保存古代文化中最优秀的部分,也才能有真正新的优秀作品出现。

与温克尔曼不同,黑格尔在《美学》中并没有过分强调对古希腊艺术的模仿,因为根据他的逻辑辩证体系,精神的不断发展上升是一个不可逆转的过程,艺术的发展也因此是一个不可重复的过程,所以,通过"摹仿"无法获得艺术的重新复兴,同理,他的美学中也没有过分强调文艺复兴的重要意义。但他又在《历史哲学》中称赞拉斐尔的《圣母像》是真正的艺术作品,这无疑是黑格尔美学的一个内在矛盾。

---

① 鲍桑葵:《美学史》,张今译,商务印书馆1985年版,第311页。
② 黑格尔:《美学》第一卷,朱光潜译,商务印书馆1979年版,第78页。
③ Winckelmann, *Geschichte der Kunst des Altertums*, Berlin, 2003, Auflage 1.1, S.129.
④ 温克尔曼:《论古代艺术》,邵大箴译,中国人民大学出版社1989年版,第26页。

温克尔曼将古希腊艺术作为美的历史,认为艺术的发展也如生命和一般事件般有其开端、发展、自足、丰满与结束四个阶段,对应的风格为:远古风格、崇高风格、美(精致)的风格与模仿风格。这一艺术发展观部分为黑格尔所吸取。但正如朱立元先生指出的,黑格尔将古希腊艺术只看作古典理想——美的典型,其实有以偏概全的局限。① 温克尔曼认为古代艺术品从神话中汲取了不竭的源泉,这也为黑格尔倡言建立理性的新神话打下了基础。

温克尔曼具体分析指出,希腊艺术作品之所以优于其他时期,第一在于希腊独有的气候条件,使得希腊人更能鉴赏美,希腊的人体也较其他时代更美,而古希腊艺术家以希腊人体的"理想美"来进行创作。第二在于希腊人的国家体制和管理使得公民具有"自由"的特点。正如希洛多德所引证的,自由乃是雅典城邦繁荣强盛的唯一源泉。温克尔曼指出,古典艺术是人类文明的最高成就,是真正健康的、人民的艺术,是自由的人们在自由的土地上培育出来的花朵。黑格尔《美学》中最为重要的古典艺术史观就由此而来。

我们看到,在论古典型艺术的代表古希腊雕刻时,黑格尔是以温克尔曼的研究为基础和出发点的,大量引用了温克尔曼的相关研究。如在谈到理想雕刻形象的一般性格时,黑格尔说:"谈到对这方面的知识,热烈的爱好和卓越的见解,我们首先要提到温克尔曼……不管希腊艺术方面的知识推广到多么远,温克尔曼的成就都必须定作重要的出发点。"②"如果现在转到进一步研究理想的雕刻形象中的一些主要方面,我们在基本上要追随温克尔曼。他以最大的敏感和幸福,描述了一些特殊形式以及希腊艺术家们为着使这些形式显出雕刻理想所采取的处理和塑造的方式。"③

---

① 朱立元:《黑格尔美学引论》,天津教育出版社 2013 年版,第 443 页。
② 黑格尔:《美学》第三卷,朱光潜译,商务印书馆 1979 年版,第 135—136 页,朱光潜先生译作"文克尔曼",本文根据通译进行了修改。
③ 黑格尔:《美学》第三卷,朱光潜译,商务印书馆 1979 年版,第 140 页。

正如赫西俄德所说"适度才有智慧"（μέτγον ἔχεινσοφίης）。温克尔曼认为，对希腊人来说，美的含义很重要的一点在于约束和节制，只有如此才能有真正的自由和美。"美永远是介于抽象本身和感性本身的中间，或者更好：两者的辩证的结合。"①"一切事物之中，以中道为至善，故也至美。为了觅得这中间，人必须知道那两端。……形式美则存在于事物之间的达至中间的关系。"②在论及拉奥孔群像的"静穆"时说，"在对这一强烈痛苦的表现之中，我们看见了一个伟大人物的节制精神，他与绝境做着斗争，欲抑制感受的暴发。"③这就是希腊艺术所体现的"高贵的单纯，静穆的伟大"。这一点完全为黑格尔所接受，比如他认为，古典型艺术中主体的节制精神就是区别于象征型与浪漫型艺术主体精神无节制状态的重要标志，正是节制使得古典型艺术成为真正的艺术。他说："象征型艺术就不免于要在无数形式中徘徊搜寻，仍找不到一个完全合适的形式，要凭驰骋奔放的幻想，毫无约束和节制，不能总嫌不合适的形象配合到所找到的意义上去；古典型艺术家却不如此，他却知道约束和节制。"④理想的古典艺术美具有内在约束性，成为后来尼采批评浪漫派对感情不加节制的一个理论来源，甚至海德格尔也指出："希腊人所谓的'美'就是约束。"⑤

温克尔曼的另外一些基本思想，如真正摹仿的对象除了古希腊艺术作品的"形式"，即身体轮廓、衣服的折纹，以及形状、结构等外，还有古希腊人的创造精神及对纯粹的极致的美的追求。艺术创作要表达理想美，要加以理性指导，强调寓意（allegory）等，都对黑格尔产生了重要影响。

英国艺术史学者贡布里希（E.H.Gombrich，1909—2001）在《"艺术史之父"：读黑格尔的〈美学讲演录〉》一文中，深刻论述了温克尔曼对黑格尔的

① Winkelmann, *Kleine Schriften und Briefe*, Weimar: Hermann Böhlaus Nachfolger, 1960, S. 440.

② Ibld.S. 197.

③ Winckelmann, Geschichte der Kunst des Altertums, Darmstadt: Wissenschaftliche Buchgesell-schaft, 1982, S. 167.

④ 黑格尔：《美学》第二卷，朱光潜译，商务印书馆 1979 年版，第 172 页。

⑤ 海德格尔：《形而上学导论》，熊伟、王庆节译，商务印书馆 2010 年版，第 132 页。

影响,他认为黑格尔在《美学》中使用了温克尔曼的方法,而限制了其有效性范围。贡布里希指出,黑格尔对温克尔曼的艺术思想有三个重要的继承。"最主要的一个是信奉艺术的神圣高贵性,温氏讴歌《观景楼的阿波罗》之美,其实,这一著名篇章是在颂扬神性在人工作品上的视觉呈现。同他一样,黑氏最终也在所有的艺术中看到了超验价值的显现……黑格尔从温氏那里吸取的第二个基本思想是'历史集体主义'。我指的是分派给某个集体、某个民族的作用。对于温氏而言,希腊艺术与其说是某个艺术大师的作品,不如说是希腊集体精神的表现和反映……而这第三个思想可以说就是一种'历史决定主义',说明为什么希腊艺术纵然完美无缺,但在自身中孕育着衰亡的种子。"①他指出,不是温克尔曼,而是黑格尔,才是真正的"艺术史之父"。

此外,温克尔曼的后来者、对德国古典学发展具有代表性的人物沃尔夫(Friedrich August Wolf, 1759—1824),在德国大学中首次建立了独立于神学研究的古典学学术机构,并以"Altertumswissenschaft"(古典学)来命名这一学科,古典学界一般将其 1795 年《荷马导论》一书的出版作为古典学学科成立的标志,因此他也被称为"古典学之父"。黑格尔的《美学》中引用了沃尔夫与语法学家布特曼(Karl Philipp Buttmann, 1764—1829)合作编辑的《古典学博览》(*Museum der Altertumswissenschaft*)期刊中的相关文章②,在"史诗"部分,黑格尔又表达了对其《荷马导论》的不同看法。黑格尔说:"因为近来流行着一种看法,以为史诗可以任意在哪一点上结束,也可以任意继

---

① 贡布里希:《"艺术史之父":读黑格尔的〈美学讲演录〉》,曹意强译,丰书校,《新美术》2002 年第 3 期。

② Hegel, Vorlesungen über die Ästhetik Ⅱ, Frankfurt am Main: Suhrkamp, 1990, S. 295, 中译参考黑格尔《美学》,第三卷,朱光潜译 1979 年版,第 54 页。朱光潜先生的译本误将该刊物译为《沃尔夫和博特曼的博物馆》。朱光潜先生的中译本堪称典范性的翻译,但此处确系误译。一如黑格尔所说,翻译乃是人造的玫瑰。这个误译及其他一些关于古典学的误译,以及将原文中古希腊语与德语统一译为中文未加区分与注释的做法,使得中译本某种程度上遮蔽了黑格尔原文中散发着的古典学精神的芬芳。

续下去。就连一些聪明的渊博的学者,例如 F.A.沃尔夫,也尽力支持这个看法。但是这个看法毕竟是粗陋的,因为它无异于否认完美的史诗具有艺术性。"①沃尔夫的弟子奥古斯特·鲍柯(August Boeckh,1785—1867)和奥古斯特·贝克(August Immanuel Bekker,1785—1871,编辑出版了德文标准版的《亚里士多德全集》)则均与黑格尔曾经是同事,对黑格尔也产生了一定影响。

在《美学》中,除了众所周知黑格尔对索福克勒斯《安提戈涅》的盛赞,在论述古希腊戏剧时他多次引用了古希腊原文,尤其是荷马的《伊利亚特》。如在第一卷第三章"艺术美,或理想"部分引用福斯(Voss)编辑的荷马《伊利亚特》(卷一,190 诗行)。在第二卷第二部分"古典型艺术"第一章"古典型艺术的形成过程"中,分别引用了索福克勒斯《安提戈涅》第 451 行②(Sophokles,Antigone,V. 451,ἡξύνοικος τῶν κάτω θεῶν Δίκη)和《俄狄浦斯在克诺诺斯》第 54—56 行。③ 在 1821 年的《宗教哲学》中,他误将索福克勒斯《特拉喀斯少女》结尾的希腊文"οὐδεν ὁτι μη Ζευς"(宙斯存在于万物之中)当作《安提戈涅》中的话而引用。④ 在表示希腊神祇时也常采用希腊文(如ὁθεὸς τονήλίον,τῆς θαλάσσης。太阳神,海神)。⑤ 在其他著作中,

---

① 德文版参考 Georg Wilhelm Friedrich Hegel,Werke 15,*Vorlesungen über die Ästhetik* Ⅲ,Frankfurt am Main:Suhrkamp,1990,S. 386;英译本参考:Hegel,*Aesthetics*,Volume Ⅱ,trans. T. M. Knox,Oxford university press,1975,p.1087;中译本参考黑格尔:《美学》第三卷,下册,朱光潜译,1981 年版,第 161 页。英译本对古典学家沃尔夫专门做了注释;朱光潜先生在这里将古典学家沃尔夫误译为哲学家沃尔夫,故根据原文进行修改。

② Hegel,*Vorlesungen über die Ästhetik* Ⅱ,Frankfurt am Main:Suhrkamp,1990,S. 60.

③ Hegel,*Vorlesungen über die Ästhetik* Ⅱ,Frankfurt am Main:Suhrkamp,1990,S. 67.

④ 黑格尔《黑格尔全集》第 17 卷,梁志学、李理译,商务印书馆 2012 年版,第 179 页,该句完整表达为:λείπου μηδὲσύ,παρθέν',ἀπ' οἴκων,μεγάλους μὲν ἰδοῦσα νέους θανάτους,πολλὰ δὲ πήματα καὶ καινοπαθῆ,κοὐδὲν τούτων ὅ τι μὴΖεύς.许洛斯(Hyllus)(向歌队)说:"姑娘们,一起去吧,别待在家里! 你们今天又看见一起死亡,和许多少见的痛苦,这些事情,没有一件不是宙斯的所作所为。"中译参考索福克勒斯:《索福克勒斯悲剧全集》,张竹明译,译林出版社 2007 年版,第 612 页。

⑤ Hegel,*Vorlesungen über die Ästhetik* Ⅱ,Frankfurt am Main:Suhrkamp,1990,S. 69.

他也多次引用了品达和安奈克瑞翁的诗作。直接引用希腊原文是黑格尔的一个特色,古希腊语俨然成为黑格尔的第二母语。这也是古典学研究的基本特色。

在《美学》中,古希腊史学家希洛多德的历史著作、神话学家赫西奥德的《神谱》是他了解古希腊及埃及历史与古希腊神话的主要参考。在论象征型艺术时,黑格尔大量参考了古典学家克莱采(Friedrich Creuzer,1771—1858)的《象征的意义》一书。同时也参考了古典学家梅耶(Heinrich Meyer,1710—1832)的《古代艺术史》(*Geschichte der bildenden Künst bei den Griechen*),如梅耶认为在温克尔曼所指出的古代风格和崇高风格之间存在着一个严肃风格的观点,也为黑格尔的《美学》所吸收,黑格尔指出从严肃风格到理想风格,最终到达一个令人愉快的亲切风格。在论述建筑艺术时,他参考了柏林时期的同事、古典学家希尔特(Aloys Hirt,1759—1837)的《建筑艺术史》、《古代建筑艺术的基本原则》等著作中的相关研究成果。在讨论何种感官作为掌握艺术作品的工具时,他引用了古典学者博提格(Karl August Böttiger,1760—1835)对触觉不能做为艺术观照的观点。[1] 从以上引文可以看出,黑格尔对当时的古典学研究现状和文献不仅十分关注和熟悉,而且多处参考或者采用。

黑格尔思想体系充满着严谨的理性精神,尤其表现在对宗教神秘性的去魅和对理性的精神性的高扬,这固然受到时代风气影响,但与古典学强调科学性的研究方法不无关系。[2] 如曾受到黑格尔影响的法国古典学家勒南(Ernest Renan,1823—1892),以古典语文学严格考证的方法取代经验观察,用以研究宗教、神话及历史现象,在《阿维罗伊与阿维罗伊主义》中宣称"理

---

[1]　Hegel, *Vorlesungen über die Ästhetik* Ⅱ, Frankfurt am Main: Suhrkamp, 1990, S. 255.
[2]　早期古典学者的重要工作就是对宗教愚昧的批判,正如早期古典学者瓦拉(Lorenzo Valla,1407—1457)依靠古典语言学的修养考证出天主教4世纪的重要文件《君士坦丁赠礼》实乃后人的伪作,以及古典学者伊拉斯摩(Erasmus von Rotterdam,1466—1536)对天主教的批判,到尼采则对基督教进行了全面的否定。

性建立在语文学基础上"①。在《历史哲学》中,黑格尔也批评了当时德国语文学以及历史研究中以主观幻想代替历史资料的所谓"高等批评"②。

　　受到黑格尔历史哲学深刻影响的德国古典学学者德罗伊森(J. G. Droysen,1808—1884),基于强烈的现实政治需要,于 1831 年提出了著名的"Hellenismus"(希腊化)命题。作为古典语文学教授的青年尼采,于 1872 年出版了他的美学代表作《悲剧的诞生》,尽管这一著作由于有悖古典学建立在严格的考据与艺术考古学考察之上的"历史客观性"与"科学性"原则,弥漫着一种神秘的酒神文化色彩而受到以维拉莫维茨为代表的古典学界的严厉批评,但从它所显示的以古典希腊文化为理想典范的主要内容来看,与温克尔曼、黑格尔是一脉相承的。③ 而 20 世纪最伟大的思想家海德格尔同样是古典崇尚者,他认为黑格尔是"最后一位希腊人",认为黑格尔的《美学》是西方历史上关于艺术的最伟大的沉思。认为德国文化与希腊之间有着特殊的内在的亲密关系。他的《艺术作品的本原》也是在黑格尔《美学》的启迪下完成的。从他认为艺术表现绝对(存在)而具有超验性、艺术作品具有历史性和民族性等方面都可看出黑格尔对他的深刻影响。他终生强调向前苏格拉底哲学思想的返归,以图解决现代性所造成的分裂。如他从时间角度探讨人类生存本质及艺术作品的来源,认为日月交替形成了人类最本原、最基本的时间与空间观,在古希腊人的朴素神话意识看来,太阳神阿波罗本身就是艺术与诗歌之神,是众缪斯女神的首领。他的《艺术作品的本源》也隐匿地包含着太阳对人类生存及艺术活动的重要性的探讨。④ 这

---

① Ernest Renan:*Averroès et l'averroïsme*:*essai historique*,转引自克里斯蒂娃 *The portable Kristeva* 克里奥里佛(Kelly Oliver)编,哥伦比亚大学出版社 2002 年版,第 95 页,该论点有一定争议性,因为理性与语文学乃是独立的两个不同范畴。

② 黑格尔:《历史哲学》,王造时译,上海世纪出版集团 2006 年版,第 7 页,译文略有修改。

③ 参考尼采在《看哪这人》中所说的,《悲剧的诞生》散发着"令人厌恶的黑格尔气息"。尼采:《看哪这人》,张念东、凌素心译,中央编译出版社 2000 年版,第 84 页。

④ 法国古典主义画家普桑(Nicolas Poussin,1594—1665)的作品《诗人的灵感》就生动地展现了这一神话场景,对海德格尔艺术作品本源与太阳关系的探讨,可参考本人《对海德格尔的农鞋的另一种解读》,《社会科学论坛》2014 年第 9 期。

显示出他对古希腊神话的熟稔,而海德格尔片面地强调艺术作品的时间性,与尼采相似缺乏严谨的艺术考古学理论支撑的古典艺术思想,使得他的美学论述缺乏黑格尔的《美学》中那许多闪耀着不朽光辉的真知灼见。

四、古典作为对现代性问题的克服

黑格尔对古典的推崇与他的现代性危机意识有关。众所周知,现代性根源在于主体性的僭妄所造成的主体与客体、现象与本质、人性与神性、思维与存在等一系列分裂。在哲学领域,从苏格拉底"认识你自己"始,主体性哲学拉开序幕,到近代笛卡尔"我思故我在"是现代性哲学的一块基石与集中表现。康德主体为世界立法的哲学思想更是主体性的一曲赞歌。康德哲学美学思想作为黑格尔哲学、美学的重要基础,使得他不得不面对如何解决主体性过度膨胀的问题。

作为对现代性的反思,黑格尔以既是主体又是客体、具有主体间性的精神取代了康德哲学中的主体性,认为艺术的内容就是人及人类共同体的现实性。黑格尔通过绝对(绝对主体性),力图在主体性哲学内解决主体性问题,认为古典艺术就是一剂良方。在早期的《德国观念论体系的源始纲领》中,他就说道:"精神哲学就是一种美的哲学。"①因为艺术在古希腊人的生活世界中既是想象与表现神(绝对)与自身的伦理(Sittlichkeit)生活与生存情致(Pathos)的媒介,也是古希腊人的生存方式。古典型艺术里理念(内容)与形式完美融合,主体性以节制有度的方式表现于外在媒介。在政治领域,古希腊雅典民主政体是一种自由民主的政治制度,个人自由得到了保证,从而为思想与艺术的繁荣奠定基础。在宗教领域,古希腊宗教是洋溢着欢快健康气氛的人民宗教、艺术宗教,而基督教则展示出压抑、悲伤、柔弱、束缚人类心灵的忧愁气氛。反映在艺术领域,象征型艺术中主体性处于萌芽状态,主体性挣扎着力图表现自己;而古典型艺术中主体与客体完美

---

① Georg Wilhelm Friedrich Hegel: *Frühe Schriften*, Suhrkamp, 1986, S. 235.

融合,主体性处于适度节制的状态;而浪漫型艺术主体性压倒一切,这就是现代性的艺术表现形式,表现在浪漫型艺术家过度强调个人情感的抒发,缺乏情感的节制与约束,主要描写个人生活与命运,表现个人情趣与独特感受,各种病态、伤感、颓废情绪在浪漫型艺术中是常见题材。虽然在他的辩证逻辑序列中,象征型、古典型、浪漫型是"美是理念的感性显现"这一命题内在发展所产生的必然逻辑序列,浪漫型取代古典型具有内在合理性,理念得以更为自由地表现自己,但也为许多艺术不良倾向提供了温床。

西方古典学以古希腊为正朔,将其他文明贬低为次等文明,反映了西方崛起过程中寻求自身历史合法性的一种策略。正如席勒在 1794 年 8 月 23 日"生日来信"中向歌德所言:"然而由于您生为德意志人,由于您的希腊精神被置于这北方的沃土之中,您别无选择,要么成为一名北方的艺术家,要么运用您思想的力量,在您的想象中补充现实所没有赋予的那部分,并因此而如您所做的那样,通过理性思维而成为内在的希腊人。"①温克尔曼、歌德包括黑格尔本人,均未真正踏足希腊,因此,这一希腊化(Hellenism)无疑是一个现代性的虚构与想象。② 以希腊文化为源头,一方面意味着埃及、印度、中国等古老文明降低为次等文明,不再作为文明之源。我们可以看到,在《美学》中,黑格尔对中国古代艺术并没有给予足够关注;正如他早期在《德国观念论体系源始纲领》中所倡言:"我们必须拥有一个新神话,这一神话必须为诸理念服务,它必须成为一个属于理性的神话。"③不仅西方古典

① L.Dora.Schmitz,trans., *Correspondence between Schiller and Goethe,from* 1794—1805,London: George Bell and Sons,1877,p.7.

② 如美国巴勒斯坦裔学者萨义德在《东方学》中指出的,西方的自我中心论就源于古希腊的荷马时代。而美国康奈尔大学的学者马丁·贝纳尔(Martin Bernal),在其《黑色雅典娜:古典文明的亚非之根》中,从"雅利安模式"和"古代模式"去探讨古希腊历史,指出古希腊文明与古埃及与腓尼基文明间的联系,认为西方文明源自古希腊的说法乃是 18 世纪西方学术界的现代性想象,此书在学术界有一定的争议性。

③ Georg Wilhelm Friedrich Hegel Werk1, *Georg Wilhelm Friedrich Hegel Frühe Schriften*, Suhrkamp Verlag Frankfurt am Main,1986,S. 236.

学,包括黑格尔的美学均可被理解为一种"理性的神话"①。我们可以看到,在黑格尔美学中,理念被审美化(神话化),因为"一个包含了所有理念的最高层次的理性行为,是审美行为,真与善只有在美中才能亲密无间。哲学家必须拥有如诗人般的审美能力,不能把握美感的哲学家只是书呆子。关于心灵的哲学是一种审美的哲学。没有审美能力,人不可能对任何事情都拥有丰富的见解,也不可能真正有见解地思考历史"②。而对此理性神话的批判,也成为之后尼采着力之处。另一方面,基督教神学也不再成为西方文化的源头,转变成神学以古希腊文化为基础,意味着人文研究从神学的束缚下解放出来,这对于破除宗教蒙昧、促进人文研究的健康发展则有着积极的历史意义。

　　通过以上分析,我们可以看出,作为时代思想家,黑格尔所处的 18 世纪正值古典学在德国掀起热潮并成为人文思想领域核心位置的时期。黑格尔在讲授和写作《美学讲演录》时,受到了以温克尔曼为代表的古典考古学和艺术史学的深刻影响。他在《美学》中对古希腊艺术的推崇与对德国古典学的学术追求是一致的。其思辨唯心的哲学体系,导致《美学》呈现出神秘和晦涩的特点,而古典学所要求的建立在严谨的考古与艺术史基础上的"科学性",使得《美学》如马克思、恩格斯所说的"常常在思辨的叙述中作出把握住事物本身的、真实的叙述"③。黑格尔已经获取了德国古典哲学及美学集大成者的桂冠,贡布里希又将"艺术史之父"的荣誉授予黑格尔。我们通过分析也可看出,黑格尔虽然无意以专门的古典学者自居,他的《美学》也不是古典学著作,但贯穿其中的古典学精神与古典理想,以及黑格尔本人对古典学的坚持与推崇,使得他理应在德国古典学发展史中占有一席之地。

---

① 罗兰·博尔(Roland Boer):《古典主义的神话》,武田田译,《基督教文化学刊》2014 年春季刊。
② Georg Wilhelm Friedrich Hegel Werk1ʼ, Georg Wilhelm Friedrich Hegel Frühe Schriften, Suhrkamp Verlag Frankfurt am Main, 1986, S. 235.
③ 《马克思恩格斯全集》第 2 卷,人民出版社 2009 年版,第 76 页。

从古典学角度解读黑格尔的《美学》,才能更为深入和全面地认识黑格尔美学思想。

第二节　黑格尔思想体系的流动性特征 及其在《美学》中的体现

一、黑格尔对保持思想"流动性"的强调

作为一位强调生命过程的思想家,追求思想的流动性(Flüssigkeit, fluid)是黑格尔一贯的努力和始终坚持不渝的基本原则。在被马克思称作"黑格尔哲学的秘密和诞生地"①的《精神现象学》中,他多次提到"流动性",借以取代固定的、静止的固有哲学思维。如序言中他说:"但要使固定的思想取得流动性却比将感性存在变成流动的要困难得多。其原因就是上面说过了的那些:思维的规定都以自我、否定物的力量或纯粹现实为实体和它们的存在因素,而感性的规定则只以全无力量的抽象的直接性或存在自身为其实体。思想要变成流动的,必须纯粹思维,亦即以这种内在的直接性认识到它自己是环节,或者说,必须对它自己的纯粹确定性进行自身抽象——确定性的这种自身抽象,不是自身舍弃和抛弃,而是对它自身建立中所含的固定性的扬弃,既扬弃作为纯然具体的东西而与不同的内容相对立的那种自我自身的固定性,也扬弃呈现于纯粹思维的因素之中因而分有自我的无条件性的那些不同内容的固定性。通过这样的运动,纯粹的思想就变成概念,而纯粹思想这才真正是纯粹思想、自身是运动、圆圈,这才是它们的实体,这才是精神本质性。"②他批评了近代以来的哲学家不加考察就将主体与客体、上帝与自然、知性与感性作为哲学研究固定的出发点与归宿点。之所以如此区分,也只是现代性在哲学上的表现,古希腊人却并不如

---

① 马克思:《1844年经济学—哲学手稿》,刘丕坤译,人民出版社2002年版,第112页。
② 黑格尔:《精神现象学》上卷,贺麟、王玖兴译,商务印书馆1979年版,第25页。

此,哲学思考如亚里士多德所说源自从生活经验的日常点滴和宇宙现象所产生的"惊奇"感,而赫拉克利特也强调"一切皆流",万物都处于流变之中。

在"自我意识"部分中,黑格尔说:"生命的发展过程包含诸如以下环节。它的本质是扬弃一切差别的无限性,是纯粹的自己轴心旋转运动,是作为绝对不安息的无限性之自身的静止,是运动的各个不同环节在其中消融其差别的独立性本身,是时间的单纯本质,这本质在这种自身等同性中拥有空间的坚实形态。但是这些差别在这个简单的普遍的媒介中同样保持其差别,因为这个普遍的流动性具有否定的本性,只由于它是诸多差别的扬弃。但是如果它没有持存性,它就不能扬弃那些差别。这个流动性,作为自身等同的独立性,本身正是诸多差别环节的持存或实体,在这里,它们的存在已不复是抽象意义的存在,它们的各个环节、纯粹的本质性也不带有抽象普遍性的意义了;反之它们的存在正是那在自身内的纯粹运动之简单的流动的实体。然而这些关节相互间的差别作为差别一般地不包含作任何别的规定性,只包含无限性的诸环节或纯粹运动本身的规定性。"①"因为那种流动性正是各个独立形态的实体。""在第一阶段里,那持存着的形态:作为自为存在着的或者在其规定性中的无限实体,它走出来反对那普遍的实体,它否认这实体的流动性和它同这实体的连续性,并且坚持它自己不被消融在这个普遍的实体之中,反而企图通过脱离它的这种无机的本性,并通过消耗它的这种无机本性以保持其自身。生命在这种普遍的流动的媒介中静默地展开着形成着它的各个环节,它正是通过这一过程成为这诸多环节或形态的运动或者过渡到作为过程的生命。这种单纯的普遍的流动性是自在之物,而那有差别的诸多形态则是他在之物。但是这个流动性本身将会通过这种差别成为他在之物,因为它现在是为那差别而存在着,而这差别本身却是自在自为的东西,因而是无限的运动(那个静止的媒介是为这无限的运动所消耗着)——亦即作为活生生的过程的生命……个体性所获得的与它自身的

①　黑格尔:《精神现象学》上卷,贺麟、王玖兴译,商务印书馆1979年版,第133页。

统一恰好是诸差别的流动性或者诸差别的普遍解体……而这种无差别的流动性的分裂却正是个体性的建立。"①也正如让·吕克·南希(Jean-Luc Nancy,1940—)所说的:"而自我意识的对象在这种自身的否定性中同样是独立的;因此它自己本身就是类,就是它自己独立存在的独特性中之普遍的流动性或连续性;它是一个有生命的自我意识。"②

在黑格尔哲学体系中,理念、精神、生命、历史是同构的,无不具有流动性的特征。我们可以看出,在黑格尔这里,"流动性"是区别于静态、固定的思想体系而言的,因为精神、概念、生命本身就是动态的过程,黑格尔说:"精神就是这种自己变成他物,或变成他自己的对象和扬弃这个他物的运动。"③这指的是纯粹思想的动态的、发展的、辩证的体系,这种发展不是线性的或进化论的发展观,而是一个辩证的螺旋式上升的圆,后者扬弃(Aufheben)前者,从而保存了前者。正如吕克·南希所说的否定性的永不消歇(Unruhe)的运动④,流动性就是纯粹的否定性,要经历一个严肃、痛苦、容忍、劳作的过程。

二、生命与流动性

对绝对精神的理解只能从自我生命出发,作为生命本质的正是流动性。黑格尔说:"第一,生命必须作为一种身体构造的整体,才是实在的;其次,这种整体不能显现为一种固定静止的东西,而是要显现为观念化的持续不断的过程,在这过程中要见出活的灵魂;第三,这种整体不是受外因决定和改变的,而是从它本身形成和发展的,在这过程中它永远作为主体的统一和作为自己的目的而与自己发生关系。"⑤克朗纳在谈到黑格尔的《逻辑学》

---

① 黑格尔:《精神现象学》上卷,贺麟、王玖兴译,商务印书馆1979年版,第134页。
② 黑格尔:《精神现象学》上卷,贺麟、王玖兴译,商务印书馆1979年版,第138页。
③ 黑格尔:《精神现象学》上卷,贺麟、王玖兴译,商务印书馆1979年版,第27页。
④ Jean-Luc Nancy:Hegel:The Restlessness of the Negative,Jason Smith and Steven Miller trans. University of Minnesota Press,Minneapolis,London,2002. p.3.
⑤ 黑格尔:《美学》第一卷,朱光潜译,商务印书馆1979年版,第158页。

时说:"这一'逻辑学'与以往一切的逻辑的概念与结构迥异,它是会动的,它把思想给推动了。其实,只要思想是有生命的,而不是一些无生命的名相分别的话,思想应该是动态的。一个固定的共相,一成不变的定义和命题是不能把握真理的。因为真理是有生命的。新的'逻辑学'也必须是有生命的、有流动性的,然后方能穿透生命最深层的奥秘。"①保持精神的流动性,是生命与精神健康的表现,在《精神哲学》中,黑格尔说:"被规定为存在着的精神,只要这样一种存在在其意识中不能表现流动性,那就是有病的。"②

其次,黑格尔面对着现代性所造成的一系列的分裂与对立:现象与本体、宗教与知识、人性与神性、感性与理性、思维与存在、主体与客体等,根源在于主体性的过度膨胀,康德人的理性为世界立法从而建构世界的思想是一曲主体性的赞歌,而作为一个崇尚希腊古典的整体主义者,努力弥合这些分裂就是黑格尔所面临的思想任务。对他来说,主体与客体不再界限分明严格对立,而是作为一个流动性的生成过程,这也是他解决现代性主体性过度膨胀的一个方法。

基于以上两点,如何通过传统思维用被认为是静止的概念去把握具有流动性的生命,是黑格尔需要解决的一个问题。在黑格尔的思想中,概念是一个重要术语,因为他认为哲学赖以存在的东西是概念的自身运动。正如克朗纳所言,"当我们在想象概念时,我们得把其客观对象性转化为主体性,这就等于把一切概念转出其反面。黑格尔就是凭着这最基本的洞识卓见,于 1801 年开始整理他的'逻辑学'的细节。"③黑格尔的逻辑学是一种

---

① 里夏德·克朗纳:《论康德与黑格尔》,关子尹编译,同济大学出版社 2004 年版,第 183 页。

② 黑格尔:《精神哲学》,杨祖陶译,人民出版社 2006 年版,第 147 页,译文有改动,英文本参考华莱士(*Hegel's philosophy of mind*,William Wallace trans. Oxford university press,1894,p.38)

③ 里夏德·克朗纳:《论康德与黑格尔》,关子尹编译,同济大学出版社 2004 年版,第 184 页。

"生命的逻辑学",理智使事物分离和对象化,而精神则使其重新统一和纳入主体之中。

在《精神现象学》中黑格尔也说:"让内容按照它自己的本性,即按照它自身而自行运动,并从而考察这种运动。因为避免打乱概念的内在节奏,不以任意武断和别处得来的智慧来进行干涉,像这样的节制,本身乃是对概念的注意的一个本质环节。"①

从总体来看,黑格尔的体系虽然庞大复杂,但作为核心的是"绝对精神",黑格尔将绝对精神的发展纳入一个辩证逻辑之中,世界是绝对理念(绝对精神、也就是上帝)的一个永无休止的发展过程,它的发展有正题、反题和合题的规律。它的出发点是纯粹的理念,它在展开的过程中外化出作为对立面的自然界,而理念与自然界又在其合题——人那里得到统一,因为人既有精神的一面又有物质的一面。人寻求认识自然界思想的规律。这一认识发展到最高阶段就是认识绝对理念本身。艺术、宗教、哲学是以直观、表象、概念的方式把握绝对理念(神)的不同方式,作为绝对精神认识自身的三个不同阶段,独自都有存在的必要性,并不是彼此进化取消的三个阶段。

作为一位"时代的思者",启蒙运动与法国大革命所倡导的理性原则使黑格尔始终不渝地坚持理性建构世界的原则。正如康德在"三大批判"及《理性范围内之宗教》所揭示的理性化信仰。新教改革及启蒙思想使黑格尔对神学加以理性化的去魅原则,是一种自由主义的理性神学观。

三、"流动性"在黑格尔《美学》中的体现

众所周知,黑格尔的《美学讲演录》是他去世后由学生霍托等人根据黑格尔的讲义和听课笔记编撰而成,《美学》中虽然鲜少直接提到流动性,但依然贯彻着流动性的原则。

康德哲学美学无疑是黑格尔哲学美学的基础和出发点。康德在《判断

---

① 黑格尔:《精神现象学》上卷,贺麟、王玖兴译,商务印书馆 1979 年版,第 45 页。

力批判》第 16 节指出,"有两种美:自由美(pulchritudo vaga,游动的美)和仅仅是依存的美(pulchritudo adhaerens,附着的美)。前者不以对象应该是什么的概念为前提;后者却以这样一种概念以及对象按这种概念(而显示出的)的完善性为前提。第一种美称为(为自身而存在的)这一或那一事物的美;第二种称为依存于一个概念的美(有条件的美),被归之于隶属一特殊的目的概念之下的客体。"

pulchritudo vaga 作为文艺复兴时期的术语,其中,pulchritudo 是拉丁文"美"的意思,而 vaga 的意思是游动和不确定,我们可以参考以它为词根的词语,vagabundus ,漂泊、逡巡、漫游、周游,vagatio,游荡、散逸生活,vagatus,漫游、漂泊者,我们可以看出,它与流动性基本同义。

在黑格尔"美是理念的感性显现"这一命题中,理念、感性以及内容与形式无不具有流动性的特征。

美是艺术的特征和原则,美要通过感性来显现自己,这是它的特征也是局限,基于流动性的原则,美也呈现为不断否定(扬弃)感性(自然、形式)因素的过程,依次表现为象征型、古典型和浪漫型。古典型艺术中自然与精神两者完美结合,成为真正美的典型(古希腊宗教也为美的宗教),而到了浪漫型,感性(自然)因素不断降低乃至取消时,从黑格尔的定义来看,美就无法借助一定的感性因素(形式)来显现自己,这时,艺术就趋于消解,理念进入到另一阶段,即宗教。即精神不凭借任何外在形式,而直接显现自身,回到内在的主体性,以表象方式表现神,这就是宗教。而从黑格尔所追求的"科学性"即精神的普遍性要求来看,还需要作为普遍性的概念去表现理念,这就是哲学。黑格尔说:"艺术和宗教这两方面在哲学里统一起来了:一方面哲学有艺术的客体性相,固然已经把它的外在的感性因素转化为最高形式的客观事物,即转化为思想的形式;另一方面哲学有宗教的主体性,不过这种主体性经过净化(纯粹化),变成思考的主体性了。"①

————————

① 黑格尔:《美学》第一卷,朱光潜译,商务印书馆 1979 年版,第 133 页。

在黑格尔看来,形式并不是事物的外部,而是内容表现、证明及揭示自己存在的一种方式。康德在《纯粹理性批判》中指出时空是两种最为基本的先验感性形式,因此,按对感性形式的不断否定,艺术依次呈现为:建筑,依赖于外在时空形式,被黑格尔称为外在艺术;雕像,则为客观艺术;而绘画、音乐、诗则为主观艺术;诗则是纯粹心灵的普遍艺术。而理念,就是有能力拥有形式的概念。它的必要性和操作就是进行"显现"。"理念的感性显现"也就是理念以自己真正的形式揭示自己。

在黑格尔的《美学》中,艺术表现的中心是绝对精神。与宗教和哲学不同,在艺术作品中,精神以感性化的方式呈现自身,由于精神是流动性的,它的过程表现为不断扬弃自然因素而进入到纯粹精神领域本身的过程,而世界史本身也是精神自身展开的历史,是精神不断扬弃外在自然因素重返纯粹精神的过程,自然的精神性经由美的精神性上升到自由的精神性。因此艺术的发展与历史的发展是对应的。根据此一原则,在《历史哲学》中,黑格尔把人类自由的形成划分为三个阶段:(1)东方世界——自然的精神性之王国,精神处于萌芽和逐渐觉醒时期;(2)古希腊——美的精神性之王国,古希腊艺术的表现内容是精神,但这精神仍然需要外在条件限制;(3)现代世界——自由的精神性之王国。"'精神'在国家之中,不仅是像那些神祇的对象,也不仅是主观地造成的美的体格,而是一个有生命的、普遍的'精神',同时又是个别的个人的自觉的'精神'。"①与此对应,艺术也相应地区分为三个阶段:东方的象征型艺术、古希腊的古典型艺术、现代的浪漫型艺术。② 这一过程就体现出黑格尔美学体系的流动性特征。

艺术作为理念的感性显现,是一个不断扬弃外在机械方面的过程,象征型、古典型、浪漫型三者的发展,就表现为一个流动性的过程,后者通过对前

① 黑格尔:《历史哲学》,王造时译,上海书店出版社 2006 年版,第 234 页。
② 参见[德]克劳斯·费维克(Klaus Vieweg,1953—):《现代浪漫主义艺术——论黑格尔的"艺术终结"思想》,牛文君译,载朱立元主编:《中德双边国际美学研讨会论文集》,山西教育出版社 2013 年版,第 37 页。

者的克服,从而提升和保存了自己。浪漫型艺术消解之后,自由艺术得以发展。在《历史哲学》中,黑格尔说:"'艺术'也有它外在的方面,当'艺术'的机械方面已达到至善,'自由的艺术'就能降生出来表现它自己了。"①

从以上分析可以看出,追求思想的"流动性"确是黑格尔始终为之努力和坚持的原则,它既有着神学、哲学上的根源,也是生命作为过程存在的真实意蕴,也是克服现代性造成诸多二元分裂的出路,在黑格尔的《美学》中,他始终坚持这一原则,从而使他的美学体系具有不断发展的历史性特征,使我们对艺术的本质、萌芽、兴盛、消解及最后归宿有了深入的理解。

---

① 黑格尔:《历史哲学》,王造时译,上海书店出版社2006年版,第271页。

第二章 海德格尔对黑格尔哲学的 继承、深化与批判

正如黑格尔所说,"就个人来说,每个人都是他那个时代的产儿。哲学也是这样,他是被把握在思想中的它的时代"①。黑格尔出生于 1770 年 8 月 27 日,与荷尔德林、贝多芬同岁,与歌德、莱辛、席勒为同时代人,因此他经历了德国文学的一个伟大时代即"狂飙突进"的时代。歌德的名著《葛兹·封·伯利欣根》、《少年维特之烦恼》以及后来的《伊菲革涅亚》和《浮士德》,莱辛的剧作《智者纳旦》以及席勒的《邓·卡洛斯》都对黑格尔产生了巨大的影响。随后在 18 世纪 90 年代浪漫派风起云涌,代表了当时的时代精神。作为浪漫派代表的施莱格尔兄弟以及施莱尔马赫、诺瓦利斯都与黑格尔年龄相若,而荷尔德林则是黑格尔早期最为亲密的朋友。卢梭的著作以及康德的"三大批判"中"人的理性为大自然立法"的思想都对早期黑格尔产生了极大的影响。

在黑格尔的时代,资本主义已经在英国、美国、法国蓬勃兴起,美国发表独立宣言时,黑格尔只有 6 岁,如果美国距离遥远尚未形成巨大冲击的话,那么黑格尔 19 岁时爆发的法国大革命则对他产生了巨大的影响,启蒙运动自由、平等、共和的思想使他们图宾根神学院的学生们无比欢欣。相传黑格尔与荷尔德林、谢林共同种下一棵"自由之树"来表达欢欣之情。在文学上,德国浪漫派兴起的"狂飙突进"运动声势浩大,黑格尔认为浪漫派与启

---

① 黑格尔:《法哲学原理》,范扬、张企泰译,商务印书馆 1961 年版,第 12 页。

蒙思潮是具有一致性的,即对主体的高扬。从黑格尔 20 岁左右起,欧洲就处于连绵的战争之中,他的《精神现象学》就完成于拿破仑消灭了持续一千多年的神圣罗马帝国的耶拿战争的前夜。对战乱的深刻体会,是他晚年政治趋向保守的一个重要原因。

正如黑格尔所说,"资本主义精神的发展完全可以理解为理性主义整体发展的一部分,而且可以从理性主义对于生活基本问题的根本立场中演绎出来"①。我们可以看出,在黑格尔的思想中,理性是他始终赞美的,以理性之光祛除宗教迷信。

对于启蒙主体性的反思,以及对这种思潮所代表的浪漫派的批判,是黑格尔的时代任务之一。自 1818 年黑格尔担任柏林大学哲学教授,获得了一段平和的生活。在此期间,他的政治观点日趋保守,成为"普鲁士官方哲学家"。

距黑格尔去世不到百年,海德格尔于 1889 年生于德国乡间小镇麦斯基尔希(Meßkirch),死于 1975 年。如果说黑格尔的时代理性的高扬,资本主义的发展使得世界得以"祛魅",而海德格尔的时代则由于资本主义的高度发展,现代性的弊端日益凸显。海德格尔指出,现代的根本现象有:科学、机械技术、美学的发展、文化以及弃神。与黑格尔出于同一传统,使得两者具有极大的相似性,海德格尔更是称黑格尔密友荷尔德林与自己处于必然的、除此不可的关系之中。与黑格尔对浪漫派的批评不同,浪漫派诗人及其诗歌成为海德格尔取之不尽的思想资源与哲学路向的指引。

与黑格尔相似,哲学于他而言也不是纯粹的书斋活动,处于两次世界大战之中多灾多难的德国,使他无法不关注自己祖国的命运,一战后德国战败所形成的国内严峻局势,使得法西斯势力得以上台,众所周知他这一时期的拥护法西斯、妄想成为"国家哲学家"的行为,为他留下了永久的耻辱。脱

---

① 马克斯·韦伯:《新教伦理与资本主义精神》,于晓和、陈维刚译,三联书店 1987 年版,第 56 页。

离了天主教使他成为一个自由而虔诚的思者,早期的神学训练使他的言说风格具有浓厚的神秘意味,与天主教的脱离又使他的思想有着某种"异教"特征。

在哲学背景上,我们参考伽达默尔在《艺术作品的本源》"导言"中所说的,海德格尔当时所处的时代背景与哲学使命是反抗第一次世界大战后德国唯心论的解体与对新康德主义的统治地位。而尼采与克尔凯郭尔是两个强有力的先驱者。前者批判了柏拉图主义和基督教,而后者则对思辨唯心主义的反思哲学给予卓越的抨击。而"反驳新康德主义的方法论意识有两个新的口号:一个是生命的非理性口号,特别是历史生命的非理性口号,对此,人们可以援引尼采和柏格森,还有伟大的哲学史家威廉·狄尔泰;另一个是生存的口号,索伦·基尔克廓尔的作品对此有充分的说明"①。

第一节　什么是"事情本身"?

一、"先验主体性":从黑格尔到胡塞尔的精神(意识)现象学方法

力图从现象把握事物本质的现象学绝不仅仅是从胡塞尔才开始的,而是西方哲学几千年隐秘的努力,胡塞尔的现象学也是继承西方哲学传统,尤其是黑格尔现象学传统的产物。张世英先生指出,"面向事情本身"(zu den Sachen selbst)最早是黑格尔在《精神现象学》序言中提出的。② 海德格尔也指出:"在晚近时代里,哲学主动明确地召唤思想'面向事情本身'。我们不妨指出在今天受到特别关心的两例。我们在黑格尔1807年出版的《科学的体系:第一部,精神现象学》的'前言'中听到了这种'面向事情本身'的呼

---

① 马克斯·韦伯:《新教伦理与资本主义精神》,于晓和、陈维刚译,三联书店1987年版,第91页。
② 参见张世英:《现象学口号"面向事情本身"的源头——黑格尔的〈精神现象学〉》,《江海学刊》2007年第2期。

声。"①黑格尔说:"由于在本质上哲学所探讨的那种普遍性的因素本身就包含着特殊,所以在哲学里比在其他科学里更容易使人觉得,仿佛就在目的或最终结果里事情自身甚至其全部本质都已得到了表达,至于实现过程,与此结果相比,则根本不是什么本质的事情。"②"但是,文化教养的这个开端工作,马上就得让位给现实生活的严肃性,因为这种严肃性使人直接经验到事情自身。"③黑格尔认为:"勒内·笛卡尔事实上是近代哲学真正的创始人,因为近代哲学是以思维为原则的。"④笛卡尔"我思故我在"中,由思维的主体推演出"纯粹的我"即突出的基底(subjectum)的我思自我,也即先验主体性,就为哲学研究找到了坚实的根基,也就是被转移到意识中的根据(ύποκείμενον),即真实的在场者,也就是传统哲学语言中的"实体"。而黑格尔认为"实体就是主体"。因此对于黑格尔来说,这事情本身就是主体性。

海德格尔指出:"笛卡尔发现了'cogito sum'(我思故我在),就认为以为哲学找到了一个可靠的基地。但他在这个'基本的'开端处没有规定清楚的正是这个思执的存在方式,说得更准确些,就是'我在'的存在意义。"⑤他认为胡塞尔与黑格尔是一脉相承的。胡塞尔在《作为严格科学的哲学》中提出:"研究的动力必然不是来自哲学而是来自事情和问题。"我们可以看出这个口号对黑格尔观点的呼应。胡塞尔在《纯粹现象学和现象学哲学的观念》一书中指出了"直观"作为知识唯一来源的观点,他说:"一切科学知识及其陈述的合法性源泉是直观(Anschauungen)。在直观中,对象表现为自身给与的东西(Selbstgegebenheit),其中至少部分是原初的给与。有了自身给与的东西,科学知识及其陈述才有合法的基础。"⑥建立在直观

---

① 海德格尔:《海德格尔选集》,孙周兴编译,三联书店1996年版,第1248页。
② 黑格尔:《精神现象学》,贺麟译,商务印书馆1979年版,第1页。
③ 黑格尔:《精神现象学》,贺麟译,商务印书馆1979年版,第3—4页。
④ 黑格尔:《哲学史讲演录》第四册,贺麟、王太庆译,商务印书馆1978年版,第63页。
⑤ 海德格尔:《存在与时间》,陈嘉映、王庆节译,三联书店2006年版,第28页。
⑥ 胡塞尔:《纯粹现象学通论》,李幼蒸译,商务印书馆1992年版,第48页。

基础之上就要求主体性成为一切原则之原则,海德格尔指出:"向这种绝对主体性的先验还原给予并保证这样一种可能性:即在主体性中并通过主体把一切客体的客观性(存在者之存在)建立在其有效结构和持存中,也即建立在其构造之基础上。"①

二、作为"光"之敞开的"ἀλήθεια"

在指出了黑格尔与胡塞尔的"事情本身"乃是"先验主体性"之后,海德格尔指出,"但在哲学之事情及其方法中未曾思的是什么呢? 思辨辩证法是一种哲学之事情如何从自身而来自为地达乎显现并因此成为现身当前的方式。这种显现必然在某种光亮中进行。唯有借助于光亮,显现者才显示自身,也即才显现出来。但从光亮方面来说,光亮却又植根于某个敞开之境,某个自由之境:后者能在这里那里,此时彼时使光亮启明出来。光亮在敞开之境中游戏运作,并在那里与黑暗相冲突。"②

因此可以看出,"光"使事物显现,"光"应该就是事物的"基底"。海德格尔在《存在与时间》第七章"探索工作的现象学方法"中指出:"现象学这个词本来意味着一个方法概念。他不是从关乎实事的方面来描述哲学研究的对象是'什么',而描述哲学研究的'如何'……'现象学'(Phänomenologie)这个名称表达出一条原理;这条原理可以表述为:'面向事情本身'(zu den Sachen selbst)——这句座右铭反对一切漂浮无据的虚构与偶发之见,反对采纳不貌似经过证明的概念,反对任何伪问题——虽然它们往往一代复一代地大事铺张其为'问题'。"③

海德格尔通过词源学考察,指出,"现象学(Phänomenologie)这个词有两个组成部分:现象(Phänomen)和逻格斯(Logos)。二者都可上溯到希腊术语:φαινόμενον 和 λὸγος ……'现象'这个术语可追溯到希腊词

---

① 海德格尔:《海德格尔选集》,孙周兴译,三联书店 1996 年版,第 1250 页。
② 海德格尔:《海德格尔选集》,孙周兴译,三联书店 1996 年版,第 1252 页。
③ 海德格尔:《存在与时间》,陈嘉映、王庆节译,三联书店 2006 年版,第 32—33 页。

φαινόμενον。而φαινόμενον由动词φαίνεσθαι[①]派生而来；φαίνεσθαι意味着：显示自身（显现）。因此，φαινόμενον等于说：显示着自身的东西，显现者，公开者。Φαίνεσθαι是φαίνω的中动态，φαίνω的意思是：大白于世，置于光明中。Φαίνω像φῶς一样，其词根归属于 φα——，意思是：光，明亮，即某物能公开于其中的东西，某某能在其中就其本身显现而易见的东西。因此，'现象'一词的意义就可以确定为：就其自身显示自身者，公开者。于是φαινόμενα即'诸现象'不是：大白于世间或能够带入光明中的东西的总和。"[②]

对于λòγος的含义，海德格尔反对通常流行的观点。"λòγος被'翻译'为，也就是说，一向被解释为：理性、判断、概念、定义、根据、关系。"[③]"亚里士多德把话语的功能更精细地解说为ἀποφαίωεσθαι[④]。λòγος是让人看某种东西（φαίωεσθαι），让人看话语所谈及的东西，而这个看是对言谈者（中间人）来说的，也是对相互交谈的人们来说的。话语'让人'ἀπò（从）话题本身方面来看。只要话语是真切的，那么，在话语（ἀπόφανσις）中，话语之所谈就当取自话语之所涉；只有这样，话语这种传达才能借助所谈的东西把所涉的东西公开出来，从而使他人也能够通达所涉的东西。这就是λòγος之为ἀπόφανσις（展示）的结构。这种'使……公开'的意义就是展示出来让人看。"[⑤]海德格尔指出，λòγος的真理是"ἀλήθεια"。"λòγος的'真'作为ἀληθεύειν说的是：把对话所及的存在者从其遮蔽状态中拿出来，它作为无蔽（ἀληθές）来看，也就是说，揭示话题所及的存在者。"[⑥]

---

① Liddell & Scott, Greek—English Lexicon 中，动词"φαίνεσθαι"的词根为φαίνω，它的含义有主动与被动两种，含义为显现、使显现与被动的出现，让看见。
② 海德格尔：《存在与时间》（德文版），马克斯尼迈耶出版社 1976 年版，第 37—38 页；海德格尔：《存在与时间》，陈嘉映、王庆节译，三联书店 2006 年版，第 33—34 页。
③ 海德格尔：《存在与时间》，陈嘉映、王庆节译，三联书店 2006 年版，第 39 页。
④ 前缀ἀπò指从……而来，ἀποφαίωεσθαι字面义为"从显现者而来，从光而来"。
⑤ 海德格尔：《存在与时间》，陈嘉映、王庆节译，三联书店 2006 年版，第 38 页。
⑥ 海德格尔：《存在与时间》，陈嘉映、王庆节译，三联书店 2006 年版，第 39 页。

因此他指出："'现象学'（Phänomenologie）这个词可以用希腊文表述为：λέγειν τὰ φαινόμενα；λέγειν 说的是 ἀποφαίνεσθαι。现象学说的是 ἀποφαίνεσθαι τὰ φαινόμενα：让人从显现的东西本身那里如它按其本身所显现的那样来看它。这就是取名为现象学的那门研究所给出的形式上的意义。然而，这里表述出来的东西无非就是前面曾表述过的原则：'面向事情本身。'"①他从现象学的词源得出现象学的"事情"是"光"。但"光"又要来自于使光得以自由展开的敞开性，也即来自于"敞空"（Lichtung，本义为林中空地②）"Lichtung"非常容易被与"光"（Licht）相联系，但海德格尔明确指出他并非此意，他认为"Lichtung"并不属于"光"（Licht），而是属于"leicht"（轻的），比如"起锚"（die Anker lichten），是释放之、使之自由的意思；森林中的自由的、空敞的地方，它在幽明中也是自由空敞的（sie ist auch frei im Dunkel-licht）。因此海德格尔得出结论，这里的"事情本身"不再是先验主体性（意识），而是"敞空"。也如歌德所说的，这就是"原现象"。在巴门尼德的古希腊语残篇中，它以"Ἀλήθεια"来命名。

海德格尔认为"Ἀλήθεια"是思想的真正的事情。海德格尔的真理观不是流俗的"符合论"的真理观，他认为在"真理"的古希腊文"ἀλήθεια"（alethetia）中，否定前缀"α"包含否定、褫夺的含义，如他说的，"无蔽状态乃是那个已经显露出来并且离开了遮蔽状态的东西的基本特征。这就是其中的 α——的意思，这个 α 只是在一种植根于晚期希腊思想的语法中才被标识为阙失之 α——（α——privativum）"③。而"λήθεια"则表示遗忘、遮蔽的含义，因此真理"ἀλήθεια"是对遮蔽的解蔽，是显现与遮蔽（隐藏）的不断"争执"（Streit）的动态的发生过程。什么是遮蔽呢？在《无蔽》一文中，海德格尔指出对希腊人来说，"遮蔽"意味着太阳沉到云层下，在云层背后消失。而

①　海德格尔：《存在与时间》，陈嘉映、王庆节译，三联书店 2006 年版，第 41 页。
②　参见君特·菲加尔编：《海德格尔与荣格通信集》，张柯译，南京大学出版社 2017 年版，第 105 页。
③　海德格尔：《演讲与论文集》，孙周兴译，三联书店 2005 年版，第 282 页。

"νέφεα δῦναι"意味着:沉到云层下,在云层背后消失。"希腊人所思的沉落是作为一种'进入遮蔽'而发生的。我们不难看出:这个箴言的两个实质性的、因而主要的词语(开头和结尾两个词语),即 τὸ δῦνον[消失者]和 λήθοι[遮蔽]说的是同一个东西。"①那么"解蔽"就意味着太阳浮出云层、显现出来、发光。他终生关注人类生存与时间的关系,而海德格尔多次指出,"Lichtung"就是真理(ἀλήθεια)。他的真理观实际是继承了西方尤其是基督教认为真理是"光"的传统,这"光"来自太阳。海德格尔与黑格尔都是同一性思维,他的核心术语"Ereignis"、"physis"、"ἀλήθεια"都是指的太阳、月亮的交替运行,首要地指太阳。

作为启蒙思想家,"光"在黑格尔思想中具有重要的地位,这光是理性之光,由理性所建构的是一个光明世界。"光"在黑格尔思想中同样具有本体地位,黑格尔指出作为主体的"我"与"光"的同一性:"我是它本身,并统括作为一种已自在地被扬弃东西的客体,是关系的整一方面和整个的关系,是那种显示它自己并也显示对方的光。"②正如他在《美学》中所说的:"光作为一种自然因素是起显现作用的。由于光,一切事物就成为认识的对象,对于旁人就有了认识的意义。精神也具有这样起显现作用的性格,它是意识、知识和认识的光。除掉这两种显现作用的活动范围不同之外,它们之间的差别只在于这一点:精神能显现出它本身,在它所显示给我们的东西之中,或是在为它所造成的东西之中,它还保持着自己的本色;自然的光并不使它本身成为知觉的对象,而只是使不同于它和外在于它的东西成为知觉的对象,在这种关系中它从本身放射出来,不像精神那样还返射到本身,因此它还没有达到较高的统一,在这种较高的统一里,在另一体里同时还是在自己本身。"③在他早期的《民众宗教和基督教》里,也有类似的表达:"正如光明浸透一切、弥漫一切并发挥作用于整个自然中,可是又不可被说成为一

① 海德格尔:《演讲与论文集》,孙周兴译,三联书店 2005 年版,第 291 页。
② 海德格尔:《演讲与论文集》,孙周兴译,三联书店 2005 年版,第 413 页。
③ 黑格尔:《美学》第二卷,朱光潜译,商务印书馆 1979 年版,第 215—216 页。

种实体,但它却能分布其自身于不同的事物中,使物类得以呈现其形象,使得清新空气从草木中沁发出来。"①我们可以看出,黑格尔指的是一种思辨性的"理性之光"和"意识之光",而海德格尔则与此不同,他所追问的是"生存"与"时间",他所追寻的是一种生存活动中的"光"与"敞空"。正如他所指出的,"虽然哲学谈论理性之光,却并没有关注存在之敞空。唯有敞开之境才能照亮理性之光"②。这是哲学的局限,也是哲学终将终结的原因。

在《黑格尔的经验概念》一文中,我们也可以看到海德格尔对黑格尔"意识之光"的多次强调,海德格尔所认为的"存在"就是"光"之"敞空",区别于黑格尔的作为"意识"的理性之光,这光来自太阳。而海德格尔的基本术语"Ereignis"、"Lichtung"、"Physis"、"Ἀλήθεια"也是以不同名称来思考同一者的丰富性,这同一者,就是指的太阳。

值得注意的是歌德对两者的影响,黑格尔曾将歌德视为精神上的父亲,海德格尔则将"事情本身"看作歌德所说的"源现象"。歌德说:"尽管如此,'四福音书'在我看来还全都绝对真实,因为其中强烈地反映着基督崇高的人格;它那样神圣,尘世间可谓绝无仅有。如果有人问我,崇拜敬畏基督符不符合我的天性,我会回答:绝对符合! ——我要对它顶礼膜拜,因为我视他为最高道德准则的神圣体现。——如果有人问我,崇拜太阳符不符合我的天性,我会同样回答:绝对符合! 因为太阳是最高存在的启示,也即为我们尘世中人有幸见到的最强有力的存在。我崇拜它,因为它包含着神赐的光明和生殖力;全靠着这些,我们人类还有和我们一起的动物植物,才得以生存和繁衍。"③正如洛维特所说,"这样,歌德就可以称自己为一个坚定的非基督徒,但同时又反对把他当做异教徒。他当做属神的东西来崇敬的,是

---

① 黑格尔:《民众宗教和基督教》,贺麟译,上海人民出版社 2012 年版,第 9 页。
② 海德格尔:《海德格尔选集》,孙周兴编译,三联书店 1996 年版,第 1254 页。
③ 歌德:《歌德谈话录》,艾克曼辑录,杨武能选译,浙江文艺出版社 2004 年版,第 225—226 页。

世界整体中的生产力量"①。笔者以为,这与海德格尔的宗教认知基本是一致的,歌德对海德格尔也产生了重要影响,歌德是海德格尔与黑格尔之间有内在相似之处的一个隐秘关联。

第二节 Dasein 等主要术语的继承

海德格尔的"Dasein"概念无疑是继承自康德、黑格尔哲学传统的。在黑格尔哲学体系中,Dasein 意指一个有限的、特定的存在②,英译为 determinate being(确定的存在),贺麟先生译为"定在"。海德格尔著作的英译一般都保留了"Dasein"原文。对黑格尔来说,它是变易的结果。定在不是静态的,而是包含着从某物生成某物,是变易(Werden),在《精神现象学》第一章"感性确定性;这一个和意谓"中,黑格尔指出,"另一方面,在这种确定性里,意识只是一个纯自我,或者说,在这种认识里,我只是一个纯粹的这一个,而对象也只是一个纯粹的这一个"③。在《哲学科学百科全书》中,他认为:"定在是具有一种规定性的存在,这种规定性作为直接的或存在着的规定性是质。定在作为在它的这一规定性中于自己内反映了的,是定在着的东西,是某物。"④在《逻辑学》中,他认为,"一个人想要成为真正的人,他必须是一个特定的存在[存在在那里 dasein],为达此目的,他必须限制他自己。凡是厌烦有限的人,决不能达到现实,而只是沉溺于抽象之中,消沉暗淡,以终其身。"⑤"意志"是把自己转变到定在的那种思维。定在"从字源上看,它是在某一地方的有;但是空间观念与这里不相干。"

"Dasein"在《存在与时间》中是指能够追问"存在"问题的存在者,在

---

① 卡尔·洛维特:《从黑格尔到尼采》,李秋零译,三联书店 2014 年版,第 31 页。
② 参见黑格尔:《小逻辑〈新版序言〉》,贺麟译,商务印书馆 1980 年版,第 18 页。
③ 黑格尔:《精神现象学》下卷,贺麟、王玖兴译,商务印书馆 1979 年版,第 63 页。
④ 黑格尔:《哲学科学全书纲要》,薛华译,北京大学出版社 2010 年版,第 76 页。
⑤ 黑格尔:《小逻辑》,贺麟译,商务印书馆 1980 年版,第 205 页。

《赫拉克利特研讨》中,海德格尔认为,当人们谈到《存在与时间》时,往往注意到的是"他们"或"焦虑"(anxiety,忧愁),我们应该从"意识"出发。这就显示出与黑格尔的继承关系。

"Dasein"对应于胡塞尔现象学中的"先验自我"。意识与客体性差不多,同一于康德所有的先验综合判断的首要原则。经验可能性的条件在总体上是经验客体可能性的条件。通过意识,我们涉及认识,并且认识被作为表达,被作为康德的例子。"Dasein"在康德那里意味着现实性,而现实性在康德思想中是一个模糊的概念,而"Dasein"概念在 18 世纪主要是对存在(existentia,existence)的翻译,"Dasein"指的是现在在场,陈嘉映、王庆节等人的中译本将"Dasein"译为"此在",意为"这里的"存在,海德格尔却是反对这样的译法的。他指出,在法语中,"Dasein"被翻译为"être-là"(being there,相应于我们中文的"彼在"),如萨特所翻译的。可是海德格尔认为,这样的话,《存在与时间》里的新位置就失去了,难道人类就像一把椅子一样在那儿? "Dasein"不是用来指在那儿或在这儿,"Da"意味着什么呢? 在《存在与时间》中,"Dasein"被写为"Da-sein",这里的"Da"是指敞空和开放性,人类以此所坚持的。表现,意识的知识,是完全不同的。意识、知识是怎样作为表现的,而与"Dasein"有关的? 对此你不能反思,而只能看(直观)。意识只能在"Da"的基础上,作为它的一个派生模式。因此"Dasein"翻译为"此在"与"彼在",以及强调主体性的"亲在",都是强调了主体性,不如译为"定在"(特定的能发问存在意义的存在者)更为合适,它相当于胡塞尔的先验自我意识。"Da"就相当于"ύπδκειμεναι"(基底),是现象得以呈现的背景域,也是纯粹的意识本身。"Sein"是存在本身,也是海德格尔所要坚持回到的现象本身。"Da-sein"意指此在绽出地生存,去领会存在本身的意义。

海德格尔在《存在与时间》与《现象学的基本问题》中又指出"Dasein"是指人,指能追问存在意义的人。结合他后期的思想,我们也可以看出,"Dasein"确实是他思想的核心,"Da"作为一个位置(Ort)就是存在所依之而生存的,这位置就是事物得以呈现的"基底","Da"与"Sein"实际是同一的,也就是海德格尔所说的"存在"就是"时间"。这"Da"对于黑格尔就是指"意识的开放性","意识之光",而对海德格尔来说,这"Da"作为光不是来自意识,而是来自"世界",这光是"时间"的给予者,这"光"来自于太阳,因此太阳就是海德格尔思想的核心,可以说,从苏格拉底到尼采数千年的西方形而上学,都是一种"太阳"式隐喻式哲学,而海德格尔要将西方形而上学带向其边缘,他强调人类生存的"Unheimlichkeit"(无家可归性),强调追问生存的意义,我们可以看出,他除了强调太阳外,后期更转向对月亮的转变。

如果我们把"Dasein"理解为人,那他是以向存在的开放来规定自己的,正如海德格尔所说,"依于本源而居者,终难离弃这位置。"也就是难以离开太阳,我们可以看到,各民族神话中都有类似"夸父逐日"式的神话。

第三节　现代性之克服:从"绝对精神"到"Ereignis"

一、作为绝对主体的"绝对精神"和作为"它者"的"Ereignis"

伴随着启蒙的进展,现代性的问题日益凸显出来,黑格尔与海德格尔的另一思想主题是克服现代性。现代性所造成的危机可以表现为一系列的分裂:包括主体与客体、精神与物质、灵魂与肉体、信仰与理智、自由与必然、理性与感性、存在与非存在、有限性与无限性等。哈贝马斯在《现代性的哲学话语》中指出:"黑格尔不是第一位现代性哲学家,但他是第一位意识到现代性问题的哲学家。他的理论第一次用概念把现代性、时间意识和合理性之间的格局突显出来。黑格尔自己最后又打破了这个格局,因为,膨胀成绝对精神的合理性把现代性获得自我意识的前提给中立化了。这样,黑格尔就无法解决现代性的自我确证问题。结果,在他之后,只有以更温和的方式把握理性概念的人,才能处理现代性的自我确证问题。"①对于黑格尔来说,就是要克服现代性造成的分裂,这种分裂使得哲学的产生成为需要。

作为对现代性的克服,黑格尔采用的是在主体之内的办法,作为黑格尔庞大严谨的系统,其基础是"绝对精神"。绝对精神是主体,这种主体不是特殊的个人的主体,而是一种超越于人的"绝对主体"。

绝对精神不是封闭、静止、固定的,而是处于能动的、辩证的发展过程之中,他的全部哲学都是对绝对精神发展和运动过程的描述。黑格尔认为,绝对是精神,绝对精神是普遍永恒的精神,而不是指有限的个人的精神,绝对精神是万事万物的最终根据和最终真理,绝对精神的外化即世界。哲学和宗教、艺术都是要认识和把握天地间唯一的普遍的神圣的精神,宗教使用的是表象方式,艺术使用的是感性方式,而只有到了哲学里使用概念思维才达到自由的地步,也是最高的阶段。黑格尔认为,科学(哲学)的整体本身是一个圆圈,在这个圆圈中,最初的也将是最后的东西,最后的也将是最初的东西,这个整体就是指绝对精神的循环,绝对精神就是心灵。黑格尔说:"如果我们要按照它的真正的实质去简略地说明绝对理念,我们就应该说,它就是心灵,当然不是有限的受约制受局限的心灵,而是普遍的无限的绝对的心灵,这绝对的心灵根据它本身去确定真实之所以为真实。"②而黑格尔认为绝对精神不是斯宾诺莎泛神论意义上的"上帝",而是普遍的、无限性之精神。黑格尔作为启蒙时代的思想家,强调主体性的作用,绝对精神也就是做为思维基础的"意识"、"理性",每个人都能思维,都具有理性,能够认识对自我的有限性进行反思以达到无限性。自然与绝对精神不是对立的,绝对精神的外化就是自然。绝对精神是理念的实现。单纯的理念仍然是抽象的,而精神才是理念在自身中所达到的最具体的、最高的发展形式。

马克思在《神圣家族》中批判黑格尔道:"黑格尔的过错在于双重的不

---

① 哈贝马斯:《现代性的哲学话语》,曹卫东等译,译林出版社 2004 年版,第 51 页。
② 黑格尔:《美学》第一卷,朱光潜译,商务印书馆 1979 年版,第 118 页。

彻底性:他宣布哲学是绝对精神的定在,同时又不肯宣布现实的哲学家就是绝对精神;他仅仅在表面上把作为绝对精神的绝对精神变成历史的创造者。既然绝对精神只是 post festum(事后)才通过哲学家意识到自身这个具有创造力的世界精神,所以它的捏造历史的行动也只是发生在哲学家的意识中、见解中、观念中,只是发生在思辩的想象中。"①马克思指出,黑格尔的历史观只是关于精神和物质、上帝和世界相对立的基督教德意志教条的思辩表现。"在黑格尔的体系中有三个因素:斯宾诺莎的实体,费希特的自我意识以及前两个因素在黑格尔那里的必然的矛盾的统一,即绝对精神。第一个因素是形而上学地改装了的、脱离人的自然。第二个因素是形而上学地改了装的、脱离自然的精神。第三个因素是形而上学地改了装的以上两个因素的统一,即现实的人和现实的人类。"②

对于主体性的克服,海德格尔是通过强调超越于主体性的"它者"("Es")来进行的。在《形而上学导论》中,海德格尔通过考察"存在"(Sein)的语法和语源后认为:"这个词的最古老的本来的词干是'es',梵文的'asus',生活,生者,由其自身来立于自身中又走又停者;本真常住者。"③他认为,"在西方思想之初,存在(sein)就被思了,但是'es gibt'('有',海德格尔在这里强调字面义'它给予')并未被思"④。他试图去思那个给予(es gibt)的"Es"。"我们试图把这个'它'及其给出(Geben)带入眼帘,并大写这个'它'(Es)"⑤。"而这个'它'(Es)被解释为 das Ereignis"⑥。在《尼采》一书中,海德格尔也反复强调,"作为这个存在,存在本身就'是'它(Es)自身"⑦。

---

① 马克思:《马克思恩格斯全集》第二卷,人民出版社 2002 年版,第 109 页。
② 马克思:《马克思恩格斯全集》第二卷,人民出版社 2002 年版,第 177 页。
③ 海德格尔:《形而上学导论》,熊伟、王庆节译,商务印书馆 1996 年版,第 70—72 页。
④ 海德格尔:《海德格尔选集》,孙周兴编译,三联书店 1996 年版,第 670 页。
⑤ 海德格尔:《海德格尔选集》,孙周兴编译,三联书店 1996 年版,第 666 页。
⑥ 海德格尔:《海德格尔选集》,孙周兴编译,三联书店 1996 年版,第 691 页。
⑦ 海德格尔:《尼采》,孙周兴译,商务印书馆 2002 年版,第 988 页。

二、作为本真生命的"绝对精神"与作为生命意义的"Ereignis"

黑格尔认为作为"绝对精神"的"神"乃是"生命",因为只有生命才能理解生命。在他早期的神学手稿《基督教的神及其命运》中,黑格尔说道:"神不能研究,不能变得熟悉,而是他是生命,只能用生命才能了解。"①黑格尔说:"绝对概念就是生命的简单本质。"这里的生命,亚里士多德已经对生命的本质作出回答,"τὸ δὲ ζῆν τοῖς ζῶσι τὸ εἶναί ἐστιν。"亚里士多德在《灵魂论》中说道:"灵魂是具有生命物体(生物)之因与原(第一原理)。'因'(αἰτία)与'原'(ἀρχή)具有多种命意。而灵魂就通有一切生物诸原因中的三因;灵魂为生命动变所由缘起(动因),又为其动变所趋向的终端(目的,即极因),又为一切生物的'本体'(οὐσία)。"②生命是存在的一种方法。黑格尔在他青年时期的神学手稿中也优先以这个意义来使用。黑格尔在这里直接说道:"纯粹生命就是存在。"③

受黑格尔的影响,"生命"成为狄尔泰哲学的基本范畴和出发点。狄尔泰认为,生命是历史性的,它没有被撕裂成一些单纯的分离要素,而是一个关联总体。每一代诗人和思想家都试图解读生命那张谜一般的、深不可测的面孔(嘴角含笑、眼神哀伤),所以这种解读是无止境的。生命是处于绵延不断的时间之流中的过程。他在《哲学的本质》中说:"生命就是存在于个人脉络之中的各种精神活动之间的内在关系。生命经验则是不断发展的、对于生命的沉思和反思。它把存在于具有意图的初步行动之中的各种主观的、相对的、偶然的和分别存在的成分,提升成为有关对于我们来说具有价值的和合适的东西的真知灼见。"④

体验概念也是在狄尔泰的时代才开始形成和流行的。狄尔泰指出,体

① 海德格尔:《尼采》,孙周兴译,商务印书馆 2002 年版,第 142 页。
② 亚里士多德:《灵魂论及其他》,吴寿彭译,商务印书馆 2009 年版,第 98 页。
③ 黑格尔:《宗教哲学》,魏庆征译,中国社会出版社 2005 年版,第 711 页。
④ 狄尔泰:《历史中的意义》,艾彦、逸飞译,中国城市出版社 2002 年版,第 271—272 页。

验是一种独特的与众不同的方式,在这种方式下,实在在那儿为我而存在。除了主客二分外的思维模式外,人和世界还有一种更为源始的关系,体验活动就体现了这种源始方式,它不是主体的活动,不是思想,它是一种直观而非概念方式。诗能自由地支配现实和观念的整个领域,在各门艺术中,只有诗和世界观有一种特殊的关系。如果说在艺术作品中世界观得到表达,那就是在诗歌中因为诗所使用的是语言,在语言中,可以表达出现于人心中的一切,包括外部对象、内部状态、价值和意志的规定。诗源于生命,它必然在对一个特殊事件的表现中表达诗人对生命的直观。诗不是根据超自然的力量,即不是从与不可见世界的交往中理解生命,诗人在对生命的本质直观中获得自己的生命观,从生命本身理解生命。狄尔泰认为,希腊悲剧、席勒的诗作和荷尔德林的《恩培多克勒之死》都是这些诗作的典型代表。

到底什么是"精神"? 海德格尔写道:"精神是 νους。对于精神的'现实性',亚里士多德说,ήγὰρ νοῦ ἐνέργεια ζωή(Λ7,1072b 27)。('在自己作品中的存在,也就是说,在场地感知到自己在场,是生命。')新时期的翻译为:'精神的现实性也就是生命。'生命归属于'经验',生命不是别的,就是在生命经验中的经验。"[①]海德格尔将"精神"解读为"生命"。他早期哲学的核心是"生命",显示出他受到黑格尔和狄尔泰的影响。

海德格尔早期所坚持的现象学方法是实际生活经验与形式显示。他早期哲学研究的目标是对实际生命基本现象的系统的现象学—存在论解释。在 1919—1921 年的《评卡尔·雅斯贝尔斯〈世界观的心理学〉》一文中,他说:"对于先行把握之开端本身,雅斯贝尔斯或许会注意到:生命作为整体对我来说是一个指导性的理念,我只需要寻视自己,而这种生命普遍地都以某种方式径直地在此存在。这一整体、统一者、未破碎者、超出对立的东西、包围一切生命的东西、与破碎和摧毁格格不入的东西、最终和谐者,引导着我。在它的光亮中我看到一切个别的东西,它给出真正的照亮,它预先确定

---

① 海德格尔:《黑格尔》,美茵法兰克福 1993 年版,第 132 页。

着那种基本意义。在其中,一切照面事物得以被规定和被把握为从这种生命而来的自行构成和突现,并且被规定和被把握为向这种生命的回降。这一整体给出那种对对象的本质性联结,而对对象的有所规整的考察乃是意图所在。"①他指出:"生命本身,也就是作为整体的生命,是我们不能直接言说的。但是,我们必定对它有所直观,恰恰是从对生命的观看中,才形成了关于生存的意识。通过形式显示,被理解的自身存在就意味着生存。"②在《黑格尔》第二部分"解释《黑格尔精神现象学导论》"中,海德格尔说:"经验不是处理办法(Verfahren),而是意识的本质中心:它是'反思',并且作为'运动',是生命、精神。"③黑格尔高扬理性精神,而理性在谢林、黑格尔看来,是知识和意志构成理性的本质。

海德格尔在 1919 年至 1927 年之间的讲座和疏解《时间概念史导论》(GA20)、《哲学的设定》(GA56,57)、《存在论,实际性解释学》(GA63)中,更能证实他在改造现象学时是如何赞同狄尔泰哲学的,海德格尔在这些文本中指出,狄尔泰将是"未来几十年最有影响的哲学家"。海德格尔发表于 1916 年的教授资格论文《精神科学中的时间概念》的主题(划分自然科学与精神科学)显示,它与狄尔泰和新康德主义者的探究有着紧密的关联。海德格尔试图基于时间概念的分析来区分出两种类型的科学。狄尔泰的影响在海德格尔 1919 年讲座《哲学的观念和世界观问题》中得到了体现,他完全赞同胡塞尔的观点:世界观与胡塞尔的哲学观之间存在不可调和的对立。但与胡塞尔不同而与狄尔泰一致的是,海德格尔感觉到这种对立迫使他去重新思考哲学的本质。尽管海德格尔在《存在与时间》中对狄尔泰有所批评,但不如说海德格尔旨在将狄尔泰的"生命哲学""根本极端化"。

在《哲学的设定》中,海德格尔说:"这是我自己的本己体验,这不是一个过程,而是一个事件(Ereignis)。体验是事件,而且它来自本己生命并且

---

① 海德格尔:《路标》,孙周兴译,商务印书馆 2000 年版,第 27 页。
② 海德格尔:《路标》,孙周兴译,商务印书馆 2000 年版,第 34 页。
③ 海德格尔:《黑格尔》,美茵法兰克福 1993 年版,第 150 页。

仅仅如此生存的生命(事件特点在此没有完全被设定)。"①这里明显可以看出狄尔泰对他的影响,狄尔泰认为,诗表现一个事件(Geschehnis)。"从最遥远的民歌,到埃斯库罗斯的《俄瑞斯特亚》或者歌德的《浮士德》,所有诗歌作品在下面这点上都是一致的:它们都表现了某种事件(Geschehnis),在这里,我们应当认为'事件'这词被用于这样的意义,它包括可能的体验和实际的体验,包括我们自己的和别人的体验,也表达过去的体验和当前的体验。通过诗歌对一个事件的表现,是对现实的非实在的表象,人们可以重新体验这种表象,它也为人们提供了重新体验它的机会。诗人已经把它提升得超越了人们的生存脉络、超越了我们的意志关系和旨趣关系。因此,它不会引起任何公开的反应。强调来自整体现实和我们对它的意志和兴趣。"②"因为只要一个事件对于我们来说揭示了某种与生命本性有关的东西,我们就会把它当作具有意味的东西来把握。诗歌就是对生命的理解过程所具有的器官;而诗人就是对生命的意义加以辨别的、洞察力异乎寻常的人。……它那有关各种事物的本性和终极性相互联系的观点,始终是为了越来越深刻地洞察生命的意味,而恰恰是这种意味使它那些理想获得了自由和生命力。"③

而海德格尔用德语中更为重要的"Ereignis"(事件)代替了"Geschehnis",这是因为,海德格尔终生追问"存在与时间",在这一事件与人类本已生命的关联中,是太阳给予了我们人类生存的时空意识。

三、作为上帝的"绝对精神"与作为太阳之"神"的"Ereignis"

宗教信仰的对象是神,在基督教中,上帝是圣父、圣子、圣灵三位一体者,具有三个位格。上帝也就是精神,是活的精神。在《宗教哲学》中,黑格尔说:"上帝是精神;在抽象的规定中,他因而被规定为将自身隔离的、普遍

---

① 海德格尔:《哲学的设定》,美茵法兰克福1999年版,第75页。
② 狄尔泰:《历史中的意义》,艾彦、逸飞译,中国城市出版社2002年版,第243页。
③ 狄尔泰:《历史中的意义》,艾彦、逸飞译,中国城市出版社2002年版,第250页。

的精神;这是绝对的真理。具有这一内容者,为真的宗教。精神是这一过程、运动、生命;他区分、规定自身;始初的差别在于:他呈现为这一普遍的理念本身。"①这里的理念,在实质上就是指"上帝"、"绝对精神"、"绝对理念"。黑格尔认为,在哲学中,至高者称为绝对者、理念。正如黑格尔所说:"我们实则应将理念作为神之自我启示进行探考,并将这一启示置于所揭示的三规定中。"②上帝是理念,是绝对者,是在思和概念中所领悟的本质。逻辑的理念是上帝,是自在的上帝。

在宗教哲学中,黑格尔把概念、精神提高到了绝对,使之成为真正的上帝。通过肯定上帝就是精神,从而高扬人的启蒙主体性,人相对自然是更具神性者。正如他说:"因为不仅人有神性,而且神性在人身上比在自然中所取的活动形式也更高,更符合神的本质。神就是心灵,只有在人身上,神性所由运行的媒介才具有自生自发的有意识的心灵形式,而在自然中,这种媒介却只是无意识的,感性的,外在的,这在价值上就远逊于意识。在艺术作品中,神的活动方式是和在自然现象中一模一样的,但是在艺术作品中所见出的神性,因为是从心灵产生的,却替它的存在获得了一种符合它本性的显现,至于自然界无意识的感性的客观存在却不是一种符合神性的显现形式。"③有人会认为,黑格尔对哲学超过宗教的优先性的强调导致宗教自身成为多余的。毕竟,如果哲学给我们提供了对真理的清晰表达,我们为什么还需要不清晰的想象和神的故事? 然而,黑格尔认为人类生存不能只靠概念:正如我们通过概念理解真理,他们不得不通过感觉理解真理、想象和信仰。按黑格尔自己的说法,他承认自己是路德派信徒。而且,他认为,对大多数人来说,哲学起到很小的作用,宗教是他们对真理的主要领悟之处,"在宗教术语中人们定义对他们来说什么是真理"。因此,在黑格尔看来,宗教是极度重要的,它从人类城邦生活中的消失因此是极度破坏性的。作

---

① 黑格尔:《宗教哲学》,魏庆征译,中国社会出版社 2005 年版,第 424 页。
② 黑格尔:《宗教哲学》,魏庆征译,中国社会出版社 2005 年版,第 420 页。
③ 黑格尔:《美学》,朱光潜译,商务印书馆 1979 年版,第 37—38 页。

为新教徒,他对加尔文派将信仰降到词语持怀疑态度,他给予圣餐以中心地位,他认为那不是纪念而是神在心中真实的存在。绝对精神必须被以人的形式带上前来,也就是它可以在世上被看到和体验到。

对黑格尔来说,我们必须不仅在概念和信仰中理解真理,我们还必须看(或听)它在石头、木头、有色彩的表象、声音或语言中的感性表达。这是因为我们是多重的、固定的存在,需要去通过我们的眼睛和耳朵,正如通过感性和知性去领会真理。

绝对精神就是上帝本身,黑格尔在早期指出,上帝是绝对精神,也就是说,他是纯本质,他使自己成为对象,不过他在其中只直观他自身,或者说,在他所变成的他物中完全回复到他自身并与自身等同。在神道成肉身的天启宗教即基督教中,"绝对精神自在地从而也就自觉地取得了自我意识的形态,……精神作为一个自我意识亦即作为一个现实的人存在在那里了,精神成为直接确信的对象了,信仰意识看到、感到和听到这个神圣性了。这样一来,神圣性已不是幻想或想象,它是现实地在人的信仰意识中了。于是意识不再从它的内心、从思想出发,把神的思想和存在在自身内融合在一起,而是从直接当前的存在出发,并在其中认识神"①。

海德格尔说:"生命、生活"这个词言及某种最广阔、最遥远和最内在的意义。就连尼采也还在 1885—1886 年的一则笔记中思及这种含义。尼采说:"'存在'——除'生命'外,我们没有别的关于'存在'的观念。某种死亡的东西又怎么能存在呢?(《强力意志》,第 582 条)。"②生命、生活(Leben)的古希腊语为"ζῶον"。海德格尔说:"在 ζήν(生活)中,在 ζάω(生命)中,词根 ζα 都在道说着。"③"ζῶη(生活)和 φύσις 说的是一个东西:ἀείζωον(总是生活着)就意味着 ἀείφύον(总是涌现者),意味着 Τὸ μὴ

①　黑格尔:《精神现象学》下卷,贺麟、王玖兴译,商务印书馆 1979 年版,第 265—266 页。
②　海德格尔:《演讲与论文集》,孙周兴译,三联书店 2005 年版,第 299 页。
③　海德格尔:《演讲与论文》(德文版),美茵法兰克福 2000 年版,第 281 页。

δῦνὸν ποτε(从不消逝)。"①根据莱恩哈特所发现的残篇,火对于赫拉克利特还是"Τὸ φρόνιμον(沉思者)"。"沉思,就是将所有事物收归它们的存在之中,而火能够被理解为'沉思者'是因为它在在场性中通过闪耀和展现的方式收归事物。而如果收归、聚合就是λὲγειν的第一要义的话,我们就可以得出结论:'Τὸ Πῦρ(火)就是Λὁγος(逻格斯)它的沉思就是世界之心脏,即世界的栖居的、照亮的宽广性。"②

正如荷马说,"ζήν καὶ ὁρᾶν φάος ἦελίοιο"("生活,而且这就是说:观看太阳光"),海德格尔也将这种体验与日出联系起来。"让我们设身处地地来想想天文学家的行为。在天体物理学中,天文学家把太阳升起的现象仅仅当作一个自然过程来探究,漠然无殊地对待之,仅仅听任它自行进行;让我们拿它与忒拜长老的合唱队的体验作个比较,在索福克勒斯的《安提戈涅》中,这位长老在胜利的防御后第一个欢快的早晨望着升起的太阳:噢,长久地照耀着七座城门的忒拜的阳光,你是最美的。……这不是一个过程,而是一个事件(在体验问题上,不是过程,而是从事件而来的)。"③因为太阳的运行决定了时间的流转,因此对于生存论而言,太阳居有着中心的地位,这从他后期对赫拉克里特的解读也可看出。

海德格尔认为现象学是我们从事物如其所是地显现的那样来看它,Ereignis就是那投向事物使事物得以呈现的目光,而augen就是看、显示,他的这一用法表明他对现象学原则的坚持。事物的显现需要光,没有光就是一片黑暗,存在一开始就与"光"密切关联。在《存在与时间》第七节中:海德格尔说希腊语"phainomenon"(现象)的前缀"pha"或"phos"是"光",这就意味着,显现就是进入到世界的光中,换言之,显现就是外物(the outside)从

---

① 海德格尔:《演讲与论文》(德文版),美茵法兰克福2000年版,第282页。

② 海德格尔:《演讲与论文集》,孙周兴译,三联书店2005年版,第302页。

③ 海德格尔:《形式显示的现象学:海德格尔早期弗莱堡文选》,孙周兴编译,同济大学出版社2004年版,第12页。这里海德格尔绝不是随意列举,而是有着深意,因为太阳是时间——空间意识的给予者,在《存在与时间》中海德格尔专门分析过,对索福克勒斯的《安提戈涅》的重视一直贯穿到他思想的后期,我们在后文的会继续进行探讨。

"出离"(the Outside)出发而降临。这从他在自己的《存在与时间》藏本页边空白处写下"无蔽—敞开—澄明—光—显现"的边注也能看出。

从构成上看,Ereignis 包含前缀 Er、词干 eig、后缀 nis 三部分,Er-eig-nis,"er"在德文中就像英文的"en",是个促动词,有"使受到"、"使产生"、"发动"、"使开始"等意思。究其希腊语来源,Er 来自于ʽΕν,存在之本质规定为统一着的一,即ʽΕν。他通过词干 eigen 表达"看、显现"的意思。这是一种广义的"看",实际就是现象学的觉知。eigen 意思为"本已的",来源于 Auge,在《存在与时间》中,海德格尔说:"存在有本真状态(Eigentlichkeit)与非本真状态(Uneigentlichkeit)——这两个词是按照严格的字义挑选来做术语的。"①eignis 大约在 18 世纪拼写成 Eräugnis,Eräugnen。为 äugen(眼睛),但他紧接着却对这个词根的含义作出了两种完全不同的解释,blicken(看)与 eignen(适合,有能力做……)。德语权威的十卷本《大杜登词典》(Der Grosse Duden)卷七《词源词典》一方面证实了这个词的词根确为 äugen,但另一方面它也表明,这个词与 eignen(适合,能做)及 eigen(自己的,本有的)没有渊源关系。它同时还指出,eigen 是一个古老的词语,eignen 是从 eigen 中衍生出来的;Auge 就是射向事物的光线,是本质之光,使事物得以呈现。正如海德格尔说的:"因为,如果人与存在的共属应当进入 Ereignis 的本质之光中的话,那么,同一性的本质就需要这种跳跃。"②而 Ereignis 就有使呈现、使显现的含义。"倘若不知何时以何种方式,Ereignis 竟成为一道光亮(Ein-Blick),其有所澄明的闪光进入存在者和被看作是存在者的东西中,则情形又会怎么样呢?"③海德格尔在此处强调了居有(Er-eigen)——照亮(Er-äugen),洞见(Er-Blicken),闪光(Er-Blitzen)。nis 为后缀,在构词法中起到将形容词和动词变为名词的作用(Ereignis 在这里为中性名词)。在《同一律》这篇演讲中,海德格尔从词源学上谈到了 Ereignis,"现在要紧的

---

① 海德格尔:《存在与时间》,陈嘉映、王庆节译,三联书店 2006 年版,第 50 页。
② 海德格尔:《同一与差异》,孙周兴译,商务印书馆 2011 年版,第 46 页。
③ 海德格尔:《同一与差异》,孙周兴译,商务印书馆 2011 年版,第 265 页。

是纯朴地经验人和存在在其中得以被相互拥有的这种居有（Eignen），即投宿到我们所谓的 Ereignis 之中。Ereignis 一词源于扩展了的语言。'居有'（Er-eignen）的原初的意义是：er-äugen，即看见，在观看中唤起自己，获得"①。Parvis Emad 和 Kenneth Maly 的英译本译为"Enowning"，仅从字面义入手，则遮蔽了这一"使显现、看"的源初含义。

对"Ereignis"探讨最为详细的是全集第 65 卷：《Beiträge zur Philosophie（Vom Ereignis）》（《哲学论稿》）。从形式上看，它与尼采《权力意志》结构较为相似，是一部哲学笔记式的著作。其中，海德格尔一再强调 Ereignis 是存有（Seyns）的本质。"这是存有本身的本质，我们把它命名为 Ereignis。"②"Ereignis"是时空的给予者。"作为真理之结构，时—空原始地是 Ereignisses 的瞬间位置。"③Ereignis 指"光"。"Ereignis：处于内心最深处困苦中的历史性人类的最外在视域中的存有本质之光。"④"在第一个开端，存在的本质作为上升（Aufgang, φύσις）；在另一个开端，存在的本质作为 Er-eignis。"⑤第一个开端的基本情绪是惊奇（Er-staunen）。第二个开端的基本情绪是猜测（Er-ahnen）。"另一开端的基本情绪几乎不能仅仅用一个名称来加以命名，尤其是在向这另一开端的过渡中。然而，多名称性并不否认这种基本情调的单一性，它仅仅指示着一切单一的东西的不可把握性。这种基本情绪召唤我们：惊恐、抑制、畏惧、预感、猜测。"⑥在一首《Ereignis》⑦

---

① 海德格尔：《海德格尔选集》，孙周兴编译，三联书店 1996 年版，第 656 页。

② Heidegger, *Beiträge zur Philosophie（Vom Ereignis）*, Frankfurt am Main：Vittorio Klostermann. 1989, S. 7.

③ Heidegger, *Beiträge zur Philosophie（Vom Ereignis）*, Frankfurt am Main：Vittorio Klostermann, 1989, S. 30.

④ Heidegger, *Beiträge zur Philosophie（Vom Ereignis）*, Frankfurt am Main：Vittorio Klostermann. 1989, S. 31.

⑤ Heidegger, *Die Geschichte des Seyns*, Frankfurt am Main：Vittorio Klostermann, 1998, S. 213.

⑥ Heidegger, Beiträge zur Philosophie（Vom Ereignis）, Frankfurt am Main：Vittorio Klostermann, 1989. S. 21-22. 中译参看海德格尔：《哲学论稿（从本有而来）》，孙周兴译，商务印书馆 2012 年版，第 24 页。

⑦ 海德格尔：《海德格尔全集》第 53 卷，美茵法兰克福 1993 年版，第 270 页。

中,我们明显可以看出 Ereignis 与太阳的紧密关联。

四、"Ereignis"与"自然":关于 Ereignis 的中文翻译

　　亚里士多德是对海德格尔影响最大的思想家①,尤其在术语"φύσις"
(physis)的理解上,"φύσις"指万物的"本体"。亚里士多德说:"我所说的
'底层'〈主题〉,是这样的事物,其他事物都为其云谓,而它不为任何事物的
云谓。作为事物的原始底层,这就被认为是最真切的本体。"②"自然事物
为自然所创造;其所由来为物质;其所成就即自然间现存万物。或为一人
或为一草一木,或为类此之物,凡自然所创造而有所成就者,我们均称之
为本体——自然或人工〈技术〉所造一切事物都有物质;这些事物各都可
能成是或成非是,而这潜能就是每一事物中之物质。一般说来,万物所由
生成者为自然(φύσις),万物所依以生成之范型亦为自然,其所生成者如
一草一木,或一动物皆具有自然本性。故万物所凭以创造之自然本性同
于通式,自然个体前后相生成,虽物质各别,而所凭自然形式皆相同;人递
传为人。③"

　　海德格尔认为:"一般主体(Subjectum),'ὑποκείμενον'(基体、主体)
也就是'φύσις'。"④在《论Φύσις的本质和概念》一文中,他说:"在这个开
端中,存在被思为φύσις,而被亚里士多德带入本质概念中的φύσις本身只
可能是开端性的φύσις的一个衍生物。而且,当我们谈论物的'本性'(自
然)、国家的'本性'(自然)和人的'本性'(自然),同时又绝不是指自然性
的(在物理学、化学和生物学上思考的)基础,而完全是指存在者之存在和
本质……如能我们得当地倾听之,那么,我们还能清楚地听见这些思想家的

---

① 他曾对学生说:"建议你们应该推迟阅读尼采,而首先花十到十五年时间去研究亚里士多
德。"(转引自 Thomas Scheehan, *on the way to Ereignis*: *Heidegger interpretation of Physis*.
pp.134-135)

② 亚里士多德:《形而上学》,吴寿彭译,商务印书馆 1959 年版,第 143 页。

③ 亚里士多德:《形而上学》,卷(Z)七,章七,吴寿彭译,商务印书馆 1959 年版,第 143 页。

④ 海德格尔:《路标》,孙周兴译,商务印书馆 2000 年版,第 278 页。

所有言说,就都仅仅道说着φύσις。"①标志着海德格尔前后期思想真正转变的是《形而上学导论》②。这时他把对"Ereignis"的理解与"φύσις"(上升)以及"Erscheinen"(显现)紧密联系。"在第一个开端,存在的本质作为上升(Aufgang,φύσις);在另一个开端,存在的本质作为 Ereignis。"(Heidegger, Die geschichte des, Seyns 213)在全集第 71 卷中,他说"Ereignis = φύσις"。我们把φύσις(physis)翻译为"自然",它也是德语词"自然"(Natur)的来源。在古汉语中,《说文解字》中解释"自然"为:"自,卷部,自部。反切:疾二切 自鼻也。象鼻形。凡自之屬皆从自。 古文自。"注"然"为,"然,卷十,火部,反切:如延切。 ,燒也。从火肰聲。臣鉉等曰:今俗別作燃,蓋後人增加。"因此,以"自然"译"Ereignis"既包括了"本然"、"本有"、"生生"等含义,也能体现出与太阳的关联。

众所周知,海德格尔受到过老子思想的影响,并曾与中国学者萧师毅共同着手翻译老子的《道德经》。《道德经》第二十五章说道,"人法地、地法天、天法道、道法自然"。对于"道"(Tao),海德格尔理解为"开辟道路"(Be-wëgung)。而对于最后一句:"道法自然"(冯·斯特劳斯理解为:"Taò's Richtmass sein Selbst""道的尺度是它自身",卫礼贤译为:"Der Sinn richtet sich nach sich selber.""意义肯定自身"),海德格尔的德译为:"die er-eignend-brauchende Be-wëgung"③。(道,通过居有着—需用着的开辟道路)从此可以看出,对海德格尔来说,"道"不是"Ereignis"而是开辟道路(Be-

---

① 海德格尔:《路标》,孙周兴译,商务印书馆 2000 年版,第 350 页。

② 海德格尔 1989 年出版的《Betriage zur Philosophi—Vom Ereignis》(GA65)被许多学者视为海德格尔晚年最重要的颇有神秘意味的著作,其重要性甚至超越了《存在与时间》,这一说法的肇端者应为编者赫尔曼教授,现在学界已开始认识到对这一哲学笔记式著作的重要性过高估计了。(参见倪梁康:《论海德格尔中期哲学的本体论与方法论》,《南京大学学报》2014 年第 3 期)

③ 莱因哈德·梅依:《海德格尔与东亚思想》,张志强译,中国社会科学出版社 2003 年版,第77—78 页。海德格尔原文见《Unterwegs zu Sprache》Frankfurt am Main,1985,S. 262,中译见海德格尔:《通向语言之途》,孙周兴译,商务印书馆 1996 年版,第 263 页。

wëgung）。而"Er-eignis、er-eignend"对应的则是"自然"，这为我们用"自然"译"Ereignis"提供了一个重要参考。"自然"本身也是海德格尔思想的主要词语，与"存在"同义。海德格尔说："我们在这里必须在宽广的和根本的意义上来思自然，也即在莱布尼兹所使用的大写的 Natura 一词的意义上来思自然。它意味着存在者之存在。"①

对"道"的理解中，存在着"太阳神话"（如叶舒宪）和"月亮神话"（如杜而未）的争论，而"自然"就含有自行燃烧的太阳的周期运行的意思。自然或"道"就是时间与空间的给予者，提供了人们基本的生存秩序。《淮南鸿烈·原道训》说："是故春风至则甘雨降，生育万物，……秋风下霜，倒生挫伤，……由此观之，万物故以自然，圣人又何事焉？"自然在这里所指代的就是事物自行生成和涌现，也就是 Ereignis 的含义，那么"Ereignis ereignet"就可译为"自然而然"，既可表达万物的动态的自行涌现，也可表达一种个体生命体验的本原状态，又可表达太阳的自行照耀。通过这样的翻译，也可以让我们对汉语语境的"自然"做出更为深刻的认识。

在海德格尔思想的不同阶段，"Ereignis"的含义具有不同的特点，由早期的作为日常"事件"的含义，到后来的"生成"、"本然"、"成已"的含义，到1936 年后成为他思想的核心词语。海德格尔的基本术语：Sein、Es、Ereignis、φύσις（physis）、ἀλήθεια（alethetia）都是在道说同一者，反映了他的同一性思维。从总体来看，"Ereignis"既表达实际生命，是意蕴关联之中的世界整体，是空无一物而又包纳万有的"无"，是神秘而无法认识的"物自体"，是现象学的"基底"，又是纯粹认识，是光，这光既在天空又在心灵、既自行显现又自行隐匿，是日月交替，是万物自行涌现又消退，简而言之，是"自然"。

第四节　时间思想之比较

海德格尔在《存在与时间》中指出：流俗的时间重视"现在"，而本真的

---

① 海德格尔：《海德格尔选集》，孙周兴编译，三联书店 1996 年版，第 417 页。

时间重视"将来",这流俗时间观的开端源自柏拉图。柏拉图在《蒂迈欧篇》中说,"因此,他改变主意,制造一个运动着的永恒的影像,于是他在整饬天宇的时候,为那留止于一的永恒造了依数运行的永恒影像,这个影像我们称之为时间。"①他认为在过去、现在、将来中,唯有重视现在才是合适的。之后亚里士多德在《物理学》认为时间是"ἀριθμὸς κινήσεος"(数的运动,他将时间理解为"数",是被计数的数目。《物理学》219b5),将时刻理解为一个个持续的点。"时间显然是能被计数的数目,而不是我们用以计数的数目。"在海德格尔看来,康德的时间观乃建立在主体性之上。对康德而言,空间和时间乃是我们感性直观的两种纯形式。空间属于外直观,时间属于内直观,它涉及的是表象相继、连续和不断绵延等形式。他说:"借助外感官(我们心灵的一种属性),我们把对象表象为外在于我们的,它们都在空间之中。在空间中,它们的形状、大小和相互之间的关系得到规定,或者是可以规定的。借助于内感官,心灵直观自己本身或者其内在的状态;虽然内感官并不提供关于灵魂自身作为一个客体的任何直观,但毕竟有一种确定的形式,唯有在这种形式下灵魂内部状态的直观才有可能,以至于一切属于内部规定的东西都在时间的关系中被表象出来。时间不能在外部直观到,就像空间不能被直观为我们内部的某物一样。"②

一、时间就是存在

在《存在与时间》第 82 节"针对黑格尔对时间与精神的关系的看法崭露出时间性、此在与世界时间之间的生存论联系"一节中,海德格尔指责黑格尔仍然停留在流俗的时间理解中,并将其作为流俗时间观的极端而加以批判。

海德格尔认为,黑格尔的时间概念基本是继承亚里士多德《物理学》中

---

① 柏拉图:《柏拉图全集》,王晓朝译,人民出版社 2003 年版,第 288 页。
② 康德:《纯粹理性批判》,李秋零译,中国人民大学出版社 2008 年版,第 47 页。

的时间概念而来,在《耶拿时期的逻辑学》和《哲学全书》中,他的时间观已经形成。黑格尔在《哲学全书》"自然哲学"部分是将时间与空间并列讨论的,空间与时间是"抽象的相互外在",是"被直观的变易"。继承了康德的时空观,黑格尔认为:"时间同空间一样,是感性或直观的一种纯粹的形式,是非感性的感性东西,但是和空间一样,客观性与一种和客观性对立的主观意识间的区别,也与时间毫不相关。如果把这些规定运用于空间和时间,那么前者就可说是抽象的客观性,而后者就是抽象的主观性了。时间同纯粹自我意识的我=我是同一的原则。但这一原则或单纯的概念还是在它自己整个的外在性和抽象性之内,是作为被直观的单纯的变易,是作为一种全然走到已外的纯粹的已内存在。如同空间一样,时间也是连续的,因为时间是抽象的自己和自己关联的否定性,并且在这种抽象中还没有什么实在性的区别。"①黑格尔认为,只有有限的自然的东西是从属于时间的,而真理的东西,理念、精神,则是永恒的。海德格尔指出,依照黑格尔的观点,否定之否定作为点之所以成为点就是时间。每一个点都是作为现在点自为建立起来的,所以点在时间中具有现实性,点能够作为这样一个点借以自为建立自己的东西向来就是现在。时间既然作为一种被直观到的变易,则黑格尔依然强调"现在"在时间中的优先性:"亚里士多德将时间的本质视作 $\nu\hat{\nu}\nu$,而黑格尔视为'现在';亚里士多德将 $\nu\hat{\nu}\nu$ 把捉为 $\check{o}\rho o\varsigma$,而黑格尔将'现在'视为'界限';亚里士多德将 $\nu\hat{\nu}\nu$ 领会为 $\sigma\tau\iota\gamma\mu\acute{\eta}$,而黑格尔将'现在'理解为'点';亚里士多德将 $\nu\hat{\nu}\nu$ 标明为 τo $\delta\acute{\epsilon}\tau\iota$,而黑格尔将'现在'称为'绝对的这';亚里士多德依据流传下来的说法将 $X\rho\acute{o}\nu o\varsigma$(时间)和 $\sigma\varphi\alpha\hat{\iota}\rho\alpha$(球)联系起来,而黑格尔则强调时间的'循环过程'。不过,黑格尔却错失了亚里士多德时间分析的中心倾向,即在 $\nu\hat{\nu}\nu$、$\check{o}\rho o\varsigma$、$\sigma\tau\iota\gamma\mu\acute{\eta}$、$\tau o$ $\delta\acute{\epsilon}\tau\iota$ 之中揭露出某种基础性的联系($\dot{\alpha}\kappa o\lambda o\upsilon\theta\acute{\epsilon}\omega$)。"②从这里可以看出,黑格尔的时间思想基本是对亚里

---

① 黑格尔:《哲学科学全书纲要(1830 年版)》,薛华译,北京大学出版社 2010 年版,第174 页。

② 海德格尔:《存在与时间》,陈嘉映、王庆节合译,三联书店 2006 年版,第 488 页。

士多德观点的一种翻译,显示了两者间的继承关系。因此,海德格尔认为黑格尔的时间思想是流俗时间观中最为极端的观点。

在《精神现象学》中,黑格尔说:"时间是在那里存在着的并作为空洞的直观而呈现在意识面前的概念自身;所以精神必然地表现在时间中,而且只要它没有把握到它的纯粹概念,这就是说,没有把时间扬弃(消灭),它就会一直表现在时间中。时间是外在的、被直观的、没有被自我所把握的纯粹的自我,是仅仅被直观的概念;在概念中把握住自身时,它就扬弃它的时间形式,就对直观作概念的理解,并且就是被概念理解了的和进行着的概念式的理解的直观。——因此,时间是作为自身尚未完成的精神的命运和必然性而出现的,而这个必然性就意味着必然使自我意识在意识里面具有的那一部分丰富起来,必然使自在存在的直接性——这是实体在意识中具有的形式——运动起来,或者反过来说:必然使被认作内在东西的自在存在、使起初是内在的那种东西实现出来和启示出来,这就是说必然促使自然意识能达到确定性。"①黑格尔的哲学可以理解为理念(概念)的外化又重新回归自身的自运动的过程,概念自身是无时间性的,超出时间而存在的,到达概念本身时,就扬弃了时间。

黑格尔认为,时间就是存在。海德格尔说:"黑格尔与存在的本质是时间这个主题刚好相反,这是他在整个哲学中去寻求证明的。黑格尔的主题转变为:存在是时间的本质,存在命名着无限性。"②黑格尔认为,真实的存在的本质、无限性就是时间的本质,它具有空间的形态。存在的本质是生命,是在自身静止中的喧闹,是自为存在的独立性,在它自身包括的唯一形态划分的流动性中,在其中相同的永久的取消了分裂。"循环"是生命的本质。

大卫·库尔珀(Kolb David)在《纯粹现代性批判:黑格尔、海德格尔及

---

① 黑格尔:《精神现象学》下卷,贺麟、王玖兴译,商务印书馆1979年版,第303—304页。
② 海德格尔:《黑格尔的精神现象学》(德文版),美茵法兰克福1997年版,第209页。

以后》一书中,对两者的关系也作了探讨,他认为,海德格尔在《康德与形而上学问题》中,常常把他在德国观念论那里发现的那种对我们的有限根基的遗忘,同他在康德的《纯粹理性批判》中所看到的那种对想象力和时间性的强调加以对比。他还批判了黑格尔的扬弃(Aufhebung)概念,认为它过分彻底地依赖于自洽性这个目标。在他 1930—1931 年关于黑格尔的《精神现象学》的演讲及论文《黑格尔的经验概念》中,海德格尔认为黑格尔是笛卡尔式的形而上学的发展,因为黑格尔坚持认为,所有存在者都是以绝对自我的自我肯定为根据的。在《同一与差异》中的那些论文中,海德格尔又把黑格尔定位在这样一种传统之中,即:根据自我肯定和某个最高存在者的起根据作用的在场来形而上学地思考,而不是真正去认识我们最深层的有限性。在《黑格尔与希腊人》中,他再次把黑格尔描绘成了一个极端笛卡尔主义者,且断言黑格尔仍停留在柏拉图和亚里士多德关于真理和存在的定义中,忘记了人的真正背景域。在《赫拉克利特研讨班》中再一次得到了讨论。[①]笔者以为,海德格尔对黑格尔的上述评论是正确的。

二、存在就是时间

与黑格尔相反,海德格尔认为:存在就是时间。在作于 1949 年的《〈形而上学是什么?〉导言》中,海德格尔说:"在《存在与时间》中,'存在'不是别的什么,而就是'时间',因为'时间'是作为存在之真理的名字而被命名的。"[②]

胡塞尔强调作为意识的"内时间意识",与此不同,海德格尔在《形式化与形式显示》一文中,批评了从意识出发理解时间的做法,他说:"时间问题必须这样来把握,恰如我们在实际经验中对时间性的原始经验那样——完全撇开一切纯粹的意识和一切纯粹的时间。可见路子是相反的。我们倒是必须追问:在实际经验中时间性原始地是什么?何谓实际经验中的过去、当

---

① 参见大卫·库尔珀:《纯粹现代性批判》,臧佩洪译,商务印书馆 2004 年版,第 328 页。
② 海德格尔:《路标》,孙周兴译,商务印书馆 2000 年版,第 443 页。

前、将来？我们的道路是以实际生命为出发点，由此出发赢获时间的意义。借此就把历史问题刻画出来了。"①海德格尔一反哲学中对时间的抽象思辨，而强调回到日常生活世界，从实际生命存在来理解本原的时间。在我们的日常生活中，人们"日出而作，日落而息"，辛苦操劳地生活在世界中，日月交替形成了人类生存基本的时空意识。正如他在《存在与时间》中说："随着其世界的实际展开状态，自然也一道对此在揭示开来。在其被抛境况中，此在委身于日夜交替。日以其光明给予可能的视；夜剥夺这视。此在寻视操劳着期备视的可能性，此在从其白日的工作领会自己；如此期备着领会着，此在借'而后天将明之时'给予自己时间。什么在最切近的周围世界中与天明有着因缘联系呢？——日出；操劳所及的'而后'就从这日出来定期。而后日出之时，便到作……之时了。"②海德格尔这里仍然强调了日月交替形成了人们的时间意识，日出就是本原的时机（kairós）。日出之后，人们就要开始忙碌于一天的劳作。

第五节　太阳在海德格尔思想中的地位

一、太阳作为时间——空间的给出者

从以上的分析可见，海德格尔的时间观是基于实际生存理解的时间观，日出具有重要的意义。在人类漫长的历史中，人们日出而作，日落而息，形成了人类社会最基本的生活方式、时空观及宇宙秩序。

在《存在与时间》第 15 节中，海德格尔写道："在小路、大街、桥梁、房舍中，自然都在一定的方向上为操劳活动所提示。带帐篷的月台考虑到了风雨，公共照明设备考虑到了黑暗，也就是说，考虑到了日光间有间无的这种

---

① 海德格尔：《形式显示的现象学：海德格尔早期弗莱堡文选》，孙周兴编译，同济大学出版社 2004 年版，第 74 页。
② 海德格尔：《存在与时间》，陈嘉映、王庆节合译，三联书店 2006 年版，第 466 页。

特殊变化,考虑到了'太阳'的位置,官方天文学就是按照'太阳的位置'来调整时间量度的。"①在第 22 节谈到场所时,他又说:"例如,太阳的光和热是人们利用的东西,而太阳就因对它提供的东西的使用不断变化而有其位置:日出、日午、日落、午夜。这种变化着但又恒常上到手头的东西的位置变成了突出的'指针',提示出包含在这些位置中的场所。天区这时还根本无须具备地理学意义,它先行给出了在先的'何所往',得以使一切可由位置占据的场所获得特殊的形式。房子有其向阳面与防风面,'房间'的划分就是向着这两面制定方向的,而这些房间之内的'摆设'也都各依其用具性质向着它们制定方向。例如,教堂与墓地分别向着日出和日落设置,那是生与死的场所,此在自己在世的最本已的存在可能性就是由这生与死规定的。"②在第 80 节中,他写道:"操劳活动利用放送着光和热的太阳的'上手存在'。太阳使在操劳活动中得到解释的时间定期。从这一时间定期中生长出'最自然的'时间尺度——日。而因为必须为自己获取时间的此在的时间性是有终的,所以它的日子也已是有数的。'在白天这段时间里'使有所操劳的期备有可能先操劳着规定有待操劳之事的诸'而后',把一个日子划分开来。划分又是着眼于使时间定期的东西即同行的太阳来进行的。日落与日午都像日出一样是这一天体所取的诸种别具一格的'位置'。被抛入世界的,有所到时地给与着时间的此在对这一天体的有规则地重复的运行加以计算。根据这种由被抛入此的境况草描出来的,有所定期的时间解释。此在的演历因而是日复一日的。这一定期是借放送着光和热的天体及其在天空上各具一格的种种位置进行的,而共处是在'同一天空下'的存在,所以这一定期是对'人人'都可行的时间排定:它随时都以同样的方式对'人人'可行,而在某种限度内是人人都首先同意的……"③

　　而在《论真理的本质——柏拉图的洞喻和泰阿泰德篇》中,在谈到柏拉

---

① 海德格尔:《存在与时间》,陈嘉映、王庆节合译,三联书店 2006 年版,第 84 页。
② 海德格尔:《存在与时间》,陈嘉映、王庆节合译,三联书店 2006 年版,第 121 页。
③ 海德格尔:《存在与时间》,陈嘉映、王庆节合译,三联书店 2006 年版,第 146 页。

图洞喻的第三个阶段时,他说道:"对于这些,他又会比较容易地在黑夜里观看天空中的东西和天穹本身,眺望星辰和明月的光亮,这比同样在白天看太阳和它发出的光更容易⋯⋯我认为,最后他达到了那种状态,不仅可以看太阳在水中和在别处的倒影,而且能够看到在其真正位置上的、作为其本身的太阳了,看到它本来的状况⋯⋯而此后,他也已经得出了关于太阳的结论,即它维持着时间的流逝,掌管着四季及一切具有其可见位置的事物,它也是那些他们在洞穴中以某种方式所看到的一切东西的原因。"①"我们必须将第三阶段所达到的东西刻画为:最无蔽的东西。"②在作于1966/67年的《赫拉克利特研讨》一书中,海德格尔和芬克(Eugen Fink)探讨了赫拉克利特③所说的"永恒的活火"(πῦρ ἀείζωον),并指出,这"永恒的活火"就是尺度,就是产生——让显现出的东西(bring-force-to-appearance)。而"过去"、"现在"、"将来"的三维时间"ἦν"、"ἒστι"、"ἒσται"("was"、"is"、"will be")就来自于"ἀείζωον"(常在、永恒)④,因此,"永恒的活火"使得三维的时间成为"四维"时间,而本真的时间就是四维的。这也为我们理解"Ereignis"提供了参考,海德格尔在1962年的演讲《时间与存在》后的讨论班上,认为Es gibt(它给予)的"Es"就是"Ereignis",就是将三维时间带上前来的东西,那么"Ereignis"就是赫拉克利特意义上的"永恒的活火",也就是后面指出的太阳。

二、太阳作为思与诗所感恩的对象

海德格尔认为:思(Gedanke)就是一种感恩(danken)。诗人是对时代

---

① 海德格尔:《论真理的本质》,赵卫国译,华夏出版社2008年版,第40页。

② 海德格尔:《论真理的本质》,赵卫国译,华夏出版社2008年版,第64页。

③ 他认为赫拉克利特是"近于阿波罗和阿耳忒弥斯而居的思想家"(海德格尔:《演讲与论文集》,孙周兴译,三联书店2005年版,第303页),阿波罗和阿耳忒弥斯分别是古希腊神话中的太阳神和月亮神。

④ 海德格尔:《赫拉克利特研讨》,查理斯·H.西伯特译,阿拉巴马大学出版社1979年版,第57页。

的危机最为敏感的人,他们敬畏诸神,在黑暗的时代里寻找生存的尺度与出路,他所喜欢并论述过的诗人有荷尔德林、特拉克尔、里尔克(Rainer Maria Rilke,1875—1926)、格奥尔格、黑贝尔(J.P.Hebel,1760—1826)等人。

正如海德格尔所说:"诗人们道说显现者(das Scheinende)的外观(形象);显现者通过这个傍晚不同地显现出来。思想者沉思本质在场者(das Wesende)的隐匿性;本质在场者通过这个傍晚而达乎不同的词语。从不同的形象和不同的意义而来,傍晚改变着诗和思的说话(Sage)以及它们之间的对话。"①当太阳落山之后,月亮作为"不可见"的太阳,闪烁着来自太阳所折射的光辉,作为某种"暗示",给我们带来"太阳"的消息。因此,海德格尔在特拉克尔、黑贝尔等人的诗歌中主要探讨的就是月亮。

我们通过以上分析,看出太阳在海德格尔的思想中的中心地位,这是由于太阳在人类的生存中的重要作用所必然决定的。通过分析,我们得以贯通海德格尔前后期思想的整个思想脉络,以对其思想作出一个完整的把握,也对理解他后期一些重要概念,如 Ereignis,提供了特殊的视角。

理解海德格尔艺术思想的前提就是理解他的现象学思想,我们从上面的分析可以看出,他认为现象学的事情就是"Ἀλήθεια"(无蔽)。也就是指太阳的升与落。在《语言与家乡》一文中他说:"在诗的话语中,不重现任何被给定的东西,而是在场地向着太阳夏日一天的劳作而诗,因为此一诗的言说才把这整日的劳作赋予我们。这丝毫不是诉说有关太阳的事;反倒是太阳教我们说,并向我们说,我们因之才有了说这回事,前提是:我们倾听到诗的言说。"②

海德格尔说自己一生的工作可以分为:一是追问存在的意义;二是追问存在的真理(不是 Wahrheit 而是 Ἀλήθεια);三是追问存在的位置(Ort)。我们看到,这三个阶段均与太阳有着密切的关系。

---

① 海德格尔:《在通向语言的途中》,孙周兴译,商务印书馆1997年版,第41页。
② 海德格尔:《语言与家乡》,陈春文译,人民出版社2008年版,第145页。

在 1942 年的《荷尔德林的诗〈伊斯特〉》中,将"存在"与"火炉"(Herd)联系起来。他说:"'火炉'这词意指什么呢? 火炉是在家的场所。Παρέστιος(παρά和ἑστία)。ἑστία是房子的火炉,火炉之神的位置,火炉的本质是火,在它的多重本质中,火炉的本质是使暖和、养育、净化、美化、燃烧的照亮、发光。词语ἑστία被解释为出自发亮和燃烧的词干。火在所有神庙和所有人类居住场所、庆典和聚会场所被提供和给予。火炉通过这些持久基础的火和被设定为中心,仿佛所有城邦的地点,完全的家宅,由此本质上所有的彼此共在,也就是说普遍存在。拉丁灶神维斯太(Vesta)是火炉之神的罗马名。她的女神名叫'女神维斯太'。"①"存在是火炉。存在的本质也就是古希腊的'φύσις'——自行上升着的发光者。它不是通过其他中心,而自身就是中心。这个中心是开端性的持守和所有自行聚集——每一事物,所有存在者具有的状态和作为存在者的归家。"②

在《面向思的事情》中,他说:"时间与存在,就它们本已来说,也就是说,就它们被设定的共同归属来说,我们命名为 Ereignis。"③是太阳提供了我们最基本的时间——空间意识,提供光和热使得生命得以生长持存,提供了四季的划分与生存的节奏。我们可以再看海德格尔对 Er-eigen 的解释。"Er-eigen:er-eugen-eräugen-东方的(ostendere),怪物(monstrare),在眼中,闪光,看到落下,显现(erscheinen),自我展示,起作用,给予。表明—使显示—照亮。"④

海德格尔前期(1919 前)、中期(1936—1938)、晚期(1962)的文本对 Ereignis 的不同理解,实际是阐释了同一问题的不同方面。他后期认为诗与思是同一的,都由 Ereignis 而来。思(Gedanke)就是一种感恩(danken)。向赐予我们光和热的太阳感恩。如他认为,对诗歌的探讨只能是诗人间的对

---

① 海德格尔:《荷尔德林的诗〈伊斯特〉》,美茵法兰克福 1993 年版,第 130—131 页。
② 海德格尔:《荷尔德林的诗〈伊斯特〉》,美茵法兰克福 1993 年版,第 140 页。
③ 海德格尔:《面向思的事情》,美茵法兰克福 2007 年版,第 24 页。
④ 海德格尔:《Das Ereignis》,美茵法兰克福 2009 年版,第 184 页。

话,或者是思与诗的对话,太阳作为时间与空间的给出者,在海德格尔思想中具有核心的地位。他在对诗人荷尔德林、特拉克尔、里尔克、格奥尔格、黑贝尔等的解读中,实际都在强调日月交替的时间观,其中最为清晰的表达,是在对黑贝尔诗歌的解读中。相对于太阳,海德格尔后期更强调月亮的显现,这尤其表现在他对特拉克尔诗歌的解读中。

第三章　黑格尔美学思想对海德格尔的影响

在黑格尔的哲学体系中，美学是一个重要的组成部分。他的整个哲学体系大致可以归纳为：

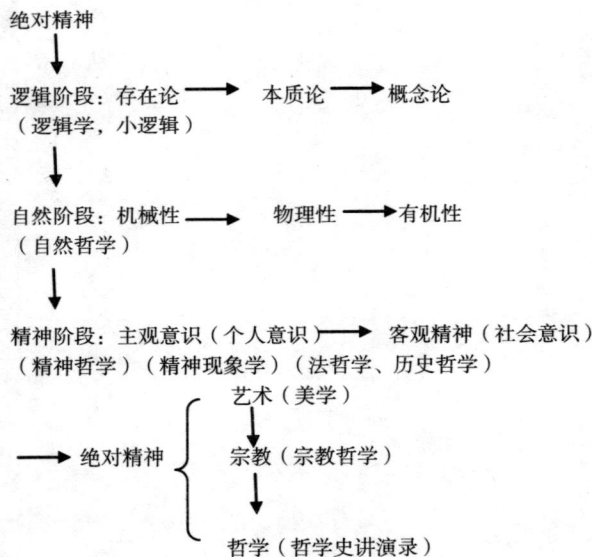

绝对精神
↓
逻辑阶段：存在论 ——→ 本质论 ——→ 概念论
（逻辑学，小逻辑）
↓
自然阶段：机械性 ——→ 物理性 ——→ 有机性
（自然哲学）
↓
精神阶段：主观意识（个人意识）——→ 客观精神（社会意识）
（精神哲学）（精神现象学）　（法哲学、历史哲学）

　　　　　　　　　　　　　　　　艺术（美学）
——→ 绝对精神 {　宗教（宗教哲学）
　　　　　　　　　　　　　　　　↓
　　　　　　　　　　　　　哲学（哲学史讲演录）

绝对精神通过外化自身，达到自然阶段，又通过对自然阶段的扬弃而达到精神阶段。再由精神阶段（主观意识）上升到客观精神（社会意识）。绝对精神的自我展开分为三个阶段：艺术、宗教和哲学。其中艺术是以感性的方式展现真理，宗教是以表象的方式展现真理，而哲学则以纯概念的方式展现真理。其中艺术是以最低级的方式（感性）展现真理，而哲学则以纯理性来反思真理,因此黑格尔认为哲学应该替代艺术。而与此不同,在海德格尔的思想体系中,哲学就是形而上学,形而上学以表象思维方式来思考存在者之为存在者。朱立元先生指出:在《精神现象学》"宗教"一章中,黑格尔已经有了初步的艺术史的划分。他将宗教分为产生于东方的自然宗教,包括神作为光明的波斯拜火教、动物和植物崇拜的印度原始宗教、作为工匠的古埃及的宗教。在这一阶段,精神仍然是自为存在的,自我意识尚没有觉醒,神是作为与人相对立的精神而存在的。正如朱立元先生指出的:"黑格尔实际上不承认东方艺术为艺术。他视其作为前艺术。在论及波斯光明之神、印度动植物等宗教艺术时,他绝口不提'艺术'二字,而在论埃及宗教时,他虽把埃及古代伟大的宗教艺术如金字塔、方尖石柱等称为'艺术品',但认为这只是'理智的抽象方式'是'工匠'本能式的劳动,缺乏精神性。"①第二阶段是古希腊的艺术宗教,古希腊艺术是黑格尔心目中真正意义上的艺术。在这一阶段,自我意识也即主体性得到高扬,精神意识到自己是处在一种被扬弃的自然性形态内,意识的创造活动提高到了自我的形式,主体以最富于意识的人体自身作为对象,思想与形象达到了统一,艺术宗教又分为三个阶段,抽象的艺术、有生命的艺术、精神的艺术。

　　笔者以为,《精神现象学》对艺术的论述,对海德格尔有着巨大的影响。在"有生命的艺术品"一节中,黑格尔指出:"大地精神在它的形态变化过程中,一方面变为沉静的充满力量的实体,但另一方面又变成精神酵素;前者变为养育万物的阴性原则,后者又发展为有自我意识的存在的富于自身推动力的阳性原则。在这种享受里,于是那个东方的光明之神的真实性质就透露出来了:享受就是对光明之神的神秘经验。"②这段话直接影响了海德格尔《艺术作品的本源》中对"大地"与"世界"的论述。我们可以进行对比:"世界是在一个历史性民族的命运中单朴而本质性的决断的宽阔道路

① 朱立元:《黑格尔美学引论》,天津教育出版社 2013 年版,第 54 页。
② 黑格尔:《精神现象学》下卷,贺麟、王玖兴译,商务印书馆 1979 年版,第 237 页。

的自行公开的敞开状态。大地是那永远自行锁闭者和如此这般庇护者的无所促迫的涌现。世界和大地本质上有别,但却互相依存。世界建基于大地、大地穿过世界而涌现出来。"①世界是作品所敞开之域,大地则是返身隐匿之所,这段极富黑格尔风格的语言,显示了黑格尔对他的深刻影响。体验就是对于光明之神(即太阳)的神秘经验,海德格尔的《艺术作品的本源》就是建立在艺术与太阳的关系基础之上的。

第一节 "美是理念的感性显现"

正如海德格尔在《艺术作品的本源》的后记中所说:"黑格尔的《美学》是西方历史上关于艺术之本质的最全面的沉思,因为那是根据形而上学而做的沉思。"黑格尔美学是西方美学的集大成者与最高峰,这也表明,他的艺术思想是对黑格尔美学的继承、发展与批判。

一、"美是理念的感性显现"

黑格尔美学的核心是"美是理念的感性显现"。对于黑格尔来说,现象界是变动不居的,而真实的世界是一个概念和规律的世界,概念具有抽象性和普遍性,但概念与现象并不是二元对立互相割裂的,我们对事物的认识实际是经过我们意识主动建构的结果,概念通过现象显现出来,这概念与现象的结合就是理念。理念既是美也是真。真是我们凭思考所认识到的事物本质和普遍性,而美不是我们思考的对象而是感性的对象,理念从它所显现的感性形象上被感受到就是美。黑格尔特别强调美的无限性和自由特征,在他看来,审美具有令人解放的特征。在现实中,我们与对象有多种关系,如实用的、功利的,但美既不受我们知解力的局限,又不受现实欲念和目的的限制。这样,艺术便脱离我们现实世界的一切功利实用关系而超然独立。

---

① 海德格尔:《海德格尔选集》下卷,孙周兴选编,三联书店 1996 年版,第 269 页。

"无论就美的客观存在,还是就主体欣赏来说,美的概念都带有这种自由和无限;正是由于这种自由和无限,美的领域才解脱了有限事物的相对性,上升到理念和真实的绝对境界。"①因此,黑格尔认为:"美是理念的感性显现。"(Das Schöne bestimmt sich dadurch als das sinnliche Scheinen der Idee.)艺术作品的任务就是表现美,与哲学中一般的理念不同,艺术作品由于分享了美的理念,它的出发点就是美的理念。

黑格尔认为,真正的世界不是现象界,而是本质界,相对于现象界的变动不居,本质界是不变的。他说,"这个内在真理、这个绝对普遍的东西消除了普遍与个别的对立,并且成为知性的对象,在它里面现在首先启示了超出感官世界和现象世界有一个超感官世界作为真的世界,超出消逝着的此岸,有一个长存着的彼岸,——一个自在的世界,这个世界是理性的第一次表现因而亦即不完善的表现,换言之,它只是真理借以表现其本质的纯粹素质。"②概念是表示概念的名词与具体对象实体的结合,而理念则是理想化、典型化的概念。

众所周知,理念论来自柏拉图,柏拉图认为在现实世界之外,存在着事物的本原,即一个永恒不变的、真实存在的理念的世界,从而将理念与感性现实对立了起来,在《国家篇》中,他提出:"善的理念"是最高的,是理念世界的太阳。黑格尔继承了这一西方形而上学传统。"绝对"这一术语,为经院哲学家们所发展,托马斯·阿奎那将这一术语用于上帝。他提出关于上帝存在的五项论证,即,从事物的运动和变化论证最初的推动者上帝,从因果关系论证作为第一原因的上帝,从可能性和必然性论证绝对必然的存在者上帝,从事物的真善美论证最完美者上帝,从世界的秩序或合目的性论证作为最高目的和智慧的上帝。托马斯·阿奎那在《神学大全》中,对所谓"绝对"亦有述及。黑格尔则使"理念"与"绝对"相接近:"理念本身不应被

① 黑格尔:《美学》第一卷,朱光潜译,商务印书馆1979年版,第148页。
② 黑格尔:《精神现象学》上卷,贺麟、王玖兴译,商务印书馆1979年版,第109页。

理解,犹如某者的理念"。

柏拉图在《国家篇》第 10 章中指出,有三种生产的方式,如对于床来说,首先是神造的床的理念,理念是最真实的,然后是木匠根据床的理念造的现实中的床,第三种是画家根据现实中的床所画的绘画中的床。因此艺术与真实间隔了两层,是摹本的摹本,影子的影子。艺术世界是一个表象——想象的世界,表象在这里是与现象相对的概念。但黑格尔认为,柏拉图这种从美的理念或美本身出发的方式是一种抽象的形而上学的方式。"我们对于美这个逻辑理念必须更深刻地、更具体地去了解,因为柏拉图式的理念是空洞无内容的。"①

在《小逻辑》中,他认为,理念不存在于彼岸世界而就在我们的现实中。他存在于每一个人的意识里,理念是一个过程,具有主观性。他说:"但是在理念的否定的统一里,无限统摄了有限,思维统摄了存在,主观性统摄了客观性。理念的统一是思维、主观性和无限性,因此本质上须与作为实体的理念相区别,正如这统摄着对方的思维、主观性、无限性必须与那由判断着、规定着自身的过程中被降低成片面的思维、片面的主观性、片面的无限性相区别。附释:理念作为过程,它的发展经历了三个阶段。理念的第一个形式为生命,亦即在直接性形式下的理念。理念的第二个形式为中介性或差别性的形式,这就是作为认识的理念,这种认识又表现为理论的理念与实践的理念这双重形态。认识的过程以恢复那经过区别而丰富了的统一为其结果。由此就得出理念的第三个形式,即绝对理念。这就是逻辑发展过程的最末一个阶段,同时又表明其自身为真正的最初,并且只是通过自己本身而存在着。"②

"唯有上帝才是概念与实在的真正符合。但一切的有限事物,自在地都具有一种不真实性,因为凡物莫不具有其概念,有其存在,而其存在总不

① 黑格尔:《美学》第一卷,朱光潜译,商务印书馆 1979 年版,第 27 页。
② 黑格尔:《小逻辑》,贺麟译,商务印书馆 1980 年版,第 401 页。

能与概念相符合。因此，所有有限事物皆必不免于毁灭，而其概念与存在间的不符合，都由此表现出来。"①艺术作为对理念的感性呈现，因此也可以被看作对处于流变之中的有限事物的保存。"'物'作为这种的全体，就是矛盾。按照它的否定的统一性来说，它就是形式，在形式中，质料得到了规定，并且被降低到特质的地位；而同时物又由许多质料所构成，这些质料在返回到物自身的过程中，既同样是独立的，也同时是被否定的。于是'物'作为一种在自己本身内扬弃自己的本质的实存——这就是现象（Erscheinung）。"②

黑格尔的美学是以康德美学为出发点的，对于康德来说，审美判断并不是单纯出自知性，又不是单纯感性，而是出自知性与想象力的自由游戏，就是在知性与想象力的协调一致里，对象就和主体以及主体的情感发生了关系。对康德来说，美消除了普遍与特殊、目的与手段，概念和对象之间的分裂。相对于康德认为人只能认识表象，而不能认识物自体，黑格尔则与此相反，他批评康德认为物自体不可知的说法，他认为现象就是本质。黑格尔说："美因此可以下这样的定义：美就是理念的感性显现。感性的客观的因素在美里并不保留它的独立自在性，而是要把它的存在的直接性取消掉（或否定掉），因为在美里这种感性存在只是看作概念的客观存在与客体性相，看作这样一种实在：这种实在把这种客观存在里的概念体现为它与它的客体性相处于统一体，所以在它的这种客观存在里只有那使理念本身达到表现的方面才是概念的显现。"③尽管美的艺术作用于感性感官，特别是眼睛和耳朵，但它并不是单独对付感性，它通过意义诉诸意识，通过在我们感性形式的自由中展示意识。美，因此不是一定内容的物质，它是适当的内容表达于适当的感性形式。对黑格尔来说，美并不在于观看者的眼睛（趣味或判断力），而是在于客体自身——在它自己的内容和形式。这意味着我

① 黑格尔：《小逻辑》，贺麟译，商务印书馆1980年版，第86页。
② 黑格尔：《小逻辑》，贺麟译，商务印书馆1980年版，第274页。
③ 黑格尔：《美学》第一卷，朱光潜译，商务印书馆1979年版，第142—143页。

们的趣味需要并不总是符合客体的美。许多美的艺术作品可以直接对我们说话。

黑格尔指出，美的生命在于显现（外形）。"美只能在形象中见出，因为只有形象才是外在的显现，使生命的客观唯心主义对于我们变成可观照，可用感官接受的东西。思考从概念来理解这种客观唯心主义，按照它的普遍性来把它变成自为的，但是审美作用却按照它的显现着的实在来把它变成自为的。"①

人们的精神通过审美力量获得它的初始的自我意识。由于这个原因，艺术宗教就不仅仅是神学的，也是美学的。对黑格尔的判断来说，艺术的功能就是使得我们在美的形式中遭遇到我们自由、人性、生命力的多重性。

正如我们看到的，黑格尔认为在当代西方世界艺术不再满足人们最高的宗教需求。然而他认为，我们仍然具有深刻的和持久不变的对美的艺术的需求，因为我们是感性、想象性的存在者，需要感性想象性的视野。不只是一个概念或者感觉知性，而是其中感觉真正的自由和人性。艺术的功能是对人类自由的感性表达。

黑格尔指出，《美学》中所探讨的理念，是指美的理念，而区别于哲学所要研究的一般理念。他认为美的理念是艺术的、形象的理念，是符合现实的具体形象又与现实结合成为统一体的理念。它的基本特征是具有确定的外在的感性形象，又呈现为一种特殊的具体事物的形式，同时却又不仅仅停留在外在形象上，而在本质上展现出理念的普遍性。

"但是显现本身是存在所必有的，如果真实性不显现于外形，让人见出，如果它不为任何人，不为它本身，尤其是不为心灵而存在，它就失其为真实了。"②黑格尔改变了艺术与现实相对立的观点："在经验生活中，在我们自己的现象生活中，我们把这外在现象世界和内在感性世界通常称之为

① 黑格尔：《美学》第一卷，朱光潜译，商务印书馆1979年版，第161页。
② 黑格尔：《美学》第一卷，朱光潜译，商务印书馆1979年版，第11页。

'现实'、'真实'和'实在',以为艺术却不然,它就没有这种实在和真实。但是这整个的外在和内在的经验世界其实并不是真正实在的世界,比艺术还更名副其实地可以称为更空洞的显现和更虚假的幻想。只有超越了感觉和外在事物的直接性,才可以找到真正实在的东西。因为真正实在的东西只有自在自为的东西,那就是自然和心灵的有实体性的东西,这种有实体性的东西虽是客观的存在,而在这种客观存在中仍然是自在自为的东西,所以只有它才是真正实在的。艺术所挑出来表现的正是这些普遍力量的统治。日常的外在和内在的世界固然也现出这种存在本质,但它所显出的形状是一大堆杂乱的偶然的东西,被感性事物的直接性以及情况、事态、性格等等的偶然性所歪曲了。艺术的功用就在使现象的真实意旨从这种虚幻世界的外形和幻想之中解脱出来,使现象具有更高的由心灵产生的实在。因此,艺术不仅不是空洞的显现(外形),而且比起日常现实世界反而是更高的实在,更真实的客观存在。"[1]因此,与柏拉图不同,黑格尔认为艺术形象并不是一个虚幻的表象世界,而是更为真实的世界。

要完整地理解"美是理念的感性显现"这个定义,我们就必须理解黑格尔的思想体系。黑格尔认为宗教和哲学的内容是相同的,都关注的是神。"神是哲学唯一的客体"哲学就是神学。"因为哲学除神以外也没有别的对象,所以其实也就是理性的神学,并且就它对真理服务来说,它也就是永远对神服务"[2]。宗教以图像、符号和故事的方式理解它的主体(黑格尔称其为'图像思维');哲学将神理解为一个纯粹概念,理性术语。神,按黑格尔来说,与绝对或绝对理念是同一回事,是存在自身展开的过程。而宗教将神理解为绝对超越于这个世界之外。黑格尔把艺术作为"绝对精神",作为神性——人类最深层的兴趣、最广泛的精神真理的表现方式。他所认为的神实际是人类心灵中的理性,他认为理性就是上帝。人作为理性的存在,人的

---

① 　黑格尔:《美学》第一卷,朱光潜译,商务印书馆 1979 年版,第 12 页。

② 　黑格尔:《美学》第一卷,朱光潜译,商务印书馆 1979 年版,第 12 页。

精神世界、内心情趣也就是艺术表现的对象。

在绝对精神不断展开的运动中,主体使它自身成为客体,客体又最终成为主体,主客体达到一致。黑格尔认为绝对理念只是作为人类意识的具体化行为(绝对精神)而存在。在本真的艺术中,绝对精神得以表现。而艺术所用的媒介是感性直观。在艺术作品中,理念或精神的意向将自身表达和具体化为不同的物质。作为在造型艺术中的视觉直观。音乐中的听觉结构,或者文学中的表演。黑格尔认为绝对理念存在只是作为人类意识的具体化行为(绝对精神)。

"既然,凡具有了灵魂的事物(生物),必须是两者(形式与物质)的结合,那么,躯体就不得是灵魂的实现,而灵魂该当是某个躯体(物身)的实现。由此而论,那些认为灵魂怎么也不是物身,却又不能离物身而独立存在的主张,是正确的。"

在《宗教哲学讲演录》中,黑格尔说,"美是精神者的本质,是感性地自我表现者,在感性的定在(Dasein)中展示者,——且如此展示:感性的定在完全为精神者所充满,感性者不是自为而存在,而是仅仅在精神者中,凭借精神者,始可获得其意义,且所展示的并非自身,而是精神。这是真的美。"①

"主体借助于意识,使神圣者的显现成为其创作。正是自我意识领悟并阐明始初抽象者——无论是内在的还是外在的,赋之以形象,并使其具有神的作用。"②"至于上帝之形而上学概念,就此说来,被理解为:我们应只讲纯粹的概念,这一概念通过自身成为实在的。而精神作为绝对的理念,是概念与实在的统一;于是,概念在自身内则是总体,从而亦是实在。而这一实在是启示自为存在的显现。"③霍尔盖特(Stephen Houlgate)先生在《黑格尔导论——自由、真理和艺术》一书中指出,"术语'显现'(Scheinen)必须用两种方式来理解。一方面,它意味着理解或在一定模式中自我决定的区别

---

① 黑格尔:《宗教哲学》,魏庆征译,中国社会出版社 2005 年版,第 210 页。
② 黑格尔:《宗教哲学》,魏庆征译,中国社会出版社 2005 年版,第 354 页。
③ 黑格尔:《宗教哲学》,魏庆征译,中国社会出版社 2005 年版,第 413 页。

于概念的、命名为感性外在化的理性的自我显现。这样理解的话,显现意味着作为揭示的显现,尽管是不完全的揭示,并且艺术保持让真理显现或对我们的意识和感性呈现(shine forth)为美。在另一方面,如斯蒂芬·邦盖(Stephen Bungay)指出的,黑格尔也在作为通常不真实的意义上谈到艺术作为显现。如果我们采用显现的这种意义,艺术,至少所谓的表现艺术,就是保持创造经验现象的想象力,一个意象看起来是真实的,事实却不是,并使用这样的想象力去揭示真理。"①艺术的目的不是复制我们在世界上所见之物,而是揭示在我们日常经验中所忽视的世界的统一性和整体性。对整体性的最完美的证明,就是有机生活,尤其是,人类存在意识的丰富性;对这一整体性的最合适的感性表达是有机生活和人类意识居住的感性形式,以物理身体命名的。因此,艺术可以唤起的对统一性最完美的感性表达,是自由的身体,个体性的和谐。这意味着,尽管艺术的目的不是对自然的模仿,真理的表达经常包括生活事物的表现,尤其是人类存在。这样的表达因此就不意味着模仿经验现实,只是给予固定的,生活内的经常不可见的和谐和整体性的活生生的表达。艺术通过理想化(idealization)而不是模仿功能去表达需要表现的内容。对黑格尔来说,真正的艺术并不是表达我们日常经验中的事物,它用我们在自然中所遇到的美、平衡、比例赋予它们自然形式理想化。这样的理想化,我们在古希腊雕塑上可以看出,改变了自然形式以使整体的真理和和谐得以显示。

"显现"(Scheinen)非常难以翻译,因为"Schein"经常意味着假象(illusion),而动词"scheinen"可以意味着"看起来像"(seem),含有不真实的意思,但黑格尔明确反对这样的解释。对黑格尔来说,"Schein"意味着显现"appearance",而不是幻觉(Täuschung)甚至假象。艺术是一个真理的本质

---

① Stephen Houlgate, *An introduction to Hegel: Freedom, Truth, and History*, Blackwell Publishing. 2005, p.213. S. Bungay, *Beauty and Truth: A study of Hegel's Aesthetics*, Oxford: Oxford University Press, 1984, p.40. See also W. Desmond, *Art and Absolute: A study of Hegel's Aesthetic*, Albany: State University of New York Press, 1986, p.140.

得以显现(appears,scheint)的媒介。黑格尔对"Schein"的使用明显区别于康德使用术语"Erscheinung"表示感性表象区别于最终真理。明确区别于知性的真理,康德将艺术归之于想象力(Einbildungskraft)的领域,认为审美是知性与想象力的自由游戏。对于黑格尔来说,艺术与其他两种绝对精神显现的方式:宗教和哲学一起,是众多方法之一,展示为假象的二元。

二、作为中介的尼采

在黑格尔与海德格尔之间,存在着尼采这一重要的桥梁。尼采生于1844年,与黑格尔相似具有古典学教育经历,他曾就学于普福塔学校(Schulpforta),那是当时最著名的德国古典学校,他24岁时成为巴塞尔大学编外教授,因此他以古典语文学家的身份登上了学术舞台。

在黑格尔处,西方形而上学达到了顶峰,却也埋下颠覆的根源,尼采、狄尔泰等人继承了黑格尔,以生命(生存)作为哲学研究的起点,以生命的非理性来反对理性对生命的统辖。同时,在黑格尔思想体系中,已经指出了现实事物与概念自身的流动性、否定性,这无疑成为后现代思想家颠覆事物背后具有固定体系的形而上学传统的重要理论来源。

在尼采看来,黑格尔与歌德的思维方式相近:"黑格尔的思维方式与歌德的思维方式相距不远:人们听到歌德谈过斯宾诺莎。神化宇宙和生活、以便在自己的观察和探索中获得安宁和幸福的意志;黑格尔到处寻找理性,人们在理性面前可以俯首听命、心满意足。在歌德那里,是一种几乎欢乐的、充满信任的宿命论,他不反抗,不疲倦,力图从自身出发形成一个整体,相信只有在整体性中,一切才能拯救自己,表现为善的和称义的。"①

在尼采成名作《悲剧的诞生》中,他反对温克尔曼与歌德想象的理想的希腊。尼采说:"温克尔曼和歌德笔下的希腊人,维克多·雨果笔下的东方人,瓦格纳笔下《埃达》诗集中的人物,司各脱笔下的13世纪的英国人——

① 尼采:《尼采全集》,xv,211-212。

总有一天,人们将会发现这全部是悲剧! 这一切乃是与历史不符的、虚构的,但却是——现代的。"①

　　他并没有提到黑格尔,而且从第一句话:"只要我们不单从逻辑推理出发,而且从直观的直接可靠性出发,来了解艺术的持续发展是同日神和酒神的二元性密切相关的,我们就会在美学大有收益。"②我们可以看出,他的出发点与黑格尔建立在概念逻辑之上的理性美学体系是相反的,也可以说,这是他对黑格尔美学的批判。因为按照他的看法,"我们头脑中的逻辑从何而来? 当然是来自非逻辑,这非逻辑的范围本来必定是极其广阔的"③。但正如他所说:"让我们回忆黑格尔那强有力的冲击一切逻辑习惯的惊人举措。当时他勇于讲授物种是各自进化的,由此推动欧洲一代才俊掀起一场伟大的科学运动,促成了达尔文主义。没有黑格尔就没有达尔文,黑格尔首先把'进化'这一具有决定意义的概念引入科学界,其革故鼎新之举是否是德国式的呢? 回答是肯定的,毋庸置疑……即使没有黑格尔这个人,同路人要我们(与所有的拉丁人相反)本能地赋予'进化'、'变化'以更深刻的意义、更丰富的价值,那么,我们德国人也是黑格尔的信徒了。"④这里也可看出尼采并不讳言黑格尔对他的影响。

　　同时,尼采批评了黑格尔美学的神学倾向:"正是与叔本华同时代的德国人对无神论的胜利起到延误的作用,延误得最久,为害最烈。黑格尔便是最出色的延误者,他总是借助我们的第六感觉——'历史感'劝说我们相信存在的神性,而身为哲学家的叔本华,是我们德国人拥有的首位自封的无神论者,不屈不挠的无神论者。"⑤

　　黑格尔的出路,继柏拉图之后,乃是浪漫主义和反动倾向的一部分,同

---

① 尼采:《权力意志》,张念东、凌素心译,商务印书馆1991年版,第386页。
② 尼采:《尼采美学文选》,周国平编译,三联书店1986年版,第2页。
③ 尼采:《快乐的科学》,黄明嘉译,华东师范大学出版社2007年版,第196—197页。
④ 尼采:《快乐的科学》,黄明嘉译,华东师范大学出版社2007年版,第352—353页。
⑤ 尼采:《快乐的科学》,黄明嘉译,华东师范大学出版社2007年版,第353页。

时也是历史意义即一种新的力量的象征。因为，精神本身乃是"自我披露和自我实现的理想"。在"过程"中，在"生成"中，显示出我们所信仰的理想在不断充盈。也就是说，理想自我实现，信仰要适应未来的需要，那时，信仰有能力提供自身需要的东西。

作为后启蒙时代的思想家，光在黑格尔思想中具有特殊的地位。认识就是光本身，光照亮了黑暗，理念与光具有某种内在的关联。作为美的理念也与光具有内在的一致，美可以被理解为光的显现、照耀。尤其是太阳的显现、照耀。而尼采认为日神作为美的原则就是光明。尼采说："日神，作为一切造型力量之神，同时是预言之神。按照其语源，他是'发光者'，是光明之神，也支配着内心幻想世界的美丽外观。这更高的真理，与难以把握的日常现实相对立的这些状态的完美性，以及对在睡梦中起恢复和帮助作用的自然的深刻领悟，都既是预言能力的、一般而言又是艺术的象征性相似物，靠了它们，人生才成为可能并值得一过。然而，梦像所不可违背的那种柔和的轮廓——以免引起病理作用，否则，我们就会把外观误认作粗糙的现实——在日神的形象中同样不可缺少：适度的克制，免受强烈的刺激，造型之神的大智大慧的静穆。他的眼睛按照其来源必须是'炯如太阳'，即使当他愤激和怒视时，仍然保持着美丽光辉的尊严。"①

尼采同样强调节奏的重要性。他说："旋律是第一和普遍的东西，从而能在多种歌词中承受多种客观化。按照人民的朴素评价，它也是远为重要和必需的东西。旋律从自身中产生诗歌，并且不断地重新产生诗歌。民歌的诗节形式所表明的无非是这一点。"②

虽然在尼采看来，日神与酒神的结合不是像黑格尔辩证法的合题，而是一个互相交织、并列的结合，但日神与酒神的二元冲动无疑也受到黑格尔辩证法的影响。

---

① 尼采:《悲剧的诞生》,周国平译,译林出版社2014年版,第7页。
② 尼采:《悲剧的诞生》,周国平译,译林出版社2014年版,第26—27页。

尼采永恒复返的思想,也是一种非线性的、圆形的不断重复的历史观,也受到黑格尔历史观的影响。尼采诗歌形而上学与理性形而上学的区分,也使人们想到康德表象——物自体与叔本华世界作为"表象"与"意志"的划分。在尼采的《悲剧的诞生》中,"现象"不再是柏拉图、新柏拉图意义上的现象或黑格尔意义上作为理念实现的方式。

我们可以看到,他显然继承了黑格尔美学的精神,也如他在《看哪这人》中所说的,《悲剧的诞生》散发着"令人厌恶的黑格尔气息"①。

而海德格尔写作他的美学代表作《艺术作品的本源》时,正是他写作两卷本的《尼采》的时期,因此,无论如何不能忽视尼采对他美学思想的影响,实际上,海德格尔在对众诗人的解读中,都有着尼采影响的因素存在。在《尼采》中,海德格尔隐匿地发现了尼采思想中隐藏着的太阳——月亮,也可以说,海德格尔将尼采日神阿波罗——酒神狄俄尼索斯置换为太阳——月亮这一永恒者的轮回,也就是时间。海德格尔从时间的角度来解释人的生存活动,作为对现代性主体性僭妄的反抗,时间乃是某种超越性的结构,日月交替作为本真的时间对人类生存具有某种超越性,我们看到,在海德格尔的现象学里,实质是光的自行显现,如果说海德格尔前期的思想是光的自行显现,而后期则强调人对光的显现的道说,正如古希腊日神作为艺术与诗歌之神,诗人的创作就是聆听并记录日神阿波罗的话,他强调诗人通过诗歌来表达对太阳的赞美与讴歌,这也是他《艺术作品的本源》的一个隐匿的主题。因此,尼采作为黑格尔与海德格尔之间的桥梁地位不容忽视与遗忘。

三、海德格尔对"美是理念的感性显现"的理解

在《小逻辑》中,黑格尔指出,直接的理念就是生命②,生命是灵魂与肉体的统一。即生物有机体本身,既是主体又是客体,生命作为理念的第一阶

---

① 尼采:《看哪这人》,张念东、凌素心译,中央编译出版社 2000 年版,第 84 页。
② 参见黑格尔:《小逻辑》,贺麟译,商务印书馆 1980 年版,第 404 页。

段,是这种主体与客体的直接同一。正如马尔库塞在《理性与革命》中指出的,"黑格尔论述矛盾统一的第一个概念就是生命的概念。黑格尔把生命称作是精神,那就是说,称作是一个能了解和主宰无所不包的对立的存在。换言之,黑格尔的生命概念,指的是理性存在物的生命,指的是在所有其他生物中独具的本质,从黑格尔开始,生命的概念成了根据人类具体历史条件重建哲学的众多努力的起点,也成为克服抽象的唯理论哲学特征的起点"①。生命通过目的性的主观活动,扬弃了自己与客观世界的对立,并最终成为了形式的总体。而这个总体,也就是自然。自然不是别的什么,它也就是理念自由地从自身外化出来的东西。黑格尔就曾这样写道:"我们过去从理念开始,我们现在则返回到了理念的概念。这种向开端的返回的同时也是一种进展,我们过去作为开端的东西是存在,是抽象的存在,我们现在达到了作为存在的理念,但这种存在着的理念就是自然。"生命作为精神最客观化的形式,也就是自然。

绝对理念作为生命(ζῆν),亚里士多德在《论灵魂》中指出:"但生命(ζῆν,生活)这字具有多方面的含义,凡具备下述各事之一的,我们就说它是一个有生命物(活物):心识(νοῦς 理性)、感觉(αἰσθήσις)、运动(κίνησις),或占有空间位置的静止(στάσις),于运动而言,这也包括进食(τροφὴν)、衰坏(φθίσις)与生长(αὔζησις)。"艺术也就是对我们生命的直观表达。"美是理念的直观显现"也就是"美是生命的直观显现",这就为海德格尔改造黑格尔的命题提供了依据,他认为生命的意义在于观看太阳光,于是就将显现与"光"联系了起来。

海德格尔终生在探讨存在与时间。关于时间,日夜交替形成了我们人类生存最基本的时间意识。对海德格尔而言,时间的意义就是一种亚里士多德意义上的时机(kairós),即做某事的正确的时刻。海德格尔认为,所有

① 马尔库塞:《理性和革命——黑格尔和社会理论的兴起》,程志民译,重庆出版社 1993 年版,第 33 页。

的思想家都在言说太阳。而诗人则言说太阳之不可见性,太阳落山后,是月亮给我们带来了太阳的"消息",因此月亮与诗人有着密切的关系。他就将"生命的感性显现"转变为"太阳的感性显现"。

海德格尔对"美"(καλὸν)的考察主要是在对柏拉图美学思想的解读中进行的。在《荷尔德林的诗〈伊斯特河〉》中,他说:"然而美是什么? 希腊字καλὸν意指什么? 我们也是在新时期的美的解释,也就是说,通过美学的美的观点,指的是来自意识和'享受',这样的误导,同时这样的理解领域,所谓的'美'意指古希腊καλὸν意义上的美。同时柏拉图将美(τὸ καλὸν)与善(τὸ ἀγαθὸν)等同起来,也就是人们称为善(Gute),同时他将两者命名解释为真(ἀληθές),我们将其用'真'来翻译。当我们读到真、善、美,我们是否走向抑或我们是否知道或不知道,在新时期启蒙的,共济会领域,哪种帝国19和20世纪调和的领域。来自希腊的一切都已疏远了,然而仅仅是远去了,着眼于此,而且在柏拉图思想同时这些准备,在新时期美的本质来自美的意识,也就是说来自相同的感受,也就是说来自感性(αἴσθησις),也就是说设定为审美。美学是形而上学的艺术,同时也是新时期美和艺术的形而上学的边界,新时期对美的形而上学解释在尼采的形而上学中达于完成,在那里艺术在作为'强力意志的刺激'的合适的意义被理解。尼采不是偶然地使用'刺激',并且这里必须不必要的照顾。艺术,在由柏拉图所开端的形而上学,也就是说,关于诗人和他在城邦中的地位,与真理符合,被解释为真实,在西方形而上学的完结处。而且西方形而上学在柏拉图思想中开端,柏拉图也准备了后期对美和艺术的美学解释。可是如果柏拉图一起在希腊思想开端的传统,并是一个通道。他思考(τὸ καλὸν)同时是非审美的。这在于他将美(καλὸν)与冠词'ὄν'连用。美是一个存在者,并且'在真实'中的存在者就是美。我们认识到这存在者和美的内在共同归属性,当我们将存在者和美在古希腊意义上思考时。"[1]

---

[1]　海德格尔:《荷尔德林的诗〈伊斯特〉》,美茵法兰克福1993年版,第109页。

　　柏拉图在《斐多篇》中说："但只有美才分得了这种命运（亦即在存在之照耀的本质秩序中），就是成为最能闪耀的、却又最令人出神的东西。'美'是那种最直接地走向我们并且迷惑我们的东西。由于'美'作为存在者遭遇我们，它同时也使我们出神，使我们进入对存在的观看。'美'就是在这种在自身中的对立者，它参与最切近的感官假相的同时又提升到存在之中；它是既令人忘我又令人出神的东西。所以，正是'美'把我们拉出存在之被遗忘状态，并且把存在观看提供给我们。'美'被称为最能闪耀的东西，而它的闪现是在直接的感性假象领域里进行的：κατειλήφαμεν α' υτὸ διὰ τῆσ ἐναργεστάτης αἰσθήσεως τῶν ἡμετέρων στίλβον ἐναργέστατα。（'通过我们所具有的最明亮的感知方式，美本身（在这里为我们人）所拥有，而且我们所拥有的美乃是最明亮的闪光者'）……按其最本己的本质来看，'美'乃是感性领域中最能闪耀者，最能闪光者，以至于它作为这种光亮的同时也使存在闪闪发光。存在是那种东西，人在本质上总是已经预先维系于它，已经为之出神。由于'美'使存在闪烁，而'美'本身又是最有吸引力的东西，'美'同时就推动人通过自身并且超出自身而趋向存在本身。关于这种闪现（Scheinen），柏拉图力透纸背地用两个重要的词语来加以言说，即ἐκφανέστατονκαὶ ἐρασμιώτατον［最能闪耀的又最令人出神的东西］；对于后者，我们几乎不能用相应的词语来描述了……柏拉图的意思并不是说，'美'本身作为对象是'透明的和可爱的'；它的意思是，'美'本身是最能闪光者，并且作为这种东西，它也是最有吸引力的、最让人出神的东西。根据上述描绘，美的本质已经变得清清楚楚了。美使一种对存在观看的重新赢获和保持成为可能，也就是说，它使我们有可能从那种容易把我们吸引入遗忘状态之中的最切近假象中重新赢获和保持存在观看……美是这样来完成这件事的：它在假象中闪烁着令人出神，把人推入在假象中闪现的存在之中，这就是说，它把人推入存在之敞开状态之中，推入真理之中。真理和美本质上都与这个同一者（即存在）相关联；它们在这个唯一的决定性的事情上是共属一体的，那就是，使存在敞开出来并且使之保持敞开。再者，只要艺术把美生产出来,艺术就逗留于感性领域,因而艺术就处于与真理的最大距离中。只要我们考虑到这一点,那我们就可以清楚地看到,真理与美尽管有着共属一体的关系,但必定还是两个东西,彼此必定发生不和。不过,这种彼此不和,即广义上的分裂,在柏拉图看来决不是一种激起惊恐的分裂,而倒是一种令人喜悦的分裂。美让人超越感性而返回真实。在这种彼此不和中占上风的是协调一致,因为美作为闪现者、感性之物,预先已经把它的本质隐藏在作为超感性之物的存在之真理中了。"①

　　他认为美乃是存有之在场状态。在《艺术作品的本源》的后记中,他说:"真理是存在者之为存在者的无蔽状态。真理是存在之真理。美与真理并非比肩而立的。当真理自行置入作品,它便显现出来。这种显现(Erscheinen)——作为在作品中的真理的这一存在并且作为作品——就是美。因此,美属于真理的自行发生(Sichereignen)。美不仅仅与趣味相关,不只是趣味的对象。美依据于形式,而这无非是因为,形式(forma)一度从作为存在者之存在状态的存在那里获得了照亮。那时,存在发生为外观(ειδος)。相(ιδεα)适合于形式(μορφή)。Σύνολον,即形式和质料的统一整体,亦即活动(ἐργον),以实现之方式存在。这种在场的方式后来成了现实之物(ensactus)的现实性(actualitas);现实性成了事实性(Wirklichkeit);事实性成了对象性(Gegenständlichkeit);对象性成了体验(Erlebnis)。对于由西方决定的世界来说,存在者成了现实之物;在存在者作为现实之物而存在的方式中,隐蔽着美和真理的一种奇特的合流。西方艺术的本质的历史相应于真理之本质的转换。假定形而上学关于艺术的概念获得了艺术的本质,那么,我们就不能根据被看作自为的美来理解艺术,同样也不能从体验出发来理解艺术。"②

　　我们在日常生活也常说,太阳发光,太阳显现。在柏拉图哲学中,太阳

①　海德格尔:《尼采》上卷,孙周兴译,商务印书馆 2002 年版,第 216—220 页。
②　海德格尔:《海德格尔选集》,孙周兴编译,三联书店 1996 年版,第 302 页。

是作为最高的理念,善的理念。

关于种子理论,在西方哲学史上,阿那克萨哥拉已经提出过种子理论,之后的亚里士多德进行过完善,"黑格尔认为古代哲学家们在谈到事物的变化时,通常只是把事物的变化理解为存在的变化,但事物存在的变化仅仅是事物的物理、化学方面的变化。这样一种变化是现象形态的,并不涉及事物的本质。比如在伊奥尼亚的自然哲学中,各种元素之间相互转化的关系就是如此。真正的变化不是反映在存在的关系上,而是反映在概念自身的转化关系上。因而真正说来,概念的转化乃是从自身向一个他物的转化。这样一个他物乃是概念自身所确立的他物。因而概念的转化也就是自己向自己的转化。黑格尔认为,这种转化关系才是本质的,才具有真正的意义。而理念本身就是这种自我转化的关系。比较赫拉克利特,阿那克萨戈拉的种子理论就显得有些落后。在赫拉克利特那里,火作为一种恒定的变化者不断地过渡到他物的形式,但在这种过渡中火又仍然保持着自身。黑格尔认为,这就是概念形式的变化。他指出:'赫拉克利特的过程根本就是肯定这些等同的,性质上差异能够互相转化为对方,这种变化乃是一个有意义的规定。'①在阿那克萨戈拉那里,概念则并没有被建立起来,用黑格尔的意思去说,也即是在客观事物和客观实体中,普遍性和思想性离开了阿那克萨戈拉。换言之,存在的变化不是被概念的形式联结起来,而仅仅是被种子所联结起来。由于种子可以互相结合,相互转化,这样,客观实在的事物也就呈现为繁多的形态。这之间,缺少一个理念性的原理把多统一起来,这样,多也就成了现象之多。而现象作为物质形态的变化,其本身是没有什么意义的。它没有揭示出自身是出于何者,也没有揭示出向另一些形式过渡的必然性。因而,事物真正的本质性的联系,也就没有被揭示出来……黑格尔认为,只有当一个原理性的东西出现的时候,种子的结合关系才会具有意义,

---

① 黑格尔:《哲学史讲演录》第一卷,贺麟、王太庆译,商务印书馆 1981 年版,第 365 页。

而这个原理性的东西则存在于阿氏的灵魂概念中。"①

　　"黑格尔一是把阿那克萨戈拉的心灵概念建立为具体的普遍性的思维形式,二是把赫拉克利特的火的变易原则引入绝对理念的主体。这样,在黑格尔那里,一种从自身的纯思中把一个对象世界建立起来的理念化的关系便被设定出来。通过赫拉克利特,黑格尔找到了概念分化的原理,而通过阿那克萨戈拉,黑格尔找到了主体性的原则。这二者的结合,使得黑格尔的理念的形式更加完备。"②

　　当施泰格表示对海德格尔将诗歌进行哲学解释存在异议时,海德格尔回信说:"因为在那时黑格尔哲学和黑格尔学派在释义'显现'方面居于支配地位,在那个时代,弥漫着把'显现'在'在场者照亮着地自行显示'的意义上释义的空气,还能够理解这个词的古义的人以及重新又理解到这个词的古义的人,没有必要都去读黑格尔的著作,也都没必要都读维塞尔的书。但就事与物本身来说,如果未曾理解在场者自行敞开的解蔽意义上的这一奠基着的领域,也就不会有对'只是看上去……好像……'意义上的'显现'的真正思索。希腊词 φαίνεσθαι 这两方面的意思都有。为此,即便希腊词 φαίνεται 在'只是如此显现'的释义中,也总是与罗马人的 Videtur 大异其趣,Videtur 是从观察者方面来谈的。因此,我也没有'经院哲学地'认为,默里克系统地把黑格尔的哲学转译到诗中去。我只不过是想阐明,'显现'和'显现之象'在渊源上的释义保护着此一领域的开放,在此一领域中,显现之象,显现,现象,纯粹的现象与唯显现之象等丰富多彩的释义是自由展开的,尽管不是随意展开的,但也是相互纠缠的。"

　　海德格尔对黑格尔美学中的"显现"概念作了深入的分析。在作于1958 年的讲座《黑格尔与希腊人》中,海德格尔说:"抽象的东西乃是纯粹地停留在自身那里的第一次显示,乃是一切存在者中最普遍的东西,乃是作为

① 陈也奔:《黑格尔与古希腊哲学家》,黑龙江人民出版社 2006 年版,第 181—182 页。
② 陈也奔:《黑格尔与古希腊哲学家》,黑龙江人民出版社 2006 年版,第 187—188 页。

无中介的、简单的显像的存在。而这种显像(Scheinen)就构成美的基本特征。"①

关于"显现"的多重含义,海德格尔与 E·施泰格(Emil Staiger,1908—1987)在《读默里克(Eduard Mörike,1804—1875)的一首诗》中关于"显现"的含义进行了深入的讨论。显现(Schein)的古希腊文为"φαίνεσθαι"。

"为了使默里克诗中的显现一词的含义一目了然,必须首先把最后两行诗作为整个的思想线条来谈,但同时也要把这两行诗倒推到整首诗中来看。这最后的两行是在黑格尔美学中种子(nuce)的意义上来说的。灯盏,'照亮者',作为形式真纯的艺术造型,是艺术作品的σύμβολον(印记),在黑格尔的语言中,是'理型的'。灯盏,作为艺术造型的灯盏(噢,曼妙的灯盏)是聚集者:它将可感的显现与作为艺术作品之本质的理念的显现聚集在同一中。作为语言的艺术造型,诗本身就是栖息在语言中的艺术造型的象征。但就显现来说,含义却非同一般。他们把'陶醉于它自己的显现'作为自为的(本质)反应来读,读成了看清[als felix in se ipso(esse)videtur]。他们把陶醉于(selig)理解成了谓词,理解为指向反应的自为(das in se ipso zu felix)。我把它理解为副词,理解为如方式一样的东西,理解为'显示'的根基,这就是说,照亮着的自行显现的根基,因而视'陶醉于'为指向 lucet 自为。我的解读是:feliciter lucet in eo ipso②;这个'它对自己'属向'显现',而不是属向'陶醉于';陶醉于只不过是'在它自己中显现'这一本质的必然接续。最后一行诗在断字和诗律的节奏方面有它的分量,其分量体现在'ist'(是)这个字上。'陶醉于它自己的显现'!这个'美—是',是纯粹的'显现'。对此,您不妨查阅一下黑格尔 1835 年出版的《美学讲演录》的导言和第一部分的第一章。在那里(《著作集》第 1 版,第 10 卷,第 1 册,第 144 页)他是这么说的:'由此,美自行把自己规定为理念之可感的显现。'

---

① 海德格尔:《路标》,孙周兴译,商务印书馆 2000 年版,第 510 页。

② it shines happily in itself.

'美的对象……在它的存在中让它自身的概念作为现实的来显现,并基于它自己来显示主体的统一与活力。(同上,第148页)'不要以为这个'它'不过是施瓦本的方言而已,而应该反过来,此一方言是恰到好处的,而且为了作出某种本质性的区分,此一方言的出现也是极其必要的:'于它自己'尽管是某种基于它自己的称谓,但这个它自己是这样一种东西,它没有自为的自我意识,用黑格尔的话来说,它没有'概念',这就是说,它不是'在自身中自我的纯粹显现'(同上书,第141页),而是一种无自我意识的'显现',压根儿就没有一个'自身',这就是说,不是于自身,想必相反,'于它自己'。但是,这种'显现'从来就不是一种'空洞的显象(在看上去……好像……的意义上)'。对此,黑格尔是这样说的(同上书,第199页下):'这就是说,艺术的真理不可以仅限于所谓的模仿自然的空洞的正确性,而是外显必须与一种内在同规定,这种内在在自身中就蕴含着同规定,并凭借此一同规定,作为自身之自己,它得以自行敞开于外显'。此一自行敞开是照亮着的自身显示,是'显现'。在显现中,真把它的独是(Selbständigkeit)带向前—显(Vor-schein)。黑格尔是这样说的:'从此一方面看,我们可以把这一欢快的宁寂与陶醉,这一在本已存在中的自我满足与得意,作为理型(即艺术作品)的基痕摆入极致的位置。理型的艺术造型就如同一个陶醉的神一样直摆在我们面前。'(同上,第202页)作为feliciter lucens,美的造型自己就是felix。如此,在这里才有可能到达那有望到达的'确定性'。因为,在笛卡尔意义上期望一种'数学的'确定性是无望的,它是一种永远都不能究其根底的教条主义,因为它完全不切合事一物。默里克受黑格尔的影响是显而易见的,因为默里克青年时期的朋友弗里德里希·特奥多尔·冯·维塞尔(Friedrich Theodor von Vischer)始终是他在美学和诗学方面的顾问;此人1846年之后出版了《美是审美还是科学》一书。此外,我们必须注意,如果我们再说什么'太阳发光'(或译为照耀),那么,'显现'这个词语的言说力量就丧失殆尽了。但是与此相反,您不妨读一读马蒂斯·克劳迪乌斯发表在《完达拜信使》第一集上的诗《在月光中吟唱着摇篮曲》,特别是这首诗的第 8、9、11 和 12 段。"①其中海德格尔所指出的这四段都强调了月亮的照耀（scheine，发光）。由此可见，他又把"太阳的感性显现"转变为"月亮的感性显现"。

第二节 《艺术作品的本源》对黑格尔 《美学》的继承与批判

一、对《本源》的解读

在经历了（1934—1935）三个草稿的修改之后，《艺术作品的本源》完成于 1935—1936 年，但直到 1950 年才在论文集《林中路》中得以正式发表。但它的影响从 1935—1936 年的一系列演讲中便得以广泛传播，从而成为轰动一时的哲学事件。② 在 1960 年时海德格尔又结合他后期的思想对整个文本再次进行了修改，这也是我们今天所能看到的收入全集中的版本。在 1960 年的修改版中，海德格尔在题目下给出了一个重要的注释，这个注释是我们解读的重要线索，同时也显示出这篇文章从一开始就处于与黑格尔思想的隐匿的对话与反驳之中，他指出：这个题目在 1935—1936 年的不充分的尝试中，曾使用"真理"（Wahrheit）来表达"Lichtung"和"Gelichtete"。他指出，请读者参考《路标》中"黑格尔与希腊人"第 268 页，《面向思的事情》第 77 页脚注，《哲学的终结和思的任务》。艺术：这里是在自行遮蔽的敞亮（Lichtung）的生产的事件（Ereignis）的意义上来使用的。生产和建立：参考《语言和家乡》、《来自思的经验》。这是我们理解这篇艺术史上重要文献的关键所在。

另外，我们必须参考伽达默尔在《艺术作品的本源》"导言"中所说的，海德格尔当时所处的时代背景与哲学使命是反抗第一次世界大战后德国唯

---

① 海德格尔：《思的经验》，陈春文译，人民出版社 2008 年版，第 78 页。

② 参见伽达默尔：《美的现实性》，张志扬译，三联书店 1991 年版，第 96 页。

心论的解体与对新康德主义的统治地位的反抗。而尼采与克尔凯郭尔则是
两个强有力的先驱者。前者批判了柏拉图主义和基督教，而后者则对思辨
唯心主义的反思哲学给予卓越的抨击。而"反驳新康德主义的方法论意识
有两个新的口号：一个是生命的非理性口号，特别是历史生命的非理性口
号，对此，人们可以援引尼采和柏格森，还有伟大的哲学史家威廉·狄尔泰，
另一个是生存的口号，索伦·基尔克廓尔的作品对此有充分的说明"①。我
们可以看到，海德格尔无疑是继承了"生命"与"生存"两个口号，直到 20 世
纪 20 年代，他的哲学的核心概念是"生命"（Leben）而不是"存在"（Sein）。
他的解释学可以称为生命自身的自我言说。但"生命"是个空洞的概念，生
命的实质，在海德格尔后期看来，德语"生命"（Leben，也可译为生存、生活）
是作为对希腊文 ζῆν 的忠实翻译来使用，"Zα——意味着：纯粹的让涌现，即在
显现、凝视、破晓、到来之方式范围内并且对这些方式而言的让涌现。动词
ζῆν 命名的是进入光亮之中的涌现。荷马说：ζῆν καὶ ὁρᾶν φάος ἠελίοιο，
'生活，而且这就是说：观看太阳光'……ζωή［生活］与 φύσις［涌现、自然］
说的是同一个东西：ἀείζωον［持续生活着］与 ἀείφυον［持续涌现着］，意味
着 τὸ μὴ δῦνόν ποτε［永不消失］……而世界之世界化、τὸ πῦρ［火］、τὸ
ἀείζωον［持续生活］、τὸ μηδῦνὸν τοτε［永不消失］，都是同一个东西"②。
生命就是观看太阳光，太阳在海德格尔后期思想具有中心的地位。

　　海德格尔要批判康德及新康德主义的主观唯心论哲学，而黑格尔仍然
是在这一唯心论范围之内的思想家，并且是集大成者和完结者。对于黑格
尔而言，真理乃是意识之确定性，海德格尔借助尼采，返回到前苏格拉底思
想家赫拉克利特的思想，以非主体性的真理观来突破主体性的限囿。在
《黑格尔与希腊人》中，他指出，对于黑格尔而言，思与存在是同一的。"辩
证法（Διαλέγεσθαι，Dialektik）这里被解释为，主体在过程中并且作为它的

① 伽达默尔：《美的现实性》，张志扬译，三联书店 1991 年版，第 91 页。
② 海德格尔：《演讲与论文集》，孙周兴译，三联书店 2005 年版，第 301 页。

主体性引发:生产。辩证法是绝对主体之主体性的生产过程,并且是作为绝对主体的'必然行为'的过程。依据主体性的结构,生产过程具有三个层次。首先,作为意识的主体直接联系于它的客体。这个直接而不确定地被表象的东西,黑格尔亦称之为'存在',即普遍者、抽象者。"①黑格尔认为巴门尼德思想的核心是"存在与思想是同一的",黑格尔将这个句子解释为,存在作为思想,"是"思想所生产的。因此黑格尔认为从巴门尼德才开始了真正的哲学思想。而Λόγος则是赫拉克利特所认为的存在者的存在的名字。在《黑格尔与希腊人》②黑格尔将真理设定为哲学的目标。他认为真理(wahrheit)乃是自我认识的绝对主体的绝对确定性,而不是作为无蔽、去蔽的"Ἀλήθεία"。"而对希腊人来说,按照黑格尔的解释,主体尚未作为主体显露出来。因此,'Ἀλήθεία'不可能是对确定性意义上的真理的规定。"③

海德格尔认为"Ἀλήθεία"是思想的真正的事情。海德格尔的真理观不是流俗的"符合论"的真理观,他认为在"真理"的古希腊文"ἀλήθεια"(alethetia)中,否定前缀"α"包含否定、褫夺的含义,如他说的,"无蔽状态乃是那个已经显露出来、并且离开了遮蔽状态的东西的基本特征。这就是其中的 α—的意思,这个 α 只是在一种植根于晚期希腊思想的语法中才被标识为阙失之 α—(α—privativum)"④。而"λήθεια"则表示遗忘、遮蔽的含义,因此真理"ἀλήθεια"是对遮蔽的解蔽,是显现与遮蔽(隐藏)的不断"争执"(Streit)的动态的发生过程。什么是遮蔽呢? 在《无蔽》一文中,海德格尔指出对希腊人来说,"遮蔽"意味着太阳沉到云层下,在云层背后消失。而"νέφεα δῦναι意味着:沉到云层下,在云层背后消失。希腊人所思的沉落是作为一种'进入遮蔽'而发生的。我们不难看出:这个箴言的两个实质性的、因而主要的词语(开头和结尾两个词语),即 τὸ δῦνον[消失者]和

---

① 海德格尔:《路标》,孙周兴译,商务印书馆 2000 年版,第 506 页。
② 海德格尔:《路标》,孙周兴译,商务印书馆 2000 年版,第 268 页。
③ 海德格尔:《路标》,孙周兴译,商务印书馆 2000 年版,第 515 页。
④ 海德格尔:《演讲与论文集》,孙周兴译,三联书店 2005 年版,第 282 页。

λήθοι［遮蔽］说的是同一个东西"①。那么"解蔽"就意味着太阳浮出云层、显现出来、发光。他终生关注人类生存与时间的关系,而海德格尔多次指出,"Lichtung"就是真理(ἀληθεία)。他的真理观实际是继承了西方尤其是基督教认为真理是"光"的传统,这"光"来自太阳。海德格尔与黑格尔都是同一性思维,他的核心术语"Ereignis"、"physis"、"ἀλήθεια"都是指的太阳、月亮的交替运行,首要地指太阳。1969 年法国莱托举办的研讨会上,有学者总结海德格尔的思想道路分为三个步骤,第一个步骤是追问存在的意义;第二个步骤是追问存在的真理(ἀληθεία);第三个步骤是追问存在的位置(Ort)或场所。我们可以看出,存在的意义、真理、位置,都与太阳有关,而在艺术思想中,海德格尔主要的就是探讨这个"Ort"位置(太阳)。

海德格尔认为艺术的本质是诗,在 1960 年的注释中,他说:"诗(Dichtung)的成问题性,作为说(Sage)的用法,敞空(Lichtung)和诗的关系未充分描述。"②他指出艺术的含义是生产,实际是指出了诗(Poetic)本义。海德格尔指出这里的艺术是生产:这里是在自行遮蔽的敞空(Lichtung)的生产的事件(Ereignis)的意义上来使用的。生产和建立可以参考《语言和家乡》、《来自思的经验》。海德格尔后期主要在言说大地、太阳与月亮。在黑贝尔的诗中,海德格尔强调大地、太阳与月亮等意象。而《语言与家乡》一文是解读海德格尔诗学思想最清晰的文本。在其中,海德格尔通过黑贝尔的《夏日傍晚》一诗,集中地表达了诗歌的本质,即对太阳劳作的赞美。

"如果说一切艺术本质上都是诗,那么,建筑艺术、绘画艺术、音乐艺术就都势必归结为诗歌了。这纯粹是一厢情愿。当然,只要我们认为,上面所说的各类艺术都是语言艺术的变形——如果我们可以用语言艺术这个容易让人误解的名称来规定诗歌的话——那就是独断了。诗歌只是照亮着的真理的筹划的一种方式,也就是说,诗歌在更广泛的意义而言。虽然语言作

---

① 海德格尔:《演讲与论文集》,孙周兴译,三联书店 2005 年版,第 291 页。
② 海德格尔:《林中路》,美茵法兰克福 1977 年版,第 59 页。中译参考孙周兴译,上海译文出版社 2004 年版,第 59 页。

品,即狭义的诗,在整个艺术领域中是占有突出地位的。"①从这里明显可以看出,海德格尔并不是在想象与美学的角度来考察诗的,他实际是从古希腊的含义来重新思考诗的本原,也就是从生存论上加以重新理解。诗不是指诗人主体的创造活动,而是"照亮着的筹划",那么,对于他所认为诗"生产"的主体,我们需要重新考察。

在德文中,表示诗歌类型的"Dichtung"、"Gedicht"与表示诗歌创作的"Poesie"不同,"Poesie"(现代英语的"poetry")来源于古希腊文"ποίησις",它又派生自"ποιεῖν"(做、创造、生产),因此"ποιητική"本义为"制作、生产、创造"②,它的本义并不限于诗歌作品,而是泛指一切生产、创造活动。但在以后的使用中,确实更多用于"作诗者、诗人"。正如在关于亚里士多德的《诗学》中文译名的讨论中,刘小枫先生所指出的,这里关键在于是谁在"制作"。"用于神的制作就是'创世'或'创造'。比如:'住在奥林波斯的永生者们(ποίησαν造了)第一个即逝人类的种族。'(赫西俄德《劳作与时日》行109—110)用于人的行为就是'行事',行事有好有坏(εὖ或κακῶς);其成品可以是质料性的(成品、诗作),也可以是行为上的(作为),同样有好坏(ἀγαθὰ或κακώ)之分。"③而对海德格尔来说,这里的"ποιεῖν"(生产)首先并不是指人的生产,也不是指神的创造,人和神的生产都通过另一个更高力量的生产而来。这里指的是"火"(太阳)的创造。"诗不是任意的漫游计划,不是整体表象的隐瞒,不是在幻想中的想象。作为照亮着的筹划,诗在无蔽状态那里展开的东西和先行抛入裂隙之中的东西,是让无蔽发生的敞开领域,并且是这样,即现在,敞开领域才在存在者中

---

① 海德格尔:《林中路》,美茵法兰克福1977年版,第60—61页。中译参考孙周兴译,上海译文出版社2004年版,第60—61页。

② 参见 Friedrich Wilhelm Riemer, *Griechisch-deutsches Hand-Wörterbuch für Anfänger und Freunde der griechischen Sprache*, 以及 Liddell& Scott, *Greek—English Lexicon* 中关于"Ποιητὴς"的词条。

③ 刘小枫:《"诗学"与"国学"——关于亚里士多德〈诗学〉的译名争议》,《中山大学学报》2009年第5期。

间使存在者照亮和鸣响。在对作品之本质和作品与存在者之真理的生发的关系的本质性洞察中,出现了这样一个疑问:根据幻想和想象力来思考诗之本质——同时也是筹划的本质——是否已经足够?"①

在 1966/1967 年出版的《赫拉克利特研讨班》中,当海德格尔和芬克(Eugen Fink,1905—1975)讨论到赫拉克利特残篇 B30"〈有序化了的〉世界,对所有人都是同一个,不由神或人造成,但它过去一直是、现在是、将来也是一团持续燃烧的火,按比例点燃,按比例熄灭"②时,芬克说:"人类并不能创造宇宙万物,除非宇宙是在城邦的意义上而言。神在世界秩序的意义上创造万物,尽管他们并不能干预诸神的命运。人和神是创造性的,仅仅是因为他们突出地分享了火的创造力($\pi o i \eta \sigma \iota s$ of $\pi \tilde{\upsilon} \rho$)。人和神只能在世界的存在中区分,神被规定为永远与永恒的活火保持着靠近。由于参与了火的创造力,人具有创建城邦的能力($\tau \dot{\epsilon} \chi \nu \eta$)。神不创造城邦,而是世界统治。神和人被火的创造力赐予他们自己的创造力……火的创造力在于设定秩序。"③海德格尔赞许地说:"你没有形而上学地去思考力量。你不再形而上学地去思考。赫拉克利特也没有形而上学地去思考。这是相同的吗?"

在《赫拉克利特研讨》中,他指出,人和动物的生产由仿效太阳的生产而来。关于这点,海德格尔指出让我们参考《语言与家乡》(1960),而在这篇文章中,他主要是阐释诗人黑贝尔的方言诗《夏日傍晚》。这里"生产"的主语并不是人,而是太阳。他指出:"在诗的话语中,不重现任何被给定的东西,而是在场地向着太阳夏日一天的劳作而诗,因为此一诗的言说才把这整日的劳作赋予我们。这丝毫不是诉说有关太阳的事;反倒是太阳教我们

---

① 海德格尔:《林中路》,美茵法兰克福 1977 年版,第 60 页。中译参考孙周兴译,上海译文出版社 2004 年版,第 60 页。

② 赫拉克利特:《赫拉克利特著作残篇》,T.M.罗宾逊 英译,楚荷 中译,广西师范大学出版社2007 年版,第 31 页。海德格尔讨论班用的是第尔斯(Diels)编的《前苏格拉底著作残篇》。

③ 海德格尔、欧根芬克:《赫拉克利特研讨班》,Charles H.Seibert 译,阿拉巴马(Alabama)大学出版社 1979 年版,第 65 页。

说,并向我们说,我们因之才有了说这回事,前提是,我们倾听到诗着地言说。"①

海德格尔对文章开头的"本源"(Ursprung)一词注释道,"关于'本源'的谈论易致误解",海德格尔这里的"本源"实际是指"Ort"、"φυσίς"(本然),他认为所有的思想家都在言说着"φυσίς",他自己当然也不例外,而且海德格尔这里所谈论的艺术,并不是指人的创作,而是指艺术(诗)的古希腊含义,即生产,指的是太阳的生产(无私地赐予光和热)的活动。

海德格尔,作为承载者,所有艺术作品都具有"物性"(Dinghafte)。作品具有物性,但作品却恰恰不是物,而是物所承载的东西,与普通的物不同,艺术作品是一种象征(Symbol)。艺术作品中的物性就是一种底基,那另外的东西就附加在它上面。海德格尔指出:"希腊人将物的核心称为'τὸ ὑποκείμενον',将物的属性叫做'τὰ συμβεβηκότα'。"② 而这个"ὑποκείμενον"海德格尔指出这是后来西方主体性的来源,也就是"Dasein"中的"Da","ὑπόστασις"(基础)则成了主体;而"τὰ συμβεβηκότα"则有"集合、一道呈现、发生、事件"等含义。"συμβεβηκὸς"则成了发生(accidens)。海德格尔指出,物是具有形式的质料,物的坚固性就在于质料与形式的结合。质料与形式的区分可以用来回答艺术作品中的物因素,材料是艺术家造型时的基础和领地。③

海德格尔指出:"不过,把质料—形式结构视为任何一个存在者的这种状态的倾向,还受到了一个特殊的推动,这就是:事先根据一种信仰,即圣经的信仰,把存在者整体表象为受造物,在这里也就是被制作出来的东西。虽然这种信仰的哲学能使我们确信上帝的全部创造作用完全不同于工匠的活动,但如果同时甚或先行就根据托马斯主义哲学对于圣经解释的信仰的先行规定,从质料与形式的统一方面来思考受造物,那么,这种信仰就是从一

---

① 海德格尔:《思的经验》,陈春文译,人民出版社2008年版,第145页。
② 海德格尔:《林中路》,孙周兴译,上海译文出版社2004年版,第7页。
③ 参见海德格尔:《林中路》,孙周兴译,上海译文出版社2004年版,第12页。

种哲学那里得到解释的,而这种哲学的真理乃基于存在者的一种无蔽状态,后者不同于信仰所相信的世界。"①海德格尔注释道:1. 这里指的是圣经的创世信仰;2. 因果性的和存在者状态上的托马斯主义解释;3. 对δν[存在者]的原始的亚里士多德解释。而在同时期的《形而上学导论》中,海德格尔指出,"在尘世只是看起来像是的在者和上天不知在何处的在之间划出裂隙,χωρισμòς。于是基督教的教义就移居在此裂缝中同时把尘世者说成是造物而把上天者说成是造物主,并用此改造过的武器来反对古代的非基督徒并阻挡他们,所以尼采说的很对,基督教是为人民的柏拉图主义"②。

海德格尔举凡高的农鞋为例,用来区分近代以来建立在主体性基础上的"Wahrheit"的真理和古希腊"ἀλήθεια"[无蔽]意义上的真理。而后者则很少被用来表达真理了。而在作品中,真理自行发生。"在艺术作品中,存在者的真理自行设置。这里设置(Setzen)说的是:'停止'(zum Stehen bringen)。一个存在者,作品中的一双农鞋,在它的存在之光中停止了。存在者的存在在它的持续的显现中到来。因此艺术作品是存在者之真理自行设置入作品。然而直到现在人们把艺术与美或美的行为,而不是与真相关联。这样的艺术,这些创作的作品,人们把它们区分为手工艺、人造器具、美的艺术。在美的艺术中不是艺术,因为它们创造艺术美。真理相反的属于逻辑学,美则被冠以美学。"③海德格尔反对传统的"符合论"的真理观,他举了农鞋和罗马喷泉的例子,以说明真理绝对不是对现实的摹仿或描述:"真理能这样发生和历史性地存在吗? 人们认为真理是无时间的和超时间的。"④"艺术作品以它的方法公开存在者的存在。在作品中发生着这种公开,也

---

① 海德格尔:《林中路》,孙周兴译,上海译文出版社 2004 年版,第 15 页。
② 海德格尔:《形而上学导论》,熊伟、王庆节译,商务印书馆 1996 年版,第 107 页。
③ 海德格尔:《林中路》,美茵法兰克福 1977 年版,第 21—22 页,中译参考孙周兴译,上海译文出版社 2004 年版,第 21—22 页,这里最大的问题在于对"zum Stehen bringen"的理解,笔者将其翻译为"停止"(stop),而孙周兴先生将其译为"带向持立"。海德格尔的原意应为:真理为持续的在场状态,因此应是停止之意。
④ 海德格尔:《林中路》,美茵法兰克福 1977 年版,第 23 页。

就是说,去蔽,也就是存在者的真理。"①

　　海德格尔哲学的出发点是"存在"与"时间",他当然反对将真理排除在时间之外的流俗看法。在 1960 年的版本中,他注释道:"什么是真理自身,它自身作为向时间的艺术的自行发生(ereignet)。"中的"ereignet"为"来自事件(Ereignis)的真理。"②而"Ereignis"作为后期的主要术语,是时间的给予者,因此,真理与时间紧密关联。

　　在"作品与真理"一节中,海德格尔指出:"在建筑作品中,这种出现和涌现,命名着希腊早期的'φύσις'。它照亮一切,照亮了人类筑居其上的基础,我们称之为大地的东西。"③"φύσις"是海德格尔解读艺术作品的主要出发点,他认为所有的思想家都在言说着"φύσις",他自己当然也不例外。

　　在谈到"世界世界化时",海德格尔说:"世界决不是一个我们可以驻足和直观生成的对象,世界一直是非对象化的,我们属于它,诞生与死亡、祈祷与诅咒让我们回归于存在。"④在 1960 年的注释中,海德格尔将 sein 注释为"Da-sein",也就是他在《存在与时间》中所说的"Da-sein 就是世界"。而海德格尔认为:"世界世界化,τὸ πῦρ[火],τὸ ἀείζωον[持续生活]、τὸ μὴ δῦνόν τοτε[永不消失],都是同一个东西。"⑤在 1957 年的第 3 版中,则为"Ereignis",在这里,它与"Sein"、"φύσις"都是同义的。作品建立一个世界并让我们回归于大地。建立这个词在这里并不是非常妥帖的,是不充分的。

　　在斧头中,石头的特性消失在斧头的有用性中了,而在神庙作品中,由于建立了一个世界,因此石头作为材料并没有消失,而是出现并在作品的世界中敞开了出来。岩石从承载者和驻留者中首先成为岩石。

---

① 海德格尔:《林中路》,美茵法兰克福 1977 年版,第 25 页。中译参考孙周兴译,上海译文出版社 2004 年版,第 25 页。
② 海德格尔:《林中路》,美茵法兰克福 1977 年版,第 25 页。中译参考孙周兴译,上海译文出版社 2004 年版,第 25 页。
③ 海德格尔:《林中路》,美茵法兰克福 1977 年版,第 28 页。
④ 海德格尔:《林中路》,美茵法兰克福 1977 年版,第 30—31 页。
⑤ 海德格尔:《演讲与论文集》,孙周兴译,三联书店 2005 年版,第 301 页。

　　海德格尔反对"符合论"意义上的"真理",他指出,今天以及长期以来,人们对真理的理解就是认识与事情符合一致。而真理的本质被希腊人理解为"ἀλήθεια",而以后的哲学对此是没有思考的。自从笛卡尔以来真理被理解为确定性,是仅仅对真理是正确性的变形。

　　"在作品中起作用的是真理,不仅仅是真实。农鞋的图像指示出,这首诗歌,罗马喷泉,不仅仅表明,让无蔽状态以存在者整体的方式发生。如此简单和本质性仅仅这鞋具,未修饰的和纯粹的,喷泉在它的本质中出现,伴随它们的所有存在者就愈直接、愈有力地变得更具有存在者特性。自行遮蔽的存在敞亮了。这样修饰的光将它的显现结合进作品,这种结合进作品中的显现就是美。美是一种真理作为无蔽存在的方式。"①这句话是对黑格尔"美是理念的感性显现"的直接继承,不同于黑格尔建立在意识确定性上的真理观,海德格尔的真理观是建立在古希腊"ἀλήθεια"意义上的生存论的真理观。因此,美不是感性,而是光,是光的显现,这光就是太阳、月亮、星星的那种光,首要是指阳光。

　　在"真理与艺术"一节,海德格尔指出在古希腊,手工制品和艺术品都是同一个词"τέχνη",而手工业者和艺术家都用同一个词"τεχνίτης"。知识的本质以希腊人关于存在者的去蔽,即无蔽("ἀλήθεια")为基础。而希腊关于存在者的涌现,叫做"φύσις"。这两者是理解海德格尔《艺术作品本源》的关键。而"设置"(Setzen 和 Besetzen)是在古希腊语"θέσις"意义上来思考的,在无蔽意义上的建立。②"真理发生的本质方式,设置存在者的敞开,是真理自行设置入作品。另一种方式,是城邦建立的活动,另一种方式真理进入敞亮中的方式,是完全不是一个存在者,而是最具存在者性的东西。再另外一种方式,是本质性的献祭。再另外一种真理实现的方式,是思想家的问题,作为以他的存疑的存在之思。与此相反,科学没有真理的本源性的发

① 海德格尔:《林中路》,美茵法兰克福 1977 年版,第 43 页。
② 参见海德格尔:《林中路》,美茵法兰克福 1977 年版,第 48 页。中译参考孙周兴译,上海译文出版社 2004 年版,第 48 页。

生,而是对已经敞开的真理领域的扩建,通过这些理解和建基,在它的范围中指出它的可能和必要的正确性。"①

海德格尔指出:"在《存在与时间》中思考的决心并不是一个主体的决定行为,而是从存在者的束缚到存在的敞开的此在的敞开性。在存在中,人类同时不是首先来自内在出离到一个外在,而是存在的本质是存在者的敞亮中并立的本质性的内在觉悟。"

"所有的艺术作为存在者真理之到来的发生来自诗的本质。"海德格尔认为,艺术是根本意义上的历史。艺术作为诗而发生。"诗是在馈赠、建基、开端等多重意义上的创建。"②

在文章结尾处,海德格尔引用荷尔德林的诗歌《漫游者》中"依于本源而居者,难以离开那位置(Ort)"。这里的位置(Ort),就是指的太阳,万物生长靠太阳,太阳赐予万物光和热,使得万物得以生长成熟,使得生命得以保存和继续,因此,仰赖太阳而生存的万物是不能离开太阳的。这也是海德格尔在对特拉克尔、荷尔德林等诗人的作品进行解读时的主要出发点。

在后记中,他对美学进行了批评:"几乎是从人们开始考察艺术和艺术家的那个时代起,这种考察就被称为美学的思考。美学将艺术作品作为一个对象,一个感性(αἴσθησις)的对象。广义上的感性知觉的对象。今天人们将这种感官称为体验,人体验艺术的方式,被认为是能说明之本质的。无论对艺术享受还是对艺术创作来说,体验都是决定性的源泉。一切都是体验。但是也许体验却是艺术死于其中的因素。"③海德格尔在 1960 年的注释中说,这个句子并不是说,艺术完全终结了。这仅仅是衰落,当艺术中完全保留着体验因素。这一切关键在于,摆脱体验而进入 Da-sein,而这就是

① 海德格尔:《林中路》,美茵法兰克福 1977 年版,第 49 页。
② 海德格尔:《林中路》,美茵法兰克福 1977 年版,第 65 页。
③ 海德格尔在 1960 年的注释中说,这个句子并不是说,艺术完全终结了。这仅仅是衰落,当艺术中完全保留着体验因素。这一切关键在于,摆脱体验而进入 Da—sein,而这就是说:获得一个对艺术的生成的完全另外的因素。

说:获得一个对艺术的生成的完全另外的因素。这是海德格尔对黑格尔艺术终结论的回应。他说,黑格尔的《美学讲演录》是西方历史影响最广泛的,因为它对艺术本质的沉思是从形而上学而来。它有这样的句子:"我们现在已不再把艺术看作体现真实的最高方式。"①"我们诚然可以希望艺术还将会蒸蒸日上,并使自身完善起来,但是艺术形式已不再是精神的最高需要了。"②"从这一切方面看,就它的最高职能来说,艺术对于我们现代人已经是过去的事了。"③

在黑格尔去世以后,艺术并没有终结,海德格尔指出:"在这里,本源(Ursprung)一词在这里的意思是从真理的本质来思考的。"④所以从这里可以看出,海德格尔在《艺术作品的本源》里仍然着重探讨真理之本质,这里的真理,不同于自西方近代以来建立在主体性基础上的符合论的真理观,而是指赫拉克利特"ἀλήθεια"意义上的真理。这是理解这篇论文的根本之处。"真理是存在者作为存在者的无蔽状态。"在 1957 年的注释中,他说,真理是存在者的存在之自行发光。真理是区分(释放)的敞亮。在其中敞亮已经从区分中自行设置。真理是存在的真理。美并不是靠近真而显露。当真理自行设置入作品,美就显露出来。这显现——作为作品中真理的存在并且作为作品——就是美。美属于真理的自行发生(Sichereignen,海德格尔这里其实强调自行照亮的意思)。美不仅仅与趣味相关,不只是趣味的对象。美以形式为根据。而这无非是因为,形式来自从存在者的存在性的自行照亮的存在。那时存在自行发生(Sichereignen,海德格尔这里同样强调自行照亮的意思)作为εἶδος[形式]。ἰδέα[相]适合于μορφή[形式]。

---

① 黑格尔:《美学》第一卷,朱光潜译,商务印书馆 1979 年版,第 131 页。海德格尔在 1960 年的版本中注释道,艺术作为真理的一种方式,这里的真理,指的是黑格尔意义上的绝对的确定性意义上的真理。

② 黑格尔:《美学》第一卷,朱光潜译,商务印书馆 1979 年版,第 132 页。

③ 黑格尔:《美学》第一卷,朱光潜译,商务印书馆 1979 年版,第 15 页。

④ 海德格尔:《林中路》,美茵法兰克福 1977 年版,第 69 页。中译参考孙周兴,上海译文出版社 2004 年版,第 69 页。

Σύνολον［一起］，即 μορφή［形式］和 ὕλη［质料］的统一的整体，是在 ἐνέργεια［实现、行为，亚里士多德的术语］方式上命名 ἔργον［物］。这种在场的方式后来成了 ens actus［现实之物］的 actualitas［现实性］；成了现实性［Wirklichkeit］。现实性成了对象性。对象性成了体验。以这种方式，对于由西方决定的世界而言，存在者作为现实性，遮蔽了美与真的根本关系。由真理的本质变化产生了西方艺术的本质历史。像来自体验、设置，这种形而上学对艺术的概念设定后，美就很少被理解了。

"《艺术作品的本源》全文，有意识地但未予挑明地活动在对存在之本质的追问的道路上。只有从存在问题出发，对艺术是什么这个问题的沉思才得到完全的和决定性的规定。只有从存在问题出发，对艺术是什么这个问题的沉思才得到了完全的和决定性的规定。我们既不能把艺术看作一个文化成就的领域，也不能把它看作一个精神现象。艺术归属于 Ereignis。惟有从它而来，存在的意义才能得到规定。"①

海德格尔这里指出了，《艺术作品的本源》仍然是在追寻存在者的存在，海德格尔认为存在乃是火炉，这是他受赫拉克利特影响的结果。《本源》实际是隐匿地贯穿着赫拉克利特的思想。在《无蔽》一文中，他认为，赫拉克利特被称为"晦涩者"。但他其实是光明者(der Lichtende)。因为他试图把光亮的闪烁召唤入思想语言之中，由此来道说光亮。赫拉克利特思想的核心是"火"，海德格尔解释道："Πῦρ［火］命名着献祭之火、火炉之火、宿营之火，但也指火把的闪耀、繁星的闪烁。在'火'中起支配作用的是照亮、发光、熊熊燃烧、柔和的闪耀，把一种光明中的广阔之境开启出来的东西。不过，在'火'中也贯穿着消灭、结合、锁闭、熄灭。当赫拉克利特谈论火时，他主要思考了有所敞亮的支配作用，那种给予尺度和剥夺尺度的方法。根据卡尔·莱因哈特(见《赫尔墨斯》，第 77 卷，1942 年，第 1 页以下)在希波吕托斯那里发现、并且令人信服地确证的一个残篇来看，对赫拉克利特来

---

① 海德格尔：《林中路》，美茵法兰克福 1977 年版，第 73 页。

说,τò πῦρ[火]同时也是 τò φρόνιμον,即智慧(das Sinnende)它为万物指示路向,并且万物的归宿置放出来。这种置放着有所沉思的火把一切都聚集起来,并且把一切都庇护入其本质之中。有所沉思的火乃是把一切置放出来(使之进入在场之中的)并且把一切展示出来的聚集。Tò Πῦρ[火]乃是ὁΛòγος[逻格斯]。它的智慧乃是心脏,也就是说,照亮着庇护着的世界的辽阔。赫拉克利特用不同的名字来思考相同者的本质:φύσις,πῦρ,λόγος,ἁρμονίη,πòλεμος,ἔρις,(φιλία),ἓν。"①

太阳在赫拉克利特思想中具有中心地位。海德格尔引用了赫拉克利特的残篇 B53:战争是一切之父,一切之王。他使有的成神,有的为人;他让有的沦为奴隶,有的获得自由。在海德格尔思想里,"战争"(争执)是他前期一个重要的概念,它的含义也有一个转变的过程,即从政治哲学向诗学的转变,在这里,战争(πòλεμος)不是人类意义上的争执、斗争,而是与 τò πῦρ[火]等同的,也就是太阳,太阳的照耀使得天空之物成为诸神,而使大地上的人和其他生物成为有死的凡人与万物。太阳在海德格尔诗学中具有中心地位,艺术作品的本源实际是围绕着太阳而展开的,农鞋就是对太阳的隐喻。②

"在这里起决定作用的问题集中到探讨的根本位置(Ort)上,我们在那里浮光掠影地提到了语言的本质和诗的本质;而所有这一切又只是在存在与道说的共属关系方面来考虑的。一个从外在用自然方法与本文相遇的读者,首先并且一味地不是从有待思想的东西的隐蔽的源泉出发来想象和解释事情真相的,这是一个必然的灾难。对于作者本人来说,深感迫切困难的是,要在道路的不同阶段始终以正好合适的语言来言说。"③

---

① 海德格尔:《演讲与论文集》,美茵法兰克福 2000 年版,第 282—283 页,中译参考 孙周兴译,三联书店 2005 年版,第 302 页。
② 参见李创:《对海德格尔"农鞋"的另一种解读》,《社会科学论坛》2014 年第 9 期。
③ 海德格尔:《林中路》,美茵法兰克福 1977 年版,第 74 页,中译参考孙周兴,上海译文出版社 2004 年版,第 76 页。

这里的位置(Ort)就是要探讨的本源(Ursprung),这时同样指太阳。海德格尔实际已经给我们指出了这一位置(Ort),就是农鞋所指示给我们的,我们只注意到画面上的鞋子,而忽视了它后面的圆,在海德格尔诗学体系中,农妇常常用来指代太阳。这个圆,正是太阳的形状。这也是"林中空地"。它与中国道家的"虚室生白"以及佛教的"自性之明"有异曲同工之妙。

二、《本源》对黑格尔美学的继承与批判

从文首的注释及文后的后记都可看出,《本源》是在对黑格尔美学的继承与批判中展开的。海德格尔在注释中指出,他关注的是黑格尔哲学中的真理问题。如他所说:"黑格尔在海德堡第一个讲座导言中的一句话来讲,哲学的目标是:'真理'。"①而真理"纯粹真理的王国——不是外部现实性的行为,而是精神内在的寓于自身之持存。'真理'在此意味着:在其纯粹现实化中的真实,这种现实化同时表现出真实之真理、真理之本质"②。在海德格尔看来,笛卡尔的思想对黑格尔有着重要影响,黑格尔曾说:"随着笛卡尔,我们才真正踏进了一种独立的哲学……在这里,我们才可以说我到了自己的家园,可以像一个在惊涛骇浪中长期漂泊之后的船夫一样,高呼'陆地'……"③对于黑格尔来说,"我思故我在"是哲学能够真正地和完全地定居于其上的坚固陆地。在笛卡尔的哲学中,自我成为决定性的一般主体,由于主体自认为是这种决定一切客体的认识,它作为这种认识就是:绝对者本身(das Absolute selbst)。他认为,真正的存在就是能进行绝对地自我思考的这个思想本身。因此,对黑格尔来说,存在与思想是同一的,也就是黑格尔称之为"观念"的东西。我思的主体性是意识,意识表象事物,将被表象者与自身关联,在自身那里把它聚集起来,"聚集在希腊语中叫做

---

① 海德格尔:《路标》,孙周兴译,商务印书馆2000年版,第504页。
② 海德格尔:《路标》,孙周兴译,商务印书馆2000年版,第504页。
③ 海德格尔:《路标》,孙周兴译,商务印书馆2000年版,第505页。

λέγειν。把对自我而言的多样事物聚集入自我中，这以被动形式来讲，就是λέγεσθαι。思想中的自我把被表象者聚集起来，因为它贯通这个被表象者，贯通某物，在希腊文中叫做διά。Διαλέγεσθαι，即辩证法，在此意味着：主体在所谓的过程中并且作为这个过程引发即生产出它的主体性"①。在海德格尔看来，由于黑格尔囿于他的绝对主体性的出发点，因此他不能把"ἀλήθεια"作为他思想的实事来考察，对于黑格尔来说，真理是自我认识的绝对精神的绝对确定性。而在黑格尔看来，希腊人的主体意识并未明确显露出来。因此"ἀλήθεια"不可能是对确定性意义上的真理的规定。海德格尔说："是否解蔽在作为绝对主体的精神中有其位置（Ort）呢？或者，是否解蔽本身就是位置（Ort），而且指引着诸如一个表象性主体之类的东西首先能在其中'存在'的那个位置呢？……一旦我们把ἀλήθεια表达为解蔽，我们就已经持留在我们必须加以注意的另一种东西那里了。这个名称所命名的东西，并不是解开一切思想之谜的粗笨的钥匙，而不如说，ἀλήθεια就是谜本身，思想的实事。"②海德格尔这段话是解读《艺术作品的本源》的关键，"ἀλήθεια"即去蔽，就是所要探寻的作为艺术作品本源的"位置"（Ort）。而"ἀλήθεια"是赫拉克利特的基本词语，就是指的"活火"，也就是太阳。

在论文的结尾，海德格尔引用荷尔德林《漫游》（Die Wanderung）中的"近本源而居者，难离那地方（Ort）"（Schwer verläßt, Was nahe dem Ursprung wohnet, den ort）。海德格尔在这里仍然强调位置（Ort），他的意思正如以前所引荷马说的"生活就是观看太阳光。"他实际是说，太阳赐予万物光与热，人作为生物是不能离开阳光的照耀的。在《安提戈涅》中，安提戈涅在被关阴森不见阳光的石屋时，也发出悲叹，"我再也看不见太阳了"。在我们中国，阴阳对立也被看作生与死的区分。死亡就是进入"阴间"。

海德格尔说："对于ἀληθείη和ἀληθής，即无蔽状态和无蔽的，我们在

---

①　海德格尔:《路标》,孙周兴译,商务印书馆 2000 年版,第 506 页。

②　海德格尔:《林中路》,美茵法兰克福 1977 年版,第 440 页。中译参见孙周兴译,商务印书馆 2000 年版,第 516 页。

荷马那里找到了最古老的证据,而且是在与道说(Sagen)这个动词的联系当中。"①我们考察"ἀληθείη"一词,"ἀληθείη"为伊奥尼亚式(Ion)拼写。早期阿提卡式拼法为ἀλήθεια。它的含义包括四点。(1)真理。与它相反的是谎言。经常在短语"ἀληθείην καταλέξαι"(说出真理)出现。在荷马诗句中为"παιδὸς πᾶσαν ἀληθείην μυθεῖσθαι"②。《奥德赛 11.507》意思为:"告诉关于少年的整个真相。"王焕生中译为"你的话合情合理,不会无效地白说。"③(2)真理、现实。反义词为表象、外表。(3)真正的战争,反义词为训练或阅兵。(4)真的事件,预言或梦想的实现。这个词汇是用来形容人诚实真诚。它是一种拟人的用法,是真理的象征。④ 因此,理解海德格尔的作为无蔽的火的自行显现、照亮的真理观,是理解海德格尔艺术思想的基础。

　　黑格尔认为绝对精神乃意识之无限性。艺术、宗教、哲学三者都属于对心灵的绝对领域,即都处理意识的绝对对象。不同的是,艺术是对绝对的、直接的也就是感性的认识,一种对感性客观事物本身的形式和形状的认识;而宗教是想象或表象的意识,也即是以想象和表象方式来认识神;哲学则是绝对心灵的自由思考。艺术与宗教虽在两个领域中工作,但发展到最高度的艺术,也能达到对神的认识。如黑格尔所举的古希腊艺术就是希腊人想象神和认识真理的最高形式。而海德格尔所认为的艺术,也是这一发展到最高度的艺术。

---

① 海德格尔:《林中路》,美茵法兰克福 1977 年版,第 443 页。中译参见孙周兴译,商务印书馆 2000 年版,第 519 页。

② ὡς ἔφατ᾽, αὐτὰρ ἐγώ μιν ἀμειβόμενος προσέειπον:
'505ἤ τοι μὲν Πηλῆος ἀμύμονος οὔ τι πέπυσμαι,
αὐτάρ τοι παιδός γε Νεοπτολέμοιο φίλοιο
πᾶσαν ἀληθείην μυθήσομαι, ὥς με κελεύεις:
αὐτὸς γάρ μιν ἐγὼ κοίλης ἐπὶ νηὸς ἐίσης
ἤγαγον ἐκ Σκύρου μετ᾽ ἐυκνήμιδας Ἀχαιούς
(Od. 11:504 — 509)

③ 荷马:《荷马史诗〈奥德赛〉》,王焕生译,人民文学出版社 1997 年版,第 271 页。

④ 以上解释来自 Liddell &Scott, *Greek-English lexicon*。

黑格尔的艺术思想是建立在他的基督教思想基础之上的。从他的路德派新教立场来看,"基督教的神却是按照他的真实性来理解的,所以就是作为本身完全具体的,作为人身,作为主体,更精确地说,作为精神(或心灵)来理解的"①。而理念从初级到高级发展,形成了象征型(前艺术,他从克莱采处继承的术语)、古典型(合适的艺术)与浪漫型(后艺术,基督教艺术)三种艺术形式。其中理念与形象结合得最完美的是古典型艺术,即希腊雕刻,而象征型艺术以古代东方建筑为代表,理念本身不确定,形象也不确定,二者的关系只是象征的关系,而到了近代浪漫型艺术,以绘画、音乐、诗歌为代表,对于内心生活的侧重又引起了理念与形象之间的不一致,形象不足以表现理念,理念溢出了形象。因此,浪漫型艺术的对象就是自由的具体的主体心灵生活的展现,它应该作为心灵生活向心灵的内在世界显现出来。艺术发展到浪漫型后,外在形象消失于主体情感的表达之中,理念大于外在形象,艺术就要走向终结,回归到纯心灵本身,也就是进入到哲学思辨阶段。

黑格尔在论述神庙时说:"建筑艺术的基本类型就是象征型艺术类型。建筑为神的完满实现铺平道路,在这种差事中它在客观自然上辛苦加工,使客观自然摆脱有限性的纠缠和偶然机会的歪曲。建筑借此替神铺平一片场所,安排好外在环境,建立起庙宇,作为心灵凝神观照它的绝对对象的适当场所……建筑把无机的外在世界净化了,使它得到了对称的秩序,并且使它和心灵结成血肉因缘了,于是神的庙宇,也是他的信士群众的房屋,就建立完成了。第二步就是神自己走进这座庙宇,以个性的闪电似的光芒照耀着并且渗透到那无生气的物质堆里,不再只是用对称的形式,而是用心灵本身的无限形式,把相应的身体性相集中起来而且表现出来。这就是雕刻的任务。"②

海德格尔与黑格尔把心灵作为神的不同,他认为 Logos 就是《新约》里

---

①　黑格尔:《美学》第一卷,朱光潜译,商务印书馆 1979 年版,第 88 页。

②　黑格尔:《美学》第一卷,朱光潜译,商务印书馆 1979 年版,第 106 页。

的耶稣基督,而对赫拉克利特来说,Logos 就是火[Tò Πũρ]。海德格尔把太阳作为神,因此,他所选择的艺术作品,如农鞋①、古希腊神庙、罗马喷泉的诗歌等,都是围绕着太阳而展开的。海德格尔在论述神庙时说:"一件建筑作品并不模仿什么,比如一座希腊神庙。它单朴地置身于巨岩满布的岩石中。这个建筑作品包含着神的形象,并在这种隐蔽状态中,通过敞开的圆柱式门厅让神的形象进入神圣的领域。贯通这座神庙,神在神庙中在场……岩石的璀璨光芒看来只是太阳的恩赐,然而它却使得白昼的光明、天空的辽阔、夜的幽暗显露出来。神庙坚固的耸立使得不可见的大气空间昭然可睹了。"②"赞美属于供神,它是对神的尊严和光辉的颂扬。尊严和光辉并非神之外和神之后的特性,不如说,神就在尊严中,在光辉中显身在场。我们所谓的世界,在神之光辉的返照中发出光芒,亦即光亮起来。"③这里的神,就是指的太阳。

第三节　对海德格尔"农鞋"的再解读

《艺术作品的本源》收入《林中路》,关于"林中路"的含义,海德格尔说:"林乃树木的古名。林中有路。这些路多半突然断绝在杳无人迹处。这些路叫作林中路。每人各奔前程,但却在同一林中。常常看来仿佛彼此相类。然而只是看来仿佛如此而已。林业工和护林员识得这些路。他们懂得什么叫做在林中路上。"④海德格尔这段意味深长的话中包含着明显的悖论,既然叫做"林中路",为什么又是人迹罕至? 笔者以为,海德格尔在这里

① 关于海德格尔对凡高《农鞋》与太阳关系的阐释,参见李创:《对海德格尔的"农鞋"的另一种解读》,《社会科学论坛》2014 年第 9 期,第 27—36 页。

② 海德格尔:《林中路》,美茵法兰克福 1977 年版,第 30 页,中译参考孙周兴,上海译文出版社 2004 年版,第 30 页。

③ 海德格尔:《林中路》,美茵法兰克福 1977 年版,第 30 页,中译参考孙周兴,上海译文出版社 2004 年版,第 30 页。

④ 海德格尔:《林中路》,孙周兴译,上海译文出版社 2004 年版,第 1 页。

强调的，并不是"人"所走的路，而仍然是"存在"、"Ereignis"（"太阳"、"月亮"）在天空的行程。他这里主要是说"月亮"在黑暗的天空中运行，世界仿佛一个巨大无边的黑暗树林将人们笼罩在一起。因此他说："每人各奔前程，但却在同一林中。"海德格尔诗学体系中的主体并不是人，而是作为"太阳"、"月亮"的"存在"。理解这点是解读他诗学思想的关键所在。在他的思想体系中，由于现象学的立场，他对性别是持中立立场的，但他在《艺术作品的本源》中提出的"农妇"的鞋子，遭到包括夏皮罗（Meyer Schapiro，1904—1996）、德里达等众多学者的指责，但批评要建立在正确解读的基础之上。作为一位世界级的伟大思想家，海德格尔的思想无疑是严谨深刻的，他充满争议和矛盾的表达看似信手拈来，实则是深思熟虑的。海德格尔认为，一切艺术作品都是一种象征，黑格尔指出了象征型艺术背后的象征物，就是太阳的运行与人类生命的出生、成长、死亡的周期性存在。海德格尔所要探讨的是艺术作品的"位置"（Ort）。他通过这幅画就回答了这个问题，他主要强调画面背后的空白，这空白就是"位置"，就是"林中空地"（Lichtung），也就是指太阳。太阳在古希腊人的神话式思维中，是缪斯的领班，是诗歌之神。正好占据着"林中空地"整个画面正中的农鞋，通过他对赫拉克利特残篇"太阳的广度为人脚之宽"的引用，象征着太阳在天空中缓慢地上升、下落的循环运动。

第四节　海德格尔对黑格尔"艺术终结论"的阐释

黑格尔认为浪漫派艺术有三个阶段：宗教领域、向世俗主题的转移（荣誉、宫廷爱情、忠诚）、浪漫派的消解。在《美学》的结尾，黑格尔说："我们原来从象征型艺术开始，其中主体性在挣扎着试图把它本身作为内容和形式寻找出来，把自己变成客观的（表现出来）。进一步我们就跨进了古典型的造型艺术，这种艺术已把认识清楚的实体性因素体现于有生命的个体。最后我们终止于浪漫型艺术，这是心灵和内心生活的艺术，其中主体性本身已达到了自由和绝对,自己以精神的方式进行活动,满足于它自己,而不再和客观世界及其个别特殊事物结成一体,在喜剧里它把这种和解的消极方式(主体与客体世界的分裂)带到自己的意识里来。到了这个顶峰,喜剧就马上导致一般艺术的解体。一切艺术的目的在于把永恒的神性和绝对真理显现于现实世界的现象和形状,把它展现于我们的观照,展现于我们的情感和思想。但是喜剧把这种精神和物质的同一割裂开来了,于是要外现于现实世界的绝对真理就无法外现了。"①正如刘悦笛先生所总结的:"实质上,在黑格尔美学那里,是两种东西将艺术逼上了'终结之途':一个是思想体系方面的'内在的背谬',这是黑格尔所'思'的;另一个则是黑格尔身处时代的整体艺术和文化状况,这是黑格尔所'感'的。"②

艺术终结论的根源则在西方形而上学的开创者柏拉图那里,他认为艺术与真实的理念隔了二层,诗人败坏城邦中青年的心志,因此要将诗人逐出理想国。这就为以后艺术的终结已埋下伏笔,而黑格尔所认为的"我们现时代的一般情况是不利于艺术的",他指的"现时代"指近代的"市民社会"。对于他来讲,艺术发展到"喜剧"阶段最少诗意而具有散文气息,在喜剧阶段达到了主体性美学的巅峰。"近代不是诗意的时代,而是散文的时代,市民社会不是诗意的社会,而是散文的社会。近代市民社会的'散文状态',总的来说是对艺术不利的,或者用黑格尔的另一说法来说,它只能给理性的艺术提供很有限的范围,历史性地看来它不是扩展了艺术活动的天地,而是缩小了艺术活动的天地。"③黑格尔只提到艺术的终止,但没有说艺术的死亡。黑格尔的"艺术终结论"具有一种乐观的积极的意义,认为艺术要被哲学所取代。黑格尔不但允许艺术继续存在,而且希望它继续存在,只是他认为艺术不再占有和宗教、哲学等相同的地位了。艺术已经不再是我们精神的最高追求了。因为艺术本应该作为心灵的最高旨趣,黑格尔是在谈到艺

---

① 黑格尔:《美学》第三卷,朱光潜译,商务印书馆 1979 年版,第 334 页。
② 刘悦笛:《艺术终结之后》,南京出版社 2006 年版,第 25 页。
③ 薛华:《黑格尔与艺术难题》,中国社会科学出版社 1986 年版,第 5—6 页。

术与宗教、哲学的关系时谈到这一观点的。艺术、宗教与哲学都是属于心灵的绝对领域，它们三者处于同一基础上，但认识和表现真理即神的方式不同，艺术的方式是对神（理念）的直接的也就是感性的认识，一种对感性客观事物本身的形式和形状的认识，在这种认识里绝对理念成为观照与感觉的对象。而宗教是通过想象（或表象）的方式对神的认识。黑格尔认为宗教在城邦生活中的作用是十分重要的，因为不是所有人都能进行哲学的思考活动，而宗教对于想象神、表象神具有直观的作用。因此他对于宗教在现代社会中的减弱感到惋惜。哲学则是绝对心灵的自由思考，哲学乃是理性的神学，因为它除了神以外也没有别的对象，而且就它对真理服务来说，它也就是永远对神服务。而艺术虽然处于最低级的地位，发展最高度的艺术同样能够认识神即真理。"例如在古希腊艺术就是希腊人想象神和认识真理的最高形式。"①但随着社会的发展，人们思辨能力的进步，艺术逐步会让位于宗教和哲学，他说："我们现在已不再把艺术看作体现真实的最高方式。"②"我们尽管可以希望艺术还会蒸蒸日上，日趋于完善，但是艺术的形式已不复是心灵的最高需要了。"③而且，我们可以看出，黑格尔并没有提到技术，没有提到技术对艺术的挑战。

海德格尔在《尼采》中也重复了相同的观点，认为与美学的支配地位的形成以及对艺术的美学关系的形成相同步的，是伟大艺术在现代的沉沦。"在那个历史性的瞬间，亦即在美学获得其形成过程的最大可能的高度、广度和严格性之际中，伟大的艺术趋于终结了。美学的完成有其伟大性，其伟大性在于，它认识并且表达了伟大艺术本身的这种终结。"④

黑格尔认为艺术具有崇高的地位："艺术并不是一种单纯的娱乐、效用或游戏的勾当，而是要把精神从有限世界的内容和形式的束缚中解放出来，

---

① 黑格尔:《美学》第一卷，朱光潜译，商务印书馆1979年版，第130页。
② 黑格尔:《美学》第一卷，朱光潜译，商务印书馆1979年版，第131页。
③ 黑格尔:《美学》第一卷，朱光潜译，商务印书馆1979年版，第132页。
④ 海德格尔:《尼采》，孙周兴译，商务印书馆2002年版，第91页。

要使绝对真理显现和寄托于感性现象,总之,要展现真理。"①艺术不再能满足人们认识真理的内在要求,人们将转向宗教,但宗教的情绪和观念的虔诚仍不是内在生活的最高形式,在思想中,主体性与客体性完满地结合在一起。在艺术终结之后,"思考和反省已经比美的艺术飞得更高了"②。海德格尔称赞道:"在美学达到它至高、至广并获得最严密形式的历史时刻,伟大的艺术便直到了终点。通过认识到伟大艺术自身的终结,美学的成就宣告了伟大艺术的自身的终结从而获得了它的伟大。"③

我们不再把艺术作品当作揭示我们存在的最终基础和尺度,我们不再对它屈膝膜拜和局限于它了。艺术不再表达最终的真理或价值。在我们的生活方式中反思替代了直觉和表现,包括我们对艺术的态度。时代对新艺术品不再适合。形式与内容之间的辩证关系已经被用尽了,没有更多神秘内容再被揭示,历史主义的理论与当前的现实不协调。尤其我们当前大众文化的普及与后现代美学的发展,艺术与非艺术的边界已不明显,也证实了黑格尔的预言,艺术作为我们精神最高追求的使命已一去不复返了。

到了 20 世纪 60 年代,美国美学家亚瑟·丹托(Arthur Danto,1924—2013)回应了黑格尔的这一论断。他在《艺术的终结》一书中认为:"英国雕塑家威廉·塔克(William Steig,1907—2003)说了一段颇富约阿希姆(Joachim of Flores,约 1130/1135-1201/1202)精神的话,'60 年代是批评家的时代,现在则是商人时代'。不过假如它真使一切终结了,并达到只有无发展的变化的地步,达到艺术生产机器只能把已知形式组合再组合的地步,尽管外部压力或许赞许这样或那样的组合,结果又会怎样呢? 假如艺术会继续让我们惊异于这样一种历史可能性不再有了,从这种意义上说,艺术的时代已从内部瓦解了,用黑格尔惊人而忧伤的话说:一种生存方式已衰老了,结果又会怎样呢? ……问题的答案是肯定的,由于已变成哲学,艺术实

---

① 黑格尔:《美学》第三卷,朱光潜译,商务印书馆 1979 年版,第 335 页。
② 黑格尔:《美学》第一卷,朱光潜译,商务印书馆 1979 年版,第 13 页。
③ 海德格尔:《尼采》,孙周兴译,商务印书馆 2002 年版,第 84 页。

际上完结了。"①但他同样认为艺术的终结并不是艺术的死亡。"我们(指贝尔廷与丹托)都没有力图将我们的观察,作为对我们时代的艺术所进行的批判性的判断……我们都没有谈到艺术之死,尽管在《艺术之死》这个论文集里我自己的文本成为了目标性的文件。《艺术之死》这个标题并不是我的,我只是说特定的叙事已走向了终结,我想这已在艺术史中被客观地意识到。不再有艺术这并不是我的观点……走向终结,是指的叙事,而非叙事的主体。"②

如马丁·当戈(Martin Donougho)所认为的,对于黑格尔艺术终结论的理解。一方面由于艺术的位置被宗教和哲学的取代,另一方面,尤其是经过近代启蒙运动对世界的"去魅",这个世界已经没有什么神秘的和隐匿的内容需要去表达了,正如黑格尔所说"我们尽管觉得希腊神像还很优美,天父、基督和玛利亚在艺术里也表现得很庄严完善,但是这都是徒然的,我们不再屈膝膜拜了。"③艺术确实不是我们生活中必不可少的选择了。而成了一种消遣。再也没有重大的使命需要艺术去承担了。

在众多讨论"艺术终结论"的学者中,笔者以为朱立元先生的认识最为深刻,他对黑格尔的"艺术终结论"进入深入细致的考察后指出:"纵观洋洋百余万言《美学》全书,黑格尔只是在进行'理念的感性显现'的抽象的逻辑演绎时,才在一般意义上谈论'艺术解体';而一旦进入艺术史的叙述或艺术家和作品的评析时,就几乎看不到'艺术解体'一类字眼,更多的倒是对艺术发展充满信心的议论和预言。"④笔者以为,朱立元先生的认识,是符合黑格尔原意的,他指出黑格尔所说的象征型、古典型、浪漫型三种类型的演进,虽然提到了"较前"、"较后"的字眼,但并不是完全在时间意义上而言

①　亚瑟·丹托:《艺术的终结》,欧阳英译,江苏人民出版社 2005 年版,第 96—97 页。
②　Arthur C.Danto, *After the End of Art: Contemporary Art and the Pale of History*, Princeton: Princeton University Press, 1997, p.4.
③　黑格尔:《美学》第一卷,朱光潜译,商务印书馆 1979 年版,第 132 页。
④　朱立元:《黑格尔美学引论》,天津人民出版社 2013 年版,第 314 页。

的,而是强调它的逻辑意义,艺术存在与社会发展不符合的情况,这三种类型甚至是可以并存的。他认为,黑格尔在浪漫型艺术之后,又提出了一种"自由艺术",这是艺术的一个新阶段,从而充分说明,黑格尔的"艺术终结论"并没有消极意义,而是具有积极乐观的态度。

艺术终结论的提出在于黑格尔对艺术的定义,认为艺术乃是以感性、直观的方式去表现真理,正如基督教的三段论,圣子结束了圣父的时代,而圣灵又结束了圣子的时代。而在黑格尔之后,我们看到艺术仍然繁荣地发展着,海德格尔虽然借对黑格尔艺术终结论的阐释,以阐发自己对于伟大艺术的消亡的不满。对于海德格尔来说,如果艺术真的终结了,那么就是我们人类的一种根本意义上的缺失,因为人类的生存是不能离开艺术的,艺术是滋养我们人类生存的良药,海德格尔就是反抗技术时代对人类本真生存的侵扰。

但他自己所引用并大加阐释的凡高的《农鞋》是黑格尔之后艺术仍然存在的一个证明,只是艺术这时并不单单作用于我们的感性,而是引发我们的思考,正如海德格尔所说,"艺术是一种象征。"艺术的边界在不停地做着变动。如海德格尔所说:"艺术乃真理之自行设置入作品。"如果按这一定义,只要有人类存在,只要有人类能够见证真理之无蔽状态,则艺术永远不会有终结。海德格尔只是为反对将艺术单纯作为人类娱乐消遣的作用,而主张重新恢复艺术在人类生存中的至高地位。对于他来说,恰恰不是艺术消亡而被哲学取代,而是作为形而上学的哲学之消亡和被艺术所取代,这以他的《哲学的终结和思之任务》一文为代表。对他来说,宗教与哲学都将消亡于艺术(诗)之中,这是他与狄尔泰同样地以艺术(诗)作为克服西方形而上学的选择。

第四章 从象征型、浪漫型到古典型 三种艺术类型的对比

第一节 象征型

一、黑格尔:象征作为前艺术

象征是我们人类日常生活中极为常见的现象。正如心理学家荣格所指出的:"所谓象征,是指术语、名称,甚至是人们日常生活中常见的景象。但是,除了传统的明显的意义之外,象征还有着特殊的内涵。它意味着对我们来说是模糊、未知和遮蔽的东西。"①

在黑格尔美学体系中,象征型艺术并不是真正的艺术,而是艺术的开端,是前艺术,主要指起源于东方的古老艺术,它经过许多转变才达到古典型艺术。他区分了两种不同的象征:"一种有独立的特性,产生了一个特定阶段的艺术观照和表现的基本类型,另一种却降到仅是一个不能独立的外在形式。这第二种意义的象征在古典型艺术和浪漫型艺术里也可以看到。……象征一般是直接呈现于感性观照的一种现成的外在事物,对这种外在事物并不直接就它本身来看,而是就它所暗示的一种较广泛较普遍的意义来看。因此,我们在象征里应该分出两个因素,首先是意义,其次是这意义的表现。意义就是一种观念或对象,不管它的内容是什么,表现是一种

---

① 卡尔·荣格:《人类及其象征》,张举文等译,辽宁教育出版社 1988 年版,第 1 页。

感性存在或一种形象。"①象征的含义具有含混性,黑格尔指出,流行的观点认为一切艺术和神话都具有象征意义,但他反对这种观点。"我们的任务不在于把象征推广到一切艺术领域,而在于明白地把它局限于用象征为其特有的表现方式,因而可以用象征方式去看待的那个艺术范围。"②他认为,艺术是是人作为主体与自然分离的结果,人对自然的惊异是艺术意识产生的开端,人开始将自然事物作为观念,并把这观念用形象的方式表达出来,让感性的认识可以观照。"从客体或对象方面来看,艺术的起源与宗教的联系最为密切。最早的艺术作品都属于神话一类。"③象征型艺术是作品内容与形式之间的互不适应,象征型艺术的不同类型只是这种内容与形式矛盾的不同阶段。他指出:"所以正是一般的生命辩证过程,即出生,成长,死亡以及从死亡中再生,向真正的象征形式提供了适合的内容。"④我们可以看到,黑格尔后面所举的例子:种子、太阳、河流所具有这一循环过程,也是海德格尔在论述艺术思想时所引用的。在象征里主要的因素是形象。"如果象征的艺术由于用神性的东西作为作品的内容就已可称为神圣艺术,那么,崇高的艺术既然只赞颂神,就应看作唯一真正的神圣艺术了。"⑤在黑格尔看来,象征型艺术的一个重要的来源就是一般生命的辩证过程以及象征太阳和它的运行,比如埃及神话中长生鸟和伊西斯、俄西里斯的象征。

二、海德格尔:艺术作为比喻与象征

海德格尔认为艺术是一种比喻与象征,而正像赫拉克利特残篇 B93:"那位在德尔菲发神谶的大神不明言,也不隐瞒,只是暗示。"他的农鞋,也是一种象征,一种暗示。都不是表象所显示给我们的那样,而注重它所象征

---

① 黑格尔:《美学》第一卷,朱光潜译,商务印书馆 1979 年版,第 9—10 页。
② 黑格尔:《美学》第一卷,朱光潜译,商务印书馆 1979 年版,第 20 页。
③ 黑格尔:《美学》第二卷,朱光潜译,商务印书馆 1979 年版,第 24 页。
④ 黑格尔:《美学》第二卷,朱光潜译,商务印书馆 1979 年版,第 64 页。
⑤ 黑格尔:《美学》第二卷,朱光潜译,商务印书馆 1979 年版,第 91 页。

之物。黑格尔指出:"在象征型艺术里我们所见到的不是内容和形式的统一,而只是内容和形式的某种联系,只是用外在于内容意义的现象去暗示它所应表现的内在意义,这就使得象征型艺术,作为一个基本的艺术类型,所担负的任务是把单纯的客观事物或自然环境提升到成为精神的一种美的艺术外壳,用这种外在事物去暗示精神的内在意义。"[1]海德格尔指出,比喻和象征给出了一个观念框架,长期以来,人们对艺术作品的描述就处于这个视角之内。

　　关于象征理论,伽达默尔专门作了考察。他指出:象征(Symbol)与譬喻(Allego rie)既有共同点又有差异:"从词源来看,这两个词确实有某种共同的意义,即在这两个词中表现了这样的东西,该东西的意义(Sinn)并不在于它的显现、它的外观或它的词文中,而是存在于某个处于它之外的所指(Bedeutung)中。某个东西这样地为某个别的东西而存在,这就构成了这两个词的共同性。这样的富有意义的关联,不仅存在于诗歌和造型艺术的领域中,而且也存在于宗教的神圣事物的领域内,正是通过这种关联,非感觉的东西(die Unsinnliches)就成了可感觉的(sinnlich)了……譬喻本来属于述说,即 Logos(讲话)领域,因此譬喻起一种修饰性的或诠释性的作用。它以某个其他的东西代替原来所意味的东西,或更确切地说,这个其他的东西使原来那个所意味的东西得到理解。象征则与此相反,它并不被限制于Logos(讲话)领域。因为象征并不是通过与某个其他意义的关联而有其意义,而是它自身的显而易见的存在具有'意义'。象征作为展示的东西,就是人们于其中认识了某个他物的东西。所以它是古代使者的证据和其他类似东西。显然,'象征'并不是单单通过其内容,而是通过其可展示性(Vorzeigbarkeit)起作用,因而它就是一种文献资料,某个共同体的成员可以从该资料知道,它是否是宗教的象征,或是否在世俗的意义作为一个记号或一个证件或一个口令而出现——在任何情况下,象征的意义都依据于它自

────────────

[1]　黑格尔:《美学》第二卷,朱光潜译,商务印书馆 1979 年版,第 16 页。

身的在场,而且是通过其所展示或表述的东西的立场才获得其再现性功能的。……但是,在象征概念里却显现了一种譬喻的修辞学运用完全不具有的形而上学背景。从感性事物出发导向神性的东西,这是可能的,因为感性事物并不是单纯的虚无和幽暗之物,而是真实事物的流溢和反映。现代的象征概念如果没有它的这种灵知性的功能和形而上学背景,就根本不可能理解。'象征'这一词之所以能够由它原来的作为文献资料、认识符号、证书的用途而被提升为某种神秘符号的哲学概念,并因此而能进入只有行家才能识其谜的象形文字之列,就是因为象征决不是一种任意地选取或构造的符号,而是以可见事物和不可见事物之间的某种形而上学关系为前提。宗教膜拜的一切形式都是以可见的外观和不可见的意义之间的不可分离性,即这两个领域的'吻合'为其基础的。这样,它转向审美领域就可理解了。按照索尔格的看法,象征性的东西标志着一种'其中理念可以以任何一种方式被认识的存在,'因而也就是艺术作品所特有的理想和外在显现的内在统一。反之,譬喻性的东西则只是通过指出某个他物而使这种富有意义的统一得以实现。"①象征最主要的特征就是它通过表现上的能指,指向其背后的某种非感性事物、观念或哲理。如康德就提出了"美是道德善的象征。"黑格尔将象征主要用于东方艺术,用来强调它的理念内容与形式之间的不均衡状态,而海德格尔则认为所有艺术均是一种象征。比如基督教神学中有着丰富的象征体系,而海德格尔通过艺术作品来象征"自然"力量的运行,尤其是太阳、月亮的交互轮回。

第二节　古典型

一、黑格尔论古典型艺术

在象征型艺术里,作品的内容与形式处于不均衡的状态,作品的形式大

---

① 伽达默尔:《真理与方法》,洪汉鼎译,上海译文出版社 2004 年版,第 93—95 页。

于它的意义(内容),如果要消除这二者间不自由的联系,就要使材料本身
必须具有意义,也就是要富于精神的意义。那么这种形象就不能是象征型
艺术所采用的外在的自然物,而是已经由意识浸透了的自然物,那么最富于
意识的就是人的形象本身,因为较之于其他素材,只有人的形象才能够用感
性的方式把富有内在精神的东西充分表现出来。作为启蒙时期的思想家,
黑格尔充满着对人及活泼人性的尊重。他认为,人虽然在面孔、眼睛、姿态
和仪表等方面的表现显得还是物质的而不是精神的,但是在这种形体本身
之外,人的内在方面区别于动物就在于人具有灵魂,不像动物那样只是有生
命的和自然的,而是能从肉体在本身上反映出精神。眼睛是心灵的窗口,通
过眼睛,我们可以看到一个人的灵魂深处,而通过人的全体构造,他的精神
性格一般也表现出来了。因此人的形象与动物相比就在于它显得是精神的
所在,而且是精神的唯一可能的自然存在。所以精神也只有在人类肉体中
才能被旁人认识。因此古典型艺术往往有拟人主义之嫌。黑格尔指出,实
际上在基督教里上帝是作为绝对自由精神来理解的,其中固然也有自然的
和直接个别存在这一方面,但这一方面也是必然要被否定(消除)的。而在
古典型艺术里因为还存在着感性形象,还没有否定掉,因此也就不能上升为
绝对精神,即向浪漫型艺术的转变。

　　黑格尔非常推崇古希腊艺术,他认为古希腊民族是美的民族,古希腊宗
教是艺术宗教。"希腊民族使他们精神方面的神现形于他们的感性的、观
照的和想象的意识,并且通过艺术,使这些神获得完全符合真正内容的实际
存在。希腊艺术和希腊神话中都见出这种(内容与形式的)对应,由于这种
对应,艺术在希腊就变成了绝对精神的最高表现方式;希腊宗教实际上就是
艺术本身的宗教,至于后起的浪漫型艺术尽管还是艺术,却显出一种更高的
不是艺术所能表现的意识形式。"①

　　黑格尔认为,在古典型艺术类别中,艺术家知道约束和节制,而这约

---

①　黑格尔:《美学》第二卷,朱光潜译,商务印书馆1979年版,第170页。

束和节制在古希腊人看来就是美。古典型艺术通过贬低象征型艺术中动物性的东西,克服原先被看作神的一些基本的自然力量,这表现在希腊神话中旧神向代表精神力量的新神的转变,以及在精神获得自由之后,又通过肯定某些基本的自然作为符号,达到从古典型向象征型艺术的转变。

古典型艺术解体的关键是基督教的兴起,希腊的神们在实际生活中已让位给基督教的上帝,作为信徒膜拜的对象,希腊宗教作为艺术宗教,它的神是象征自然的神,而耶稣基督作为启示宗教的神则是神人合一的神,通过道成肉身,脱胎出世,死亡,又从死亡中复活。耶稣基督是真正实在的神,不像希腊诸神只是观念中的想象,因此,与耶稣基督相比,其他的神则完全失去了色彩,只有个别诗人,如启蒙时代的诗人席勒、歌德等人在诗歌中对此表示惋惜。在"古典型建筑"中,黑格尔指出,"一般来说,希腊庙宇建筑的面貌是令人心满意足的,或者说,令人感觉恰到好处的"①。也就是说,希腊庙宇是适合比例、对称等基本建筑原则的。"希腊建筑的特点却在于它造出一种专为支撑用的柱,它运用柱来实现建筑的目的性,同时也产生美。"②黑格尔对比了作为浪漫型建筑代表的基督教堂:"正如基督教的精神集中到内心生活方面,建筑物也是在四方面都划清界限的场所,供基督教团体的集会和收敛心神之用。收敛心神,就要在空间中把自己关起。不过基督教心灵的虔诚同时也是一种对有限事物的超越,而这种超越也决定了基督教寺的风格。这就使得基督教建筑获得了一种独立的意义,即在无限中超越出单纯的目的性的限制,这种独立的意义也要通过空间的建筑形式表现出来。所以艺术现在所要产生的印象方面不同于希腊神庙的豁然开朗,是一种收敛心神,与外在自然和一般世俗生活绝缘的心灵肃静的气象,另一方面是力求超脱一切诉诸知解力的界限的庄严崇高气象。所以如果希腊建

---

① 黑格尔:《美学》第三卷,朱光潜译,商务印书馆 1979 年版,第 75 页。
② 黑格尔:《美学》第三卷,朱光潜译,商务印书馆 1979 年版,第 67 页。

筑一般是向横平方向展示它的宽广,和它对立的基督教寺的浪漫风格则在于腾空直上干云霄。"①

海德格尔在《艺术作品的本源》中也列举了古希腊神庙的例子,对于它,根据胡塞尔的本质直观方法可能会仅仅得出它是一个庙宇的本质来。但海德格尔通过它,看到了民族的命运,看到了自然("φύσις")的显现。看到了世界的敞开与大地的隐匿,看到了阳光的恩赐。我们可以看出,他并不是从美学,而是从自己的哲学观点解读神庙的。黑格尔并不是如众多论者所认为的早年资质平平,而是从小就聪明异常,黑格尔从小接受了良好的教育,当他5岁进入拉丁语学校时,他的母亲已经教会了他初步的变格法和一些名词,而从黑格尔日记可以看出,他最早的一些日记中已显示他能熟练地运用拉丁语,罗森克兰兹的传记中记载黑格尔曾在16岁时从希腊文翻译了朗吉诺斯的《论崇高》。他研读了大量的古希腊文学与哲学著作。正如考夫曼在《黑格尔:一种新解说》中指出的:"他来到图宾根时,已经接受过古典方面全面的基础训练,能说流利的拉丁文和希腊文,并且熟悉德国文学。他在自然科学方面的基础在当时也是很好的。"②在古希腊悲剧中,他最为喜爱《安提戈涅》,对古典语言、文学作品及哲学的共同爱好,使他和荷尔德林成为图宾根时期最为亲密的朋友。考夫曼认为,黑格尔背弃康德并不是由于更尊敬传统的基督教,而是由于更尊崇古希腊,而他关于古希腊人的概念,像荷尔德林那样,是深受歌德和席勒影响的。

二、海德格尔与黑格尔神话思想比较

(一)黑格尔理性的神话观

作为德国观念论与浪漫派的开篇之作,《德国观念论的早期体系纲领》(Das älteste Systemprogramm des deutschen Idealismus)一文在作者归属问题

---

① 黑格尔:《美学》第三卷,朱光潜译,商务印书馆1979年版,第88页。

② 考夫曼:《黑格尔:一种新解说》,张翼星译,北京大学出版社1989年版,第12页。

向来存在争议。① 学界公认为是黑格尔的笔迹,本文采取奥特·柏格勒的观点,认为是属于黑格尔写于早期(1796 或 1797)的作品。② 在该文中,黑格尔明确说道,"我们必须拥有一种新神话,这个新神话必须服务于理念,它必须成为一个理性的神话学"③。就黑格尔后期对神话的探讨中,我们可以看到他对这一主张是一以贯之的。

正如刘皓明先生所说的,"黑格尔在 1795 年前后认为,基督教旨在培养个人的道德;然而要培养民族的精神,必须要弘扬一种英雄的品德,而要着手从事这样的任务,基督教是不适宜的;基督教不仅排斥古希腊罗马的爱国主义,而且其神话也无法下达给普通的民众;古代的共和政体连同古代的宗教才能更胜任这样的任务。黑格尔认为,需要创造一种以古希腊为模式的新神话体系。在他看来,同基督教相比,古希腊神话体系的一个优点在于,它结合了民众的节日与宗教的拜神仪式,是民族和国家的节日与宗教供奉的统一,因而其核心情感是喜乐;与之形成对比的是,基督教的核心仪式,即最后的晚餐,其主导情感是悲哀,它把市民的目光引向上天,因而异化于人类的情感"④。

对黑格尔来说,艺术的任务只在于把内容充实的东西恰如其分地表现为如在目前的感性形象。美学的主要任务就在于凭思考去理解这种充实的内容和它的美的表现方式究竟是什么。在艺术起源时期,"我们曾发现

---

① 该文献有的学者认为是黑格尔所作,也有人认为是荷尔德林或谢林所作,因此该文献分别收入他们三人各自的文集之中。一般更倾向于认为它是黑格尔所作。学者 Otto Müller 便如此认为,本文赞同这一立场。关于该文献更详细的探讨参见胡继华《神话逻格斯——解读〈德意志观念论的体系纲领〉》载《杭州师范大学学报》(社会科学版)2014 年第 3 期,苏联神话史家梅列金斯基在《神话的诗学》一书中对黑格尔神话思想评价不高,可能就在于忽视了该文献。

② Otto Pöggeler, *Hegel, der Verfasser des ältesten Systemprogramms des deutschen Idealismus*, Hegel-Studien 1969(4), S. 17–32.

③ Hegel, *Das Älteste SystemProgramm des Deutschen Idealsimus*, Georg Wilhelm Friedrich Hegel Frühe Schriften, Suhrkamp Verlag, Frankfurt Am Main, 1971, S. 236.

④ 刘皓明:《荷尔德林后期诗歌》,华东师范大学出版社 2009 年版,第 11 页。

在东方艺术起源时,精神还不是独立自由的,而是还要从自然事物中去找绝对,因此把自然事物本身看作具有神性的。在进一步的发展中,古典型艺术把希腊的神们表现为一些个体,他们是自由自在的,由精神灌注的,但是基本上还受人的自然形体的约束,把人的形体当作一个肯定的因素。只有浪漫型艺术才初次把精神沉浸到它所特有内心生活里去,与这内心生活对立的肉体、外在现实以及一般世俗性的东西原来都被视为虚幻的东西,尽管精神性的绝对的东西只有借这些外在的因素才能显现出来,不过到后来这些外在的因素就逐渐获得肯定的意义。"①

黑格尔是在讨论象征形艺术时对希腊神话进行探讨的,在他看来,不应该只关注神话表面的形象和故事,而应该去探究它背后的意蕴,也就是它的理性因素。正如黑格尔研究者柏格勒所说,"黑格尔的沉思成为一种神话学,因为它来自理性的他者"②。

在《美学》中,黑格尔说:"如果把真正的神话理解成这样:在它的具体神话里,它尽管是从太阳、海、河、树、大地之类具体的自然事物出发,却把其中纯然自然的方面划分开来,取出自然现象中的内在意义,把它作为一种由精神灌注的力量,用适合的艺术方式,把这力量个性化为内外两方面都具有人形的神。荷马和赫西俄德就是用这种方式去初次替希腊人创造出神话,不把神话当作只是显示神们的意义,或是阐述道德的、物理的、神学的或哲理的教义,而是把它当作单纯的神话,即用人体形状去体现精神性的宗教的开始。"③

黑格尔说:"但是从另一方面来看,这些故事既然是关于最高天神的,人们就同样有理由相信,在神话所揭示的东西后面还隐藏着一种较深刻的意义。"④他以德国海德堡浪漫派学者克洛伊佐(Georg Friedrich Creuzer,

---

① 黑格尔:《美学》第二卷,朱光潜译,商务印书馆 1979 年版,第 375 页。
② 奥特·柏格勒:《艺术问题:从黑格尔到海德格尔》,卡尔·艾伯出版社 1984 年版。
③ 黑格尔:《美学》第二卷,朱光潜译,商务印书馆 1979 年版,第 117 页。
④ 黑格尔:《美学》第二卷,朱光潜译,商务印书馆 1979 年版,第 16 页。

1771—1858）为探讨的对象,后者著有《古代各民族特别是希腊民族的象征和神话》。黑格尔赞同克洛伊佐对神话的理性来源的探究,并强调只有对理性的认识才真正配得上人的身份。伽达默尔在《黑格尔与海德堡浪漫派》一文中,详细地论述了克洛伊佐对黑格尔的影响。

在《美学》中,黑格尔说,"所以关于希腊神话有两种相反的看法。一种看法以为神话只应就故事的字面去看,这些故事虽和神们的身份不相称,而本身却隽妙可爱,引人入胜,甚至具有高度的美,没有理由要进一步去推求更深刻的意义。所以神话应该看作纯粹历史性的,按照它的本来实际形象来描绘的……另一种看法却不满足于单从字面去理解神话的形象和故事,而是坚持要找出它们后面的更普遍更深刻的意义,并且认为研究神话的科学就要以揭示这种隐藏的意义为它的任务。所以神话必然是要看作象征性的。所谓'象征性'只是说:不管神话看来多么妄诞无稽,夹杂着几多幻想的偶然的任意的成分,归根到底,它总是由心灵产生的,总要含有意义,即关于神性的普遍的思想,亦即神学。在后一种看法的代表之中,在近代以克洛伊佐为最显著。在他的关于象征和古代各民族神话观念的著作里,他抛弃了流行的看法,不从散文的字面去看,也不从艺术价值去看,而是要探索神话中的意义所含的内在的理性。他的出发点或前提是神话和传说故事都起源于人类心灵,人类心灵固然可以就关于神的种种观念进行游戏,却不止于此,它还带着宗教的旨趣,走到较高的领域,其中形象的创造者是理性,尽管理性还不免有缺陷,还不能把它的内在的东西充分阐明出……古代的人民,诗人和巫师们确实并不曾先认识到作为神话根源而隐藏在神话里的那些带有普遍性的思想,不曾先就普遍性形式把那些思想掌握住,然后才有意识地把那些思想放在象征的形象里隐藏起。实际上连克洛伊佐自己也并不这样想。但是尽管我们近代人在神话里所见到的东西古人原不曾想到,我们并不能从此得出结论说,古代的神话表现根本不是象征性的,因此就不能当作象征的东西去了解。因为古人在创造神话的时代,就生活在诗的气氛里,所以他们不用抽象思考的方式而用凭想象创造形象的方式,把他们的最内在

126

最深刻的内心生活变成认识的对象,他们还没有把抽象的普遍观念和具体的形象分割开来。这个确凿的事实就是我们在本书中所要承认和坚持的,尽管我们并不否认对神话作象征方式的解释也可能引起一些穿凿附会,正如字源学对字的解释一样。"①

黑格尔认为艺术观照与宗教观照乃至于科学研究都起于惊奇感。从客体或对象方面来看,艺术的起源与宗教的联系最密切。最早的艺术作品都属于神话一类。作为启蒙思想家,黑格尔重视人类心灵的理性因素,他认为艺术由象征型到古典型的过渡首先表现于神话中自然因素的降低和精神因素的提高,例如在希腊神话中这种过渡表现为旧神和新神(旧神侧重代表自然,新神侧重代表精神)的斗争以及新神的胜利。在第一阶段,新神一方面贬低了单纯的自然力量,另一方面也把自然力量提高到具有精神的意义的层面。这是批判继承的过程,也是辩证发展的过程,在否定旧的东西的同时也肯定了而且提高了旧的东西,从而建立了新的东西。古典型艺术中自觉的精神个性成为决定内容和形式的力量,从而达到内容和形式以及一般与特殊的真正的统一。

"在古典理想里,神们的具体的个性体现出精神的这种高贵气象,所以尽管它(个性)完全渗透到肉体的感性形象里,却仍使人感到它完全脱离了有限事物的一切缺陷。单纯的独立自足和对一切定性的摆脱就会导致崇高;但是古典理想既然外现于它所特有的客观存在,即精神本身的客观存在,它所含的崇高就显得和美融成一片,就直接转化为美。"②

希腊神话中,神与人,无限与有限,都没有真正统一起来,因此古典型艺术必须走向解体,而转入浪漫型艺术。能代表浪漫型艺术的是耶稣基督,他道成肉身、脱胎出世,生活着,忍受着苦痛,死了,又从死中复活。不像希腊神们是由人想象出,表现于艺术,而且是外在于人的,基督在事实上就是神

---

① 黑格尔:《美学》第二卷,朱光潜译,商务印书馆 1979 年版,第 16—18 页。
② 黑格尔:《美学》第二卷,朱光潜译,商务印书馆 1979 年版,第 228 页。

人一体。

在黑格尔之前,谢林对神话做了深入的研究,谢林首先追求一种历史的神话概念(神话作为人类童年的思维形式),绕过一种审美的神话概念(神话作为艺术的背景),一种切断自然的尝试,自然不是后期神话哲学的概念,而属于天启哲学的概念。相比之下,黑格尔的神话思想显得稍微薄弱一些。正如梅列金斯基在《神话的诗学》中所说:"黑格尔在朝向深湛、彻底的历史主义(只限于客观唯心主义范畴)方向,比谢林迈出了尤为重要的一步,但并未创立自己的神话理论。就其对神话及神话与艺术的相互关系的认识,就其对神话种种文化——历史类型的比较分析而言,黑格尔基本上阐发了谢林的观念,然而两者所侧重却大相径庭。黑格尔着力探讨的主要不是他视为艺术基原的神话象征手法本身(黑格尔甚至并未将它同隐喻手法加以严格区分),而是艺术的种种历史形态,即:基于古代东方质料的象征形态、基于古希腊罗马质料的古典形态、基于中世纪质料的浪漫形态。而且,黑格尔为艺术的象征形态下了一个精辟的定义,它与下列见解正相吻合,即将神话视为先于艺术的思想和文化的形态,或将神话视为以囊括一切的象征主义为旨意的文化(在某种意义上也包括中世纪),而这是就神话与那种为实在把握世界的情致所充溢的艺术的相互关系而言(这种把握始于文艺复兴时期;而诸如此类过程已见诸古希腊罗马时期,但较为逊色)。"①

"狂飙突进"运动的主要理论家赫尔德(Johann Gottfried Herder,1744—1803)在《论神话》中对神话的地位作了很高的评价,他说:"如果我们把各民族的神话看作只是关于伪神的说教、人之理性的疏失,或可悲的盲目迷信,则在我看来我们的眼界是太狭隘了。世上大多数民族的神话,以前甚至现在都包含这些特性,因此宗教学者也从这样的角度观之;尽管如此,对哲学家而言,还是存在另外一种更微妙的视角。这样的哲学家,将神话——纵使它们偏离了正道——视为人类理性之活动,是最早的、初级的努力,为整

---

① 梅列金斯基:《神话的诗学》,魏庆征译,商务印书馆1990年版,第20—21页。

合人的世界为理念或形象,体现存在之物或事件的精神、抒发情感,并通过习俗、歌唱、故事和传统,不单确立人类抽象理性之宝贵成果,更将它代代相传。可以这么说,一个民族的神话,展现给我们它幼年时期的整个形而上学和其思维方式的所有精微之处。神话的表述还给我们提供了一个民族最古老的符号学及它们动情和运思的方式。无可否认,神话是人类思想和建制的无价之金矿,不单是对追索民族起源的历史学家如此,对哲学家更是如此。"①"人类知性最纯粹的概念正是神。"②

　　席勒和施莱格尔分别在他们 1795—1796 时的作品《关于素朴的诗和感伤的诗》与《古希腊诗歌研究》中,谈到了对古代神话的接受。对于弗·施莱格尔来说,"神话和诗,二者是一个东西,密不可分"③,"诗的内核,诗的中心应当到神话和古代神秘剧中去找"④施莱格尔 1800 年在《雅典娜断片集》中"关于诗的谈话"一文中说:"我就要说到正题了。我认为,我们的诗缺少一个中心,就像神话之于古代人的诗一样。现代文学落后于古典文学的所有原因,可以概括为这样一句话:因为我们没有神话,但是我补充一句话,我们将很快就有一个新的神话,或者更确切地说,现在已经是需要我们严肃地共同努力以创造一个新神话的时候了。因为新神话将循着与古代神话完全相反的路来到我们这里。古代神话里到处是青春想象初放的花朵,古代神话与感性世界中最直接、最生动的事物联系在一起,依照它们来塑造形象。而现代神话则相反,它必须产生于精神最内在的深处;现代神话必须是所有艺术作品中最人为的,因为它要包容其他一切艺术作品,它将成为载负诗的古老而又永恒的源泉的容器,它对于这首神秘的诗、对于这种或许产生于诗的作品的杂沓与充溢的杂乱无章,你们大概会觉得可笑。然而,恰恰只有混乱所具有的美和秩序,即那只期待着爱的触动、以便让自己发展成为

---

① 赫尔德:《反纯粹理性》,张晓梅译,商务印书馆 2010 年版,第 59—60 页。
② 赫尔德:《反纯粹理性》,张晓梅译,商务印书馆 2010 年版,第 64 页。
③ 施莱格尔:《弗·施莱格尔选集》第 1 卷,第 160 页。
④ 施莱格尔:《弗·施莱格尔选集》第 1 卷,第 273 页。

一个和谐世界的混乱,以及古代神话和古代文学曾经的那种混乱所具有的美和秩序,才是最高的美,最高的秩序。因为神话和诗,这二者本来是一回事,不可分割。古典时期的每一首诗与另一首都是关联的,直到从越来越庞大的局部和肢体中产生出一个整体为止;一切都在互相渗透,无论什么地方只有一个精神,只是表述有所不同而已。为什么不应当重新产生那已经有过的精神?当然是以一种不同的方式,而且为什么不以一种更美的、更伟大的方式?我请你们不必怀疑现代神话的可能性。我也欢迎各种各样的猜疑,以便让研究更加自由,更趋丰富。现在,请你们认真听听我的推测:鉴于事情的状况,我能给你们谈的不外乎是一些推测。不过我希望这些推测将通过你们而自行变成真实。因为如果你们愿意这样做的话,有几个建议有待于尝试……神话有一个很大的优越性。以往永远逃脱意识的东西,在这里却以感性和精神的方式观照出并抓住了,就像灵魂在它四周的躯体中。通过这个躯体,灵魂闪进了我们的眼睛,对我们的耳朵说话。……你们为什么不愿振作起来,复活伟大的古代文化这些灿烂的神祇?——你们只要尝试一次从斯宾诺莎,从当代物理学在每个思维着的人心中必然激发起来的那些观点,来全面考察古代神话,你们就会看到一切事物会以怎样的新的光辉和生命呈现在你们面前。此外,还必须重新发掘其他民族的神话,按其意蕴的深浅、美和文化教养的程度来唤醒他们。以加速现代神话的产生。"①

除此之外,尼采也一再强调神话的重要性。"没有神话,一切文化都会丧失其健康的天然创造力。唯有一种用神话调整的视野,才把全部文化运动规束为一体,一切想象力和日神的梦幻力,唯有凭借神话,才得免于漫无边际的游荡。神话的形象必是不可察觉却又无处不在的守护神,年轻的心灵在它的庇护下成长,成年的男子用它的象征解说自己的生活和斗争。甚至国家也承认没有比神话基础更有力的不成文法,它担保国家与宗教的联

---

① 施勒格尔:《雅典娜神殿断片集》,李伯杰译,三联书店 2003 年版,第 229—239 页。

系,担保国家从神话观念中生成出来。"①

克莱门斯·布伦塔诺(Clemens Brentano,1778—1842)和冯·阿尼姆(Achim Von Arnim,1781—1831),通过《男童的神奇号角》和"隐居杂志"把一些遗忘的——如民歌、民间书籍、童话收集起来。不久博森亨(Boisserée)兄弟这样评价他们的绘画:克莱伊佐在《古代各民族特别是希腊民族的象征和神话》中,他并不想在荷马诗歌中发现原始宗教,而是探寻从古希腊神话到现代基督教的转变。

狄奥尼索斯早在欧里庇得斯《酒神的伴侣》那儿,就已经是"新的"或者"将来的神",它是未来之神(Zukunft-Gott)。启蒙主义高扬理性的功能,"理性为万物立法",神话在理性之光中消解,变为多余的,神话、基督教所行使的所有功能都可以由理性来承担。

弗兰克(Manfred Frank,1945—　　)在《浪漫派的将来之神》中指出:"荷尔德林,我们在日后还将专门探讨其诗化的神话叙事,他在一首著名的挽歌(Elegie)中提到了狄奥尼索斯,19世纪仿佛也就借此宣告了狄奥尼索斯这位'将来之神'的登场。"②弗兰克这里指的荷尔德林诗歌是《饼与葡萄酒》/《夜》。

黑格尔认为,主体性是现代的原则,他发现当时的浪漫派与时代精神是同一的,即在浪漫派中体现了对主体性的高扬。他对浪漫派从总体来看是持批判态度的。在浪漫派中,神话学是作为人的存在方式被表达的。它表现的是人与他周围世界的一种源始的存在关系,因此,作为对现代技术世界的反抗,思想家们通过对神话的高扬克服现代性所造成的危机与分裂。

黑格尔在1796年写了一首致荷尔德林的长诗《厄琉希》(Eleusis),表明狄奥尼索斯、厄琉希斯、得墨忒尔神话是荷尔德林、黑格尔在神学上的共同兴趣,而对于荷尔德林而言,狄奥尼索斯、耶稣基督、赫拉克利斯是三位一

---

① 尼采:《悲剧的诞生》,周国平译,三联书店1996年版,第100页。
② [德]弗兰克:《浪漫派的将来之神》,李双志译,华东师范大学出版社2011年版,第6—7页。

体的。谢林也在 19 世纪 20 年代完成的《启示哲学》(Phoilosophie der Offen-barung)中,详细地探讨了这一神话的神话学、训诂学、宗教和哲学的内容与意义,也说明了这一神话对于这位德国观念论哲学家的重要意义。在第四十七讲,他说,"在这里雅刻库(Jakchos,狄奥尼索斯的别名)已经是个男童了,他在节庆的呼叫声中,被带到厄琉希城;由于这个游行,他被称作'那个将来的'(der Kommende),——因此我觉得这样的结论合情合理,就是说厄琉希这个名字本身意思就是'来'(Kommen),'未来'(Zukunft),或者用老式德语的说法就是'至'(Kunft),即那个神的来临。"(1992,S. 379)后来在1858 年版中,谢林还加上这样的话:"通过改变重音,ἐλευσις这个意思是'来'的词,就变成了那个城市的名字……因此厄琉希的奥秘的最高内容无非就是这个神的来。"

"厄琉希神秘仪式是每年在雅典附近的厄琉希(Ἐλευσίς/ Eleusis)城举行的历时九天的节日,它体现了死而复生的希望,复活的概念在得墨忒尔的女儿珀尔塞福涅(Περσεφόνη/Persephone)的身上得到象征,因为每年秋天,她都被她的丈夫哈得斯(Ἅιδης/Haides)掠去阴曹,到春天她又回到地上她母亲身边。"①

所有神话学和象征艺术的基础都是自我照亮,在那里,光在黑暗中运行,同时展示在审美教化中对神性本质的反思中。黑格尔在《精神现象学》(通译为《精神现象学》,刘皓明先生主张译为《灵的现象学》,以下遵从惯例译为《精神现象学》)中指出,宗教本源和象征艺术可以在对光的体验中看出,神,直接和感性确定性,也就是物质中的精神,就是光。在《精神的现象学》"作为光的神"一节中说:"在这种享受里,于是那个东方的光明之神的真实性质就透露出来了:享受就是对光明之神的神秘经验。"②黑格尔指出宗教的开端是古波斯的祆教(也就是拜火教)。法国东方学家迪佩农(An-

① 刘皓明:《荷尔德林后期诗歌》,华东师范大学出版社 2009 年版,第 255—256 页。
② 黑格尔:《精神现象学》下卷,贺麟译,商务印书馆 1979 年版,第 237 页。

quetil du Perron，1731—1805）将祆教圣书阿维斯塔（Avesta）收集并出版。克莱克（Kleaker）将它翻译为德语，并作了新柏拉图主义的解释。在《美学》中，黑格尔说："古波斯教把自然界的光，即发光的太阳，星辰和火，看作绝对或神，不把神和光分别开来，不把光看作仅仅是神的表现，写照或感性形象。神（意义）和光（神的实际存在）是统一的。如果把光看作善、正义、福气、生命的支援者和传播者，那也并不是把光看作只是代表善的形象，而是把光和善看作一回事。光的反面也是如此，例如黑暗就等于污浊，祸害，恶，毁灭和死亡。"①语言学家马克斯·缪勒（Max Müller）通过深入考察印欧语系后认为，一切神话都是太阳神话，从而开创了西方著名的太阳神话学派。

维柯已经提出对光的体验：光是无比强大的力量，将人设置在恐惧和战栗之中。这种体验紧随着希望，这种力量与迷信相反，这种人的力量可以被使用：这是最高的神朱庇特的闪光。关于这个神的图像，荷尔德林 1801 年11 月在博亨多夫（Böhlendorff）说："通过这一切我可以看到神向我显现的征兆"。在他关于宗教和神话以及黑格尔式的神话作为"理性的历史"。在后期诗歌《太平节日》（Friedensfeier）中，他说："连一位神也要显现，那里则有别样明光。"②在法兰克福时期，黑格尔主要跟随的是荷尔德林的美和美的宗教；在耶拿时期他延续了浪漫派的《判断力批判》，将艺术和艺术来自于天才思想作为自然和自由的一部分。

尼采说："只有在神话的光芒照到的地方，希腊人的生活才大放光明；要不然就是一片幽暗。而希腊哲学家正是从自己那里剥夺了这种神话：这不就好像他们想要从阳光中走出来，坐到阴影中、坐到黑暗中吗？但是没有一种植物能避开光线；从根本上讲，那些哲学家只是在寻找一个更明亮的太阳，神话对他们来说不够纯洁、不够明亮。他们在自己的知识中，在他们每

---

① 黑格尔：《美学》第二卷，朱光潜译，商务印书馆 1979 年版，第 35—36 页。
② 荷尔德林：《荷尔德林后期诗歌》，刘皓明编译，华东师范大学出版社 2009 年版，第221 页。

个人称之为'真理'的东西中发现了这种光明。"①

黑格尔认为真理就是光。光生成的真正的内在哲学追随神话的过程，跟随植物对光的本质的崇拜——引导动物宗教。通过基督教的神排斥奥林匹亚的神。用克莱伊佐的主题，阿波罗是源始的东方的光之神，而不是如奥特·缪勒（Karl Othied Müller）的主题，认为阿波罗是一个常胜的多立斯人部落神。对光的强调回归到希腊哲学对纯粹的光的追求。在法兰克福的文本中黑格尔说，我们整个在对太阳升起的直观之观，也同时是对光的感觉。神性解释在间接或感性确定性的方法，产生光的宗教，通过光的直观，善与恶相区别（历史上在古伊朗出现），在神性直观中自我意识的观点作为主人被传入。

事物的显现需要光，我们可以考察到，和视觉相关联的事物有三种：

（1）自身不可见之物，就像黑暗体。（2）自身是可见的，但不能使得其他任何物可见，譬如发光体和星星，以及没有燃起来的炭火块。（3）自身可见，并且使得其他物可见，例如太阳、月亮、灯和燃起来的火。

"光"这个名称是针对第三种而言的。各个宗教中都有对"光"的崇敬。伊斯兰教认为："最伟大的智慧是安拉的言语（Kalam），尤其是他的言语当中的《古兰经》。对于理性的眼睛来说，《古兰经》的节文就像是太阳之光相对于外在的眼睛。因此，《古兰经》最应该被称做光，就像太阳的光被称做光。《古兰经》就像太阳之光，理性就像眼睛之光。"②

黑格尔说："变形这种方式却不然，它在自然与精神之间显现出本质的区别，所以在这方面形成由象征性的神话到真正的神话的过渡，如果把真正的神话理解成这样：在它的具体神话里，它尽管是从太阳、海、河、树、大地之类具体的自然事物出发，却把其中纯然自然的方面划分开来，取出自然现象中的内在意义，把它作为一种由精神灌注的力量，用适合的艺术方式，把这

---

① 尼采:《人性的，太人性的》,杨恒达译,中国人民大学出版社 2005 年版,第 260 页。

② [古阿拉伯]安萨里等:《光龛》,康有玺译,宗教文化出版社 2013 年版,第 11 页。

力量个性化为内外两方面都具有人形的神。荷马和赫西俄德就是用这种方式去初次替希腊人创造出神话，不把神话当作只是显示神们的意义，或是阐述道德的、物理的、神学的或哲理的教义，而是把它当作单纯的神话，即用人体形状去体现精神性的宗教的开始。"①

在古典型艺术阶段，黑格尔指出："关于古典艺术观中的神谱，可以提出的第三点是旧神们在威力和在统治期限上的差别。这里我们要注意的有三点。第一点是这些旧神是按照先后承续的次序而出现的。其次，这种先后承续的次序既然显出神们向深刻化和丰富化的进展，也就显出旧神体系中较早较抽象的一些力量的下降。再次，这种否定的关系是我们一开始就定为古典型艺术第一阶段的本质，通过上述新神代替旧神的方式，这种否定的关系就成为古典型艺术第一阶段的真正的中心。在这里人格化成为神达到表现以及在前进运动中趋向人的精神的个性所取的一般形式，尽管这种个性起初还只表现于不明确的无形式的形象，想象却已把新神对旧神的否定态度当作冲突和斗争来看。但是重要的进展在于古典型艺术的真正内容和特有形式都由自然转到精神。"②

"在艺术的开始阶段，想象力倾向于努力从自然转到精神。这种努力还只是对精神的追求，精神还没有替艺术找到真正的内容，因此只能用外在的形式来表现自然界的意义，或是表现具有实体性的内在因素（这才形成艺术的真正中心）的无主体性的抽象概念。这就是艺术的象征阶段。在第二阶段，即古典艺术阶段里，精神形成了艺术内容的基础和原则，不过精神只有通过否定自然界的意义才能显出它自己；而有血有肉的感性的自然现象则提供适合精神的外在形式。这种形式却不像在第一阶段那样只是表面的，不明确的，不由内容意义渗透的，而是由精神完全渗透到它的外在显现里，使自然的东西在这美妙的统一里受到理想化，成为恰好能表现具有实体

① 黑格尔：《美学》第二卷，朱光潜译，商务印书馆1979年版，第116—117页。
② 黑格尔：《美学》第二卷，朱光潜译，商务印书馆1979年版，第204—205页。

性的个性的那种精神的现实事物,从而使艺术达到完美的顶峰。因此,古典型艺术是理想的更符合本质的表现,是美的国度达到金瓯无缺的情况。没有什么比它更美,现在没有,将来也不会有。不过还有比这种精神在它的直接的(尽管还是由精神创造来充分表现它自己的)感性形象里的美的显现还更高的艺术。因为要借外界因素来实现,从而使感性现实符合精神存在的这种统一毕竟是和精神的本质相矛盾的,因而迫使精神离开它与肉体的和解(统一),而回到精神与精神本身的和解。于是理想原有的单纯的牢固的整体就分化为两方面的整体,一个是独立自在的主体本身方面的整体,一个是外在现象的整体,通过这种分裂才能使精神达到它与它本身的内在因素的更深刻的和解。精神所依据的原则是自己与自己相融合(本身融贯一致),是它的概念和实际存在的统一,所以精神只有在自己家里,即在精神世界(包括情感、情绪和一般内心生活)里,才能找到适合它的实际存在。通过这一点,精神才意识到它本身就已包含它的另一体,即它作为精神的实际存在,从而才享受到它的无限和自由。"①浪漫型艺术就是返回到精神本身的艺术,这一阶段的美是精神的美,即自在自为的内心世界作为本身无限的精神的主体性的美。

　　黑格尔在纽伦堡任中学校长时期,在他对学生的谈话和在哲学系统理论中,指出:"年轻人在每一年龄段,都是被理想指引的;客观精神的哲学证实介于家庭和社会之间的学校平台,年轻人应该在荒僻之地培养,同时充满精神世界的芳香,必须来自精神世界的统治。历史哲学指出,在工作中形成的古希腊的典型理想,接近基督教的足迹,教育保持理想的自由设置。体育教育也必须是人道主义的,哲学在任何时候都应起到入门的作用。而现在大学里是一些其他的:这里成了由职业生活引导着的,古典语文学与它的'愚蠢'不再是教育的中心,哲学的引导作用联系于百科全书同时也是科学和现代物质世界技术的熟练。黑格尔给了这个坚持人道主义的'新神话'

---

① 黑格尔:《美学》第二卷,朱光潜译,商务印书馆1979年版,第273—274页。

的方法。"①

　　黑格尔后期在纽伦堡高中解释过"诗人作为人类的教师"的主题：教化，是神的本质和行为，是以前职业的方法态度和艺术的原始绝对设定。除了荷马，还有《圣经》中的诗歌。《圣经》是神秘的，是诗意的而非散文的。它主要解释神学、神话；而且包括诗歌艺术理念：被命名为象征型的，它不是装饰，在荷马中如同在摩西处发现神学。诗歌可以捍卫古老的神学。在18世纪时博舍夫·洛维特指出，旧约的诗歌概念较之古希腊，作为神的赠予得到较好的保持，伍德和其他以前的天才也如此认为。关于原诗的思想被哈曼和赫尔德重新点燃。神话学服务于理念，同时通过理性给予一个新的教化。"

　　作为西方启蒙理性的代表与集大成者，黑格尔对浪漫派对于神话中非理性因素的高扬持一种批判态度，他主要关注的是神话中的理性因素，因为各民族虽然存在大量奇诞的神话故事，但无一不是出自人们心灵的作品，神话从象征型向古典型的发展，就是理性因素逐渐取代自然因素的结果。黑格尔认为宗教起源于自然宗教，即波斯的拜火教，真理的本质就是光。自我意识的本质正是光本身，由此他强调一种绝对主体性。这对后来的尼采、海德格尔影响巨大。正如梅列金斯基所总结的，黑格尔的神话思想在总体上没有超出谢林。神话通过服务于理念，来达到它的教化功能。

　　(二)新神话的憧憬：从黑格尔到海德格尔

　　柏拉图反对神话而不是反对神，是反对把神进行改编的那些人，神不是一切事物的因，而只是好的事物的因，神话使希腊城邦稳定下去，在神的代表背后是善，具有道德和人生哲学意味，是政治学的理想。神是理式世界的代表，是一切有规则、秩序的世界的代表。

　　柏拉图与古希腊神话的区别。古希腊神话是一种对事件的解释，而柏

---

①　Otto Pöggeler, Die Frage nach der Kunst-Von Hegel zu Heidegger, München: Alber, 1984, S. 88. 奥特·柏格勒:《艺术问题：从黑格尔到海德格尔》，弗莱堡：卡尔·艾伯出版社1984年版，第88页。

拉图的神话是理性的建构,是理性思维的产物,是人类理性发展到一定程度后的结果。增强逻辑论证,借助于神话的翅膀,飞到理性的高峰,从而完成教化的功能。在整个对话录中所呈现的神话的世界是与理念和感性世界相对的。哲学的话语系统和诗学的话语系统是相对的。

亚里士多德在《论哲学》、《论祈祷》、《论苍天》、《物性学》卷八、《形而上学》卷十二中认为,神的本质是"自有者"(self-subsisting being-ens a se),是存在的和永恒的。这一观点影响了黑格尔的理性的上帝观和海德格尔的存在思想。

启蒙主义高扬理性的功能,"理性为万物立法",神话在理性之光中消解,变为多余的,神话、基督教所行使的所有功能都可以由理性来承担。如克罗茨所说的,神话就其本身而言,在所有的时代都是不可讨论的,因为"神话学的基础无非就是古人的谬误和迷信"(赫尔德《论神话的新使用》)。启蒙在对神话的批判时,面对的困难是处理人类想象力。伴随着启蒙而来的是意义的危机,对启蒙理性的反思则是重新肯定神话精神。

神话(Mythos)和神话学(Mythologie)产生自古希腊,在 18 世纪首次获得固定的用法和传播,神话的最简单意义是故事,是关于神和人的起源,神话表达的是前概念对世界的直观。是对宇宙及其他起源的神话,神话区别于技术意识,为英雄传说、国家传说、世俗故事和寓言(如精灵故事),神话学追求的是关于世界整体关系的故事。关于 Mythos(Μῦθος)的含义,它的本义指"词语或说话(包括公众集会和私下交谈)以及故事",有学者查证指出:"作为字根的 mu 就是神圣的闭嘴的意思。也许'迈锡尼'的第一个音节 my 就有神秘的、神圣的含义。从出土文物看,在祭仪时'闭嘴'(mu)表示庄严肃穆,敬畏神灵,不许高声喧闹,胡言乱语。⋯⋯Mythos 本来指的就是这些文学艺术作品的创作手段和'文本'的性质:迷人的情节,扣人心弦的词句,引人入胜的故事,离奇的传说。这是同哲学、自然科学不同的另一种话语系统和语言符号,它是一种形象性的思维方式。所以在 logos 未受哲学的感染,未指称以理性及其作品(哲学与科学)为主的内涵以前,mythos 也用 logos 这个词语。所不同的是,Mythos 是与感情、灵感、迷狂相关联的,体现为文学艺术作品的虚构、故事、传说、童话、寓言。"①只有在现代用法上(尤其在启蒙运动之后),"神话"一词才具有"荒诞"这一否定性用法(尽管柏拉图因感到神话会引人步入歧途而反对它是确有其事的)。

我们试以下表区别 Logos 和 Mythos：

逻格斯（Logos）	标准	神话（Mythos）
对话	形式	独白
论证	过程	叙述
概念	中介	形象
证伪	结果	真理
事物（Λὸγος τινὸς）	参照	世界（Μὐϑος κὀσμου）

黑格尔对于艺术宗教中人们的自我直观分为三个阶段(以区别于谢林)：古代的自然宗教同时也是艺术宗教；基督教,还原为去神圣化的宗教,在其中它接受和保持为历史性的启示；未来,被接受为自由的民族来自基督自身的荣光获得它们纯粹的形式。

黑格尔是在讨论象征型艺术时对神话进行探讨的,在他看来,不应该只关注神话表面的形象和故事,而应该去探究它背后的意蕴。他说："但是从另一方面来看,这些故事既然是关于最高天神的,人们就同样有理由相信,在神话所揭示的东西后面还隐藏着一种较深刻的意义。"②

在黑格尔之前,谢林对神话作了深入的研究,谢林首先追求一种历史的神话概念(神话作为人类童年的思维形式),绕过一种审美的神话概念(神话作为艺术的背景),一种切断自然的尝试,自然不是后期神话哲学的概念,而属于天启哲学的概念。相比之下,黑格尔的神话思想显得稍微薄弱一

---

① 陈村富：*Mania and Sophia*，*Mythos and Althes*(《迷狂与智慧,虚构与真的》),《世界哲学》2004 年第 1 期。

② 黑格尔：《美学》第二卷,朱光潜译,商务印书馆 1979 年版,第 16 页。

些。正如梅列金斯基在《神话的诗学》中所说,"黑格尔在朝向深湛、彻底的历史主义(只限于客观唯心主义范畴)方向,比谢林迈出了尤为重要的一步,但并未创立自己的神话理论。就其对神话及神话与艺术的相互关系的认识,就其对神话种种文化——历史类型的比较分析而言,黑格尔基本上阐发了谢林的观念,然而两者所侧重却大相径庭。黑格尔着力探讨的主要不是他视为艺术基原的神话象征手法本身(黑格尔甚至并未将它同隐喻手法加以严格区分),而是艺术的种种历史形态,即:基于古代东方质料的象征形态、基于古希腊罗马质料的古典形态、基于中世纪质料的浪漫形态。而且,黑格尔为艺术的象征形态下了一个精辟的定义,它与下列见解正相吻合,即将神话视为先于艺术的思想和文化的形态,或将神话视为以囊括一切的象征主义为旨意的文化(在某种意义上也包括中世纪),而这是就神话与那种为实在把握世界的情致所充溢的艺术的相互关系而言(这种把握始于文艺复兴时期;而诸如此类过程已见诸古希腊罗马时期,但较为逊色)"。

赫尔德在《论神话》中说道:"如果我们把各民族的神话看作只是关于伪神的说教、人之理性的疏失,或可悲的盲目迷信,在我看来我们的眼界是太狭隘了。世上大多数民族的神话,以前甚至现在都包含这些特性,因此宗教学者也从这样的角度观之;尽管如此,对哲学家而言,还是存在另外一种、更微妙的视角。这样的哲学家,将神话——纵使它们偏离了正道——视为人类理性之活动,是最早的、初级的努力,为要整合人的世界为理念或形象,体现存在之物或事件的精神、抒发情感,并通过习俗、歌唱、故事和传统,不单确立人类抽象理性之宝贵成果,更将它代代相传。可以这么说,一个民族的神话,展现给我们它幼年时期的整个形而上学和其思维方式的所有精微之处。神话的表述还给我们提供了一个民族最古老的符号学及它们动情和运思的方式。无可否认,神话是人类思想和建制的无价之金矿,不单是对追索民族起源的历史学家如此,对哲学家更是如此。"①"人类知性最纯粹的概

---

① 赫尔德:《反纯粹理性》,张晓梅译,商务印书馆2010年版,第59—60页。

念正是神。"①

　　施莱格尔在《雅典娜断片集》中说:"我就要说到正题了。我认为,我们的诗缺少一个中心,就像神话之于古代人的诗一样。现代文学落后于古典文学的所有原因,可以概括为这样一句话:因为我们没有神话。但是我补充一句话,我们将很就有一个新的神话,或者更确切地说,现在已经是需要我们严肃地共同努力以创造一个新神话的时候了。因为新神话将循着与古代神话完全相反的路来到我们这里。古代神话里到处是青春想象初放的花朵,古代神话与感性世界中最直接、最生动的事物联系在一起,依照它们来塑造形象。而现代神话则相反,它必须产生于精神最内在的深处;现代神话必须是所有艺术作品中最人为的,因为它要包容其他一切艺术作品,它将成为载负诗的古老而又永恒的源泉的容器,对于这首神秘的诗、对于这种或许产生于诗的作品的杂沓与充溢的杂乱无章,你们大概会觉得可笑。然而,恰恰只是混乱所具有的美和秩序,即那只期待着爱的触动、以便让自己发展成为一个和谐世界的混乱,以及古代神话和古代文学曾经是的那种混乱所具有的美和秩序,才是最高的美,最高的秩序。因为神话和诗,这二者本来是一回事,不可分割。古典时期的每一首诗与另一首都是关联的,直到从越来越庞大的局部和肢体中产生出一个整体为止;一切都在互相渗透,无论什么地方只有一个精神,只是表述有所不同而已。为什么不应当重新产生那已经有过的精神? 当然是以一种不同的方式,而且为什么不以一种更美的、更伟大的方式? 我请你们不必怀疑现代神话的可能性。我也欢迎各种各样的猜疑,以便让研究更加自由,更趋丰富。现在,请你们认真听听我的推测:鉴于事情的状况,我能给你们谈的不外乎是一些推测。不过我希望这些推测将通过你们而自行变成真实。因为如果你们愿意这样做的话,有几个建议有待于尝试……神话有一个很大的优越性。以往永远逃脱意识的东西,在这里却以感性和精神的方式观照出并抓住了,就像灵魂在它四周的躯体中。

---

① 　赫尔德:《反纯粹理性》,张晓梅译,商务印书馆 2010 年版,第 64 页。

通过这个躯体,灵魂闪进了我们的眼睛,对我们的耳朵说话。……你们为什么不愿振作起来,复活伟大的古代文化这些灿烂的神祇?——你们只要尝试一次从斯宾诺莎,从当代物理学在每个思维着的人心中必然激发起来的那些观点,来全面考察古代神话,你们就会看到一切事物会以怎样的新的光辉和生命呈现在你们面前。此外,还必须重新发掘其他民族的神话,按其意蕴的深浅、美和文化教养的程度来唤醒他们。以加速现代神话的产生。"①

尼采就一再强调神话的重要性,"没有神话,一切文化都会丧失其健康的天然创造力。唯有一种用神话调整的视野,才把全部文化运动规束为统一体、一切想象力和日神的梦幻力,惟有凭借神话,才得免于漫无边际的游荡"②。

克莱门斯·布伦塔诺(Clemens Brentano)和冯·阿尼姆(Achim Von Arnim),通过《男童的神奇号角》和"隐居杂志"把一些遗忘的——如民歌、民间书籍、童话收集起来。不久博森亨(Boisserée)兄弟指出,克莱伊佐在《象征或古代民间、尤其是古希腊神话》中并不想在荷马诗歌中发现原始宗教,而是探寻在古希腊神话与现代基督教的转变。

狄奥尼索斯早在欧里庇得斯《酒神的伴侣》那儿,就已经是"新的"或者"将来的神",它是未来之神(Zukunft-Gott)。启蒙主义高扬理性的功能,"理性为万物立法",神话在理性之光中消解,变为多余的,神话、基督教所行使的所有功能都可以由理性来承担。

弗兰克(Manfred Frank)在《浪漫派的将来之神》中指出:"荷尔德林,我们在日后还将专门探讨其诗化的神话叙事,他在一首著名的挽歌(Elegie)中提到了狄奥尼索斯,19世纪仿佛也就借此宣告了狄奥尼索斯这位'将来之神'的登场。"③弗兰克这里指的荷尔德林诗歌是《饼与葡萄酒》/《夜》:"厄琉希神秘仪式是每年在雅典附近的厄琉希('Ελευσίς/ Eleusis)城举行

① 施勒格尔:《雅典娜神殿断片集》,李伯杰译,三联书店2003年版,第229—239页。
② 尼采:《悲剧的诞生:尼采美学文选》,周国平译,三联书店1986年版,第100页。
③ 弗兰克:《浪漫派的将来之神》,李双志译,华东师范大学出版社2011年版,第6—7页。

的历时九天的节日，它体现了死而复生的希望，复活的概念在得墨忒尔的女儿珀尔塞福涅（Περσεφόνη/Persephone）的身上得到象征，因为每年秋天，她都被她的丈夫哈得斯（ἴδης/Haides）掠去阴曹，到春天她又回到地上她母亲身边。"①

黑格尔在 1796 年写了一首致荷尔德林的长诗《厄琉希》，表明狄奥尼索斯、厄琉希斯、得墨忒尔神话是荷尔德林、黑格尔在神学上的共同兴趣，谢林也在 19 世纪 20 年代完成的《启示哲学》（Phoilosophie der Offenbarung）中，详细地探讨了这一神话的神话学、训诂学、宗教和哲学的内容与意义，也说明了这一神话对于这位德国观念论哲学家的重要意义。在第四十七讲，他说，"在这里雅刻库（Jakchos，狄奥尼索斯的别名）已经是个男童了，他在节庆的呼叫声中，被带到厄琉希城；由于这个游行，他被称作'那个将来的'（der Kommende），——因此我觉得这样的结论合情合理，就是说厄琉希这个名字本身意思就是'来'（Kommen），'未来'（Zukunft），或者用老式德语的说法就是'至'（Kunft），即那个神的来临。"后来在 1858 年版中，谢林还加上这样的话："通过改变重音，ἐλευσις这个意思是'来'的词，就变成了那个城市的名字……因此厄琉希的奥秘的最高内容无非就是这个神的来。"

正如海德格尔所说，对于荷尔德林而言，狄奥尼索斯、耶稣基督、赫拉克利斯是三位一体的。

维柯已经提出世界中光的体验：光是无比强大的力量，将人设置在恐惧和战栗之中。这种体验紧随着希望，这种力量与迷信相反，这种人的力量可以被使用：这是最高的神朱庇特的闪光。来自这个神的图像，荷尔德林 1801 年 11 月在博亨多夫（Böhlendorff）说，"通过这所有，我可以看到神向我显现的征兆。"在他关于宗教和神话以及黑格尔式的神话作为"理性的历史"。在后期诗歌《太平节日》（Friedensfeier）中，他说，"连一位神也要显

_____

① 刘皓明：《荷尔德林后期诗歌》，华东师范大学出版社 2009 年版，第 255—256 页。

现,那里则有别样明光"①。

尼采说:"只有在神话的光芒照到的地方,希腊人的生活才大放光明,要不然就是一片幽暗。而希腊哲学家正是从自己那里剥夺了这种神话:这不就好像他们想要从阳光中走出来,坐到阴影中、坐到黑暗中吗?但是没有一种植物能避开光线;从根本上讲,那些哲学家只是在寻找一个更明亮的太阳,神话对他们来说不够纯洁、不够明亮。他们在自己的知识中,在他们每个人称之为"真理"的东西中发现了这种光明。"②

在全集第 71 卷《事件》中,海德格尔说:"澄清关于哲学来自神话的几个基本错误。

"……思想作为存在的思想在自己本质开端并且不能对神话继承。

"根本上,神话因素还几乎没有得到思索,尤其是没有思索思及这样一个角度,即:μύθος[神话、传说]乃是道说[Sage],而道说[sagen]乃是召唤着的带向闪现。"③

叶秀山先生在《从 Mythos 到 Logos》一文中指出:"神话的原由是空间性的,绵延性的;而逻格斯的原由则是空间性的,方位性的。"④"Mythos 和 logos 同样为'说',但 Mythos'说'的乃是'活生生的世界',是一种艺术的、直接的生命的'体验';而 logos'说'的则是'概念'的'体系','符号'的'体系'。Mythos 是'参与'性的。Logos 是省察(theoria, speculative)性的。Mythos 侧重于'我在'的度,而 logos 则侧重于'我思'的度。'在'是时间性的,而'思'就其概念逻辑形式而言则是'空间'性的、方位性的。"⑤"Mythos 是一个生动的、活泼的世界;而 logos 则是一个符号的、严格的世界,前者是

---

① 荷尔德林:《荷尔德林后期诗歌》,刘皓明编译,华东师范大学出版社 2009 年版,第 221 页。
② 尼采:《人性的,太人性的》,杨恒达译,中国人民大学出版社 2005 年版,第 260 页。
③ 海德格尔:《演讲与论文集》,孙周兴译,商务印书馆 2005 年版,第 269 页。
④ 叶秀山:《永恒的活火——古希腊哲学新论》,广东人民出版社 2007 年版,第 87 页。
⑤ 叶秀山:《永恒的活火——古希腊哲学新论》,广东人民出版社 2007 年版,第 91 页。

'真实的'、'实际的',后者则是'符号'的、'代用品'的世界。"①

　　在西方美学史上,不断存在着对新神话的吁求。维科在《新科学》中,试图恢复"神话"精神与"理性"精神的平等地位,他认为神话来自想象力,它能克服理性的局限,将理性所造成的分裂重新融合在一起,在神话中将人恢复到与自然融合为一。谢林给予了神话至高的地位。对于谢林来说,神话是艺术的基础和质料。"神话乃是尤为庄重的宇宙,乃是绝对面貌的宇宙,乃是真正的自在宇宙、神圣构想中生活和奇迹迭现的混沌之景象;这种景象本身即是诗歌,而且对自身说来同时又是诗歌的质料和元素。它(神话)即是世界,而且可以说,即是土壤,唯有植根于此,艺术作品始可吐葩争艳、繁茂兴盛。"②在《神话哲学》中,他说道:"就此而言,这样的诗歌不可或缺,它亘古有之,先于任何造型艺术和诗歌艺术,并造成和产生自身的质料。然而,这种可视为亘古之有者,先于任何有意识的和定型的诗歌,只能寻之于神话。如果说不可将诗歌艺术视之为后者的渊源(原初诗歌),那么,同样显然易见,神话作为这种亘古有之的诗歌属晚近的成果。因此,在一切名副其实的艺术哲学中,主要的部分之一为对神话的本质和意义以及其产生加以阐释……毋庸置疑,在如此有利于希腊艺术的因素中,首要者为神话所呈现的其客体之构拟;诸如此类客体,一方面,属至高的历史以及另一事物范畴,而非属纯偶然的和短暂的范畴(近代的诗人不得不从中袭取形象),另一方面,属于从内在看来十分重要的和持续不断地同自然之关系。"他认为,对诗歌说来,神话是一切赖以产生的初始质料,是一切水流所源出的海洋,同样是一切水流所复归的海洋。神话是初象世界本身、宇宙的始初普遍直观,也就是哲学的基础。现实主义的神话在希腊神话中臻于其鼎盛,伴随时光的推移,理性主义的神话则完全演化为基督教。希腊神话是对作为自然的宇宙之普遍的直观;基督教神话的质料,是对作为历史、作为幻象世界

① 　叶秀山:《永恒的活火——古希腊哲学新论》,广东人民出版社 2007 年版,第 94 页。

② 　谢林:《艺术哲学》,魏庆征译,中国社会出版社 1996 年版,第 64 页。

之宇宙的普遍直观,亦即作为对精神世界的直观。神话是在"分离"出现前的"浑然一体",既然现代社会破坏了这种"浑然一体",那么,"新神话"的任务就是使这种遭到破坏的体系回到自己的出发点。而舍斯塔科夫认为:"现代理论家们所谓的新神话都有意识或无意识地依据了谢林的神话理论。"①

神话绝不是理性的缺失和盲目的迷信。理性对神话摈弃的结果是人生活的世界意义的丧失。启蒙主义确立了人类的主体地位,但启蒙在批判神话时自己唯一承认过的一个困难,就是处理人类想象力的困难。要解决这个难题,只能让想象力展现其自身是受控于理性的,但这是行不通的,人们恰恰声称古人的寓言是毫无理性的。要么反过来说明理性是出自想象力的,就像赫尔德建议过的那样,延续他观点的又有费希特、唯心主义、早期浪漫派和海德格尔(他在论康德的书中延续了该观点)

1800年,施莱格尔在浪漫派最重要的理论刊物《雅典娜神殿》上发表的"谈诗"中,以"关于神话的演说"一文阐释了神话的哲学意义和关于创造"新神话"的理想,试图确立神话作为哲学的最高形式的地位。他说:"我认为,我们的诗缺少一个中心,就像神话之于古代人的诗一样。现代文学落后于古典文学的所有原因,可以概括为这样一句话,因为我们没有神话。但是我补充一句话,我们将很快就有一个新的神话,或者更确切地说,现在已经是需要我们严肃地共同努力以创造一个新神话的时候了。"②

黑格尔认为,"神话是想象的产物"③,"新神话"作为原初的"诗",呈现的是前理性、前逻辑的意义世界。对于卡西尔来说,神话思维与自然科学的思维相对,神话思维阻止把实在分析解剖成独立的局部、因素和局部条件,自然科学正是借助于它们研究自然事物,这仍是科学的典型态度。神话、巫术、诗是同源的。

---

① 舍斯塔科夫:《美学史纲》,樊莘森译,上海译文出版社1986年版,第252页。
② 施勒格尔:《雅典娜神殿断片集》,李伯杰译,三联书店2003年版。
③ 黑格尔:《哲学史讲演录》第一卷,贺麟等译,商务印书馆1996年版,第81页。

　　而荷尔德林也提出了"新神话"的观点,在他的思想中,诗与神话是一回事,不可分割。正如他所说:"可是朋友,我们来得太迟,诸神还活着/却在我们头上的另一个世界/他们在那里威力无边,似乎很少留意/我们存在,神灵就这样庇护我们。"①对于他来说,基督也同样属于诸神,只不过他是在诸神之白昼消失之时,最后一位到来的神,他和狄奥尼索斯一样,都是宙斯之子。正如李永平先生指出的,在荷尔德林的诗歌中,最常见和最重要的象征,就是昼与夜循环往复的交替。

　　"这里我首先要谈到一个理念,就我所知,还没有人想到它——我们必须有一种新的神话,而这种神话必须服务于理念,它必须成为理性的神话。

　　"在我们使理念变得富有审美性,这就是说,具有神话性之前,理念对于民众来说没有意思,反之,在神话是理性的之前,哲人必定羞于此道。于是,开明之士和蒙昧之士终携起手来,神话必须变得富于哲理,以使民众理性,而哲学必须变得具有神话性,以使哲人感性。然后永恒的统一亲御我们之中。"②

　　在对卡西尔《神话思维》的评论中,海德格尔说:"这一著述的意图因此就在于将'神话'揭示为走向某种本已真理的人类此在的独立可能性。通过这样明确地提出问题,卡西尔接受了谢林的洞见,'也就是说,这里的(神话学)一切应当如同神话正在说它时的样子来理解,而不是按照别的什么它被思考的,它被说出的东西来理解'(《神话哲学导论》,《谢林著作集》,第2卷,第1部分,第195页)。神话,'一个民族的命运',乃是此在存继的一个'客观历程',通过反抗它,此在能够得到自由,但绝不可反抗到从根本上抛弃它的地步。假如卡西尔只是坚守谢林的基本洞见,但在神话中看到的'不是神话的缺陷',不是一个单纯的假象,而是某种本已的'形象力',那么,卡西尔就会不同于谢林的思辨形而上学,确实抓住了神话哲学的任务。

---

① Friedrich Hölderlin, *Sämtliche Werke und Briefe in drei Bände*, Bd. 1, S. 289.
② Friedrich Hölderlin, *Sämtliche Werke und Briefe in drei Bände*, Bd. 2, S. 577. 中译参见《荷尔德林文集》,戴晖译,商务印书馆1999年版,第282页。

一种对神话的经验—心理的'说明'可能完全获得不了哲学的领悟。"对于卡西尔的神话研究,海德格尔说,"自谢林以来,他第一次重将神话作为系统性的疑难问题带进了哲学的视野。这一著述,即使没有被嵌入某种'符号形式的哲学,'也依然会是一种新起的神话哲学的极富价值的开端。"①

一个民族的神话,展现给我们的是它幼年时期的整个形而上学和其思维方式的所有精微之处。在《什么召唤思?》(*Was heißt Denken*?)一文中,海德格尔深情地说道:"神话(Mythos)是告人之言。在希腊人看来,告知就是去敞开什么,使什么显现出来,也就是外显,神的显灵,在场。'神话'(Μύθος)就是告知在场者,呼唤无蔽中的显现者。神话最至彻、最深切地关照人的本性,它使人从根本上去思显现者、在场者。逻格斯(Λόγος)也是说的同样的东西,神话与逻格斯并非像当今的哲学史家们所宣称的那样,在哲学中是对立的东西。恰恰相反,早期希腊思想家(巴门尼德,残篇第八)就是在同一种意思上使用神话和逻格斯。神话和逻格斯只是在它们各自都不能保持住它们本初的本质时,才变得分裂和互相对立起来。这种分裂在柏拉图的著作中已经发生了。正是从柏拉图主义的根据出发,近代唯理主义采纳了这一历史的和语言学的偏见,认为神话已被逻格斯毁灭了。实际上宗教从未败北于逻辑,它的分崩离析仅仅是因为上帝抽身而去。"②

赫尔德说:"世上诸民族有一点是共同的:它们最初设想的神,不是在世界之外,而是在世界之中……人在自身之外看到的第一件东西就是活的自然力。因为人不知道这些力量的根本和内在源泉,只看见它们借以显明自身的工具和手段,则必然将这些视作力之体,因而也就成为力之符号。"③

海德格尔从在1931—1932年的柏拉图课程《论真理的本质》开始,就将真理(ἀλήθεια)的本质特征把握成某种与Mythos(神话)的力量绑缚在一

① 海德格尔:《康德与形而上学疑难》,王庆节译,上海译文出版社2011年版,第258页。
② 海德格尔:《海德格尔选集》,孙周兴编译,三联书店1996年版,第1213页。
③ 赫尔德:《反纯粹理性——论宗教、语言和历史文选》,张晓梅译,商务印书馆2010年版,第61页。

起的事物。对于他来说,神话具有冲破历史的暂时性的边界和"跳出我们的当前"的力量。神话本身总是取决于通过转向本源(Ursprung)而对最本质性的事物进行的一种解读。① 他指出,"希腊人所指的ἀληθέs(alethetia)[无蔽的东西、真实的]究竟是什么呢? 不是陈述、不是句子,也不是知识,而是存在者本身,自然之整体,人的劳作和神的创造。"②在对柏拉图《理想国》中穴居者神话的一种精妙得非同凡响的解读中,海德格尔找回了他的哲学思想道路的一条本质性真理:将哲学理解为某种与神话不可分离的事物。在《形而上学导论》中,他说道:"知道一种源始历史并不就是找出蒙昧状态与搜集骨片。这件事既不是半自然科学也不是全自然科学,而是,如果它真算一回事的话,是神话学(Mythologie)。"③

(三)海德格尔关于艺术的新神话

海德格尔通过揭示西方形而上学对"存在"的遗忘,力图为哲学、为民族精神找到根源,他通过对古希腊思想的回溯,建构起了自己的关于大地的新神话。

在探讨诗的本源时,他同样从古希腊神话中寻找答案。Μνημοσύνη(Mnemosyn,回忆女神),在《存在与时间》中,海德格尔列举了一个关于人之本质是"忧愁"(Sorge)的罗马神话。"荷尔德林把这个希腊词作为一个泰坦族人(Titanide)的名字来使用。根据神话传说,她是天地之女……回忆,这位天地的娇女,宙斯的新娘,九夜后成了九缪斯的母亲。戏剧、音乐、舞蹈、诗歌都出自回忆女神的孕育……回忆,九缪斯之母,回过头来思必须思的东西,这是诗的根和源。这就是为什么诗是各时代流回源头之水,是作为回过头来思的去思,是回忆。的确,只要我们坚持,逻辑能使我们洞悉被

① 参见米尔恰·伊利亚德(Mircea Eliade):《从希腊和埃及神话出发对神话的定义》,伊·博纳富瓦编,芝加哥大学出版社1992年版,第2—5页。
② 海德格尔:《论真理的本质》,赵卫国译,华夏出版社2008年版,第12页。
③ 海德格尔:《海德格尔全集》(德文版)第40卷,美茵法兰克福1986年版,第119—120页。中译文见海德格尔:《形而上学导论》,熊伟、王庆节译,商务印书馆1996年版,第156页。

思的东西,我们就决不能够思到以回过头来思、以回忆为基础的诗所达到的程度。诗仅从回过头来思、回忆之思这样一种专一之思中涌出。"①

神话表达了对人类存在的独特理解,神话使人获知自己生存的有限性,以唤起人们对某种超出人类能力控制的源始力量的敬畏,古往今来许多大思想家都重视神话,而海德格尔的著作中带有深厚的神话情结,散发着浓浓的"神话"意蕴,目的是为我们这个技术统治的时代找到出路,以使人们脚踏大地、头顶苍天、期待上帝、敬畏诸神、正视人生,从而真正得以"诗意地栖居"。

海德格尔说,"唯有一个神可以救渡我们,我们只能唤起期待"。而在所有的古典神灵中,只有狄俄尼索斯最容易与犹太——基督教文化中的弥赛亚期望相和解。尼采在《悲剧的诞生》中提出了酒神狄俄尼索斯和日神阿波罗的概念,前者是激情、非理性的代表,后者则是秩序、外观的代表。对他来说,神话,尤其是酒神精神是引领现代人回归故乡的引路人。在希腊,以悲剧为代表,在近代以德国音乐为代表。尼采指出,"狄俄尼索斯精神"在欧洲历史上有两次挽救了理性,以免它走向虚无主义,其中一次是在古希腊诡辩派智术师的晚期,一次就是欧洲启蒙运动的末期,尤其表现在狄俄尼索斯的艺术[音乐]上。

荷尔德林表现出对古希腊神话的极度推崇,他将基督教理解为与古希腊宗教类似的艺术宗教,他的返乡("Vaterländische Umkehr"),指的是向古希腊理想社会的返归,神话的来源可以追溯到雅典关于本原的神话:与大地(Erde)的扎根性。他对品达和索福克勒斯的翻译唤起了对德国精神的重整。荷尔德林认为狄俄尼索斯、耶稣基督、赫拉克勒斯乃是三位一体。在《酒神的伴侣》(Bacchae)中开场狄俄尼索斯自报身世,他是宙斯和凡女塞墨勒(Semélê)之子。神后赫拉因嫉妒,用闪电劈死了墨勒,宙斯将狄俄尼索斯藏匿在大腿中,布克哈特在他的《希腊文化史》中是如此看这位神的,他

① 海德格尔:《海德格尔选集》,孙周兴编译,三联书店1996年版,第1213页。

写道:"狄俄尼索斯与希腊所有的神……不同之处不仅仅在于他是作为来临者,作为异乡人登场的,而且还在于,他以奇妙的方式要求尊重与认可;当他并不是处处受到服侍时,他只会显露出忧虑和愤怒。"①笔者以为狄俄尼索斯与阿波罗不是对立的,对于赫拉克勒斯(Herakles),麦克斯·缪勒说:"但他的某些称号足以表明他的太阳特性。他和阿波罗、宙斯共享的名称是:戴桂冠的、拯救者、预言者、伊塔山的、奥林匹斯的、造就万物的。在赫拉克勒斯的最后一次旅行中,他也像克发洛斯一样从东走到西。"②

对于罗德(Rohde)来说,狄俄尼索斯是来自色雷斯(Thrakien)北部的疯狂的、狂热地受到崇拜的神。对维拉莫维茨来说,狄俄尼索斯是色雷斯本源的神。只是他从小亚细亚漫游到弗里吉亚。(他母亲的名字塞墨勒 Semele 是弗里吉亚人的)因为与吕底亚调式音乐相关,他在 8 世纪来到希腊成为酒神。

马丁·尼尔逊(Martin P.Nilsson,1874—1976)曾试图联系一个假设,色雷斯——马其顿人狄俄尼索斯,吕底亚—弗里吉亚丰产和酒的自然神。被古希腊理解为狄俄尼索斯神秘的一部分,在此期间,对研究者来说,狄俄尼索斯成为一个年轻的异乡神。奥托(Walter F.Otto,1874—1958)尝试证明,荷马几乎从不接受,诸如愤怒的狄俄尼索斯和酒神以及男扮女装的样子,而是老狄俄尼索斯。

克里奇默(Paul Kretschmer,1866—1956)将狄俄尼索斯(Dionysos)理解为"Dios nysos",Dios 是 Zeus 的属格形式,nysos 来自传说中神性的山峰Nysa,在这里宙斯将狄俄尼索斯从他的大腿和水仙中第二次生出,克里奇默认为 nysos 是一个单词"Sohn"。是 Dios 和塞墨勒(Semele)在色雷斯—弗里吉亚的出现。③ 而狄俄尼索斯的母亲塞墨勒则是作为大地。尼尔逊和维拉莫维茨来都认为塞墨勒是色雷斯—弗里吉亚土地女神,而在《酒神的伴侣》

---

① 布克哈特(Burckhardt):《希腊文化史》,(*Griechische Kulturgeschichte*,Rudolf Marx 编,Stuttgart,1939)卷 I,第 380 页。

② 麦克斯·缪勒:《比较神话学》,金泽译,上海文艺出版社 1989 年版,第 93 页。

③ Paul Kretschmer,"*Semele und Dionysos*",Aus der Anomia,1890,S. 17–23.

和《伊利亚特》中,塞墨勒则是一个凡人。

最充分有力地对狄俄尼索斯崇拜的描述是在《酒神的伴侣》中,狄俄尼索斯崇拜大量表现在古希腊花瓶、浮雕和其他一些古希腊作家关于悲剧发生的描写上。

在柏拉图笔下,苏格拉底区分了四种迷狂:"阿波罗式的想象迷狂,狄俄尼索斯式的宗教迷狂,缪斯的诗性迷狂,爱洛斯(Eros)和阿弗洛狄忒的爱的迷狂。"(265B)

谢林隐晦地说,"一切都是狄奥尼索斯式的"。狄奥尼索斯是宙斯(Zeus)和塞姆勒(Semele)之子,"暴风雨的果实,神圣的酒神"(荷尔德林)。塞姆勒是忒拜(Theben)国王卡德姆斯(Kadmos)的第四个女儿。保罗·克莱施梅尔(Paul Kretschmer,1866—1956)经过多年的研究,认为塞姆勒是色雷斯—弗里吉亚土地神的名字,希腊文为"χθών,χθαμαλός",在凯撒时期的祈祷的碑文上写作"ζεμελω",接近天空神"διως"(或者是 δεος),在他看来,狄奥尼索斯的名字来自色雷斯,他是消失后,又突然到来的神。其他的神,如阿波罗,也是去向远方又再次到来的神,而只有狄奥尼索斯是以不可理解的方式消失或者在深处沉没。他的到来和离去都是令人意外的。他带着酒醉的目光突然消失,又带着神秘的微笑再次出现。或者以一头野公牛的样子从黑暗的暴风中出现。

希罗多德认为,奥赛里斯(Osris)在希腊文中被叫做狄奥尼索斯。狄奥尼索斯是狂喜与恐怖之神,他的出现使人们陷入疯狂,亚里士多德在《诗学》说道,"悲剧,还有喜剧,最初只是简单的即兴表演,前者是源于酒神颂中的带头人。"

哈里森(Jane Ellen Harrison,1850—1928)在《古代艺术与仪式》一文中,指出:"狄奥尼索斯,一方面是作为树精,作为植物的精灵,其形象呈现为五朔节花柱的形式;另一方面,它作为公牛神,其形象又呈现为一头有血有肉的真实的公牛,年复一年地出现于祭典之中。我们知道,人们总是按照在现实中对神的理解和感知来想象和构造神的形象或意象的。那么,既然人们在舞蹈中和颂歌中所表现和讴歌的是狄奥尼索斯的新生,狄奥尼索斯就应该呈现为一个孩童的形象,就像基督的诞生一样,应该是一个圣婴,一个神童,一个在马槽中呱呱坠地的救世主。刚降生的时候还是一只初生牛犊,后来才出落成人的形貌。事实正是如此,在古希腊宗教中,确实有一个婴儿狄奥尼索斯,名叫利克尼特斯(Liknites),人称'摇篮王'。在德尔斐神庙,圣女们每年都要举行唤醒仪式,又称开光仪式。在这种仪式上,就有对圣婴利克尼特斯的扮演活动。"但是,古希腊祭仪和戏剧中的狄奥尼索斯不是以初生圣婴的形象出现的,而是一位风华正茂、血气方刚的英俊青年,放荡不羁,无所顾忌,我们从古希腊雕塑中看到的就是这样一位狄奥尼索斯,英俊潇洒,忧郁多情,这样的一位狄奥尼索斯肯定不是诞生仪式的产儿。酒神颂不仅是诞生之歌,同时也是新生之歌,或者说复活之歌,酒神就是再度诞生。希腊人望文生义地把酒神(Dithyrambos)曲解为"双重门之王",因为在他们的语言中,thyra 就是"门"的意思。现代语源学的研究表明,Dithyrambos 的意思是神圣的跳跃者、舞者、生命的赐予者。哈里森认为,这种曲解表明希腊人认为酒神就是再度诞生。而从人类学的观点来看,二度降生仪式在大半个野蛮世界都极为盛行。对于野蛮人而言,二度降生与其说是特例,不如说是常规。第一次降生,使他投身人间,而第二次降生,则让他进入社会。

　　对海德格尔作出批评的阿多诺认为:"海德格尔想占有神话,但他的神话仍然是一种 20 世纪的神话,仍然是被历史揭露的幻想。这种幻想之所以引人注目,乃是因为根本不可能使神话与现实的合理化形式调和起来(每一可能的意识都和现实纠缠在一起)。海德格尔式的意念惦念着神话的地位,仿佛这种意识可以具有这种地位,同时又不和神话同类。"①他认为神话是把无意义性当作意义来赞美,以象征性方式重复自然事物的关联,好像这样一来事物间这些关联就成为永恒的。

---

① 阿多诺:《否定辩证法》,张峰译,重庆出版社 1993 年版,第 117 页。

三、《安提戈涅》的启蒙与存在论意义——论黑格尔与海德格尔对《安提戈涅》的接受与解读

索福克勒斯(公元前 495—前 405)作于公元前 442 年的不朽悲剧《安提戈涅》,由于主题涉及家庭和城邦、神和人的法律、男性权威和女性反抗之间的矛盾冲突,涉及政治理论、性别研究以及道德哲学,受到了广泛的关注。从 18 世纪起,《安提戈涅》被广泛地阅读、翻译、讨论,影响了一大批作家与哲学家。其中包括黑格尔、荷尔德林、克尔凯郭尔、布莱希特、让·谷克多(Jean Cocteau,1889—1963)、让·阿努伊(Jean Anouilh,1910—1987)、罗尔夫·霍赫胡特(Rolf Hochhuth,1931—   )、海因里希·伯尔(Heinrich Böll,1917—1985)、海德格尔、卢卡奇(Georg Lukács,1885—1971)、拉康(Jacques Lacan,1901—1981)、齐泽克(Slavoj Zizek,1949—   )等人。

"安提戈涅"(古希腊文"Ἀντιγόνη")含有"回报出生、报答出生"(in return for birth)或"替换父母"(instead of a parent)以及"替换生殖"(instead of procreation)的意思(很少见),尽管其阳性形式("Ἀντίγονος")在希腊时期非常流行。"Ἀντιγόνη"这个名字被创造可能就是为了表达神话中的角色。安提戈涅的故乡忒拜(Theben)就是狄奥尼索斯出生的城市。

《安提戈涅》悲剧内容主要讲述杀父娶母的忒拜国王俄狄浦斯,曾诅咒儿子波吕涅刻斯(Polyneices)和厄忒俄克勒斯(Eteocles)会用"铁器"瓜分产业。结果他们果然为争夺王位而展开争斗,并同一天死在对方手里,王位由他们的舅父克瑞翁(Kreon)继承(俄狄浦斯的女儿们没有继承权),并宣布不准埋葬引外敌入侵城邦的波吕涅刻斯,俄狄浦斯的女儿安提戈涅(同时是克瑞翁的儿子海蒙"Haimon"的未婚妻)为了亲情而不顾克瑞翁的禁令,结果被囚于石窟,海蒙因而自杀,克瑞翁的妻子也因而自杀,克瑞翁陷入巨大的悲痛之中。《安提戈涅》共七场,其中六场为合唱曲。

如斯代纳(Steiner)所指出的,从 1790 年到 1905 年,《安提戈涅》在德国被广泛地认为是杰出的作品。1843 年,德国剧作家弗里德里希·海贝尔

（Friedrich Hebbel）说，"《安提戈涅》是一切杰作中最杰出的"。

（一）黑格尔对《安提戈涅》的解读

《安提戈涅》是黑格尔最为熟悉和推崇的剧作，被认为是希腊悲剧的顶峰。这一方面与他对古希腊的推崇有关，另一方面也与他对兄弟姐妹伦理关系的重视有关。黑格尔有一个妹妹和一个弟弟，他认为兄弟姐妹是最重要的伦理关系。在《哲学史讲演录》"希腊哲学"中，黑格尔说："一提到希腊这个名字，在有教养的欧洲人心中，尤其在我们德国人心中，自然会引起一种家园之感。欧洲人远从希腊之外，从东方，特别是从叙利亚获得他们的宗教，来世，与超世间的生活。然而今生，现世，科学与艺术，凡是满足我们精神生活，使精神生活有价值、有光辉的东西，我们知道都是从希腊直接或间接传来的——间接地绕道通过罗马……我们所以对希腊人有家园之感，乃是因为我们感到希腊人把他们的世界化作家园；这种化外在世界为家园的共同精神把希腊人和我们结合在一起。"[1]对于黑格尔来说，古希腊有两种法律：人的法律，用于管理政府和审判。神的法律，用于安排家庭生活。人的法律建立于特定城邦的世俗权力，而神的法律则是自然界永恒不变的。尤其是阴间世界。在《安提戈涅》中，克瑞翁代表的是前者，而俄狄浦斯的女儿安提戈涅则代表后者。性别的差异反映到意识领域，男性代表了人的法则，而女性则代表着神性的法则。人的法则反映着普遍的法则，城邦中的公民必须遵守和服从，它的命令是普遍的和公共的，而神的法律则不是清楚表达的，城邦的领域是理性和透明的，而家庭领域则是感性和神秘的，家庭法则是含蓄的，不能展现在日常意识中。

"黑格尔认为，希腊'意识'的阶段，正题的阶段，是'抽象的阶段'。但同时，黑格尔也把'希腊意识的阶段'称为'美的阶段'。"[2]

黑格尔在《哲学史讲演录》中，在谈到苏格拉底的命运时指出："雅典人

---

[1]　黑格尔：《哲学史讲演录》，贺麟、王太庆译，上海人民出版社 2013 年版，第 157—158 页。

[2]　海德格尔：《路标》，孙周兴译，商务印书馆 2000 年版，第 509 页。

民的精神本身、它的法制、它的整个生活,是建立在伦理上面,建立在宗教上面,建立在一种自在自为的、固定的、坚固的东西上面。"①在谈到苏格拉底认罪服法时,他引用了《安提戈涅》:"我们在索福克勒那里,看到那神圣的安提贡,那个在地上出现过的最壮丽的形象死去了;她最后的话是这样说的:如果这样使神灵满意,我们就承认自己有过失,因为我们受了苦。"②

在《精神现象学》中,黑格尔说道:"所以索福克勒斯所写的《安提戈涅》把它们当作神立的、虽不成文却明确可靠的法律。"③

在《美学讲演录》第一卷中,他在论述艺术美的理念或理想时,列举了《安提戈涅》:"在索福克勒斯的《安提贡》悲剧里,就是这种旨趣和目的在互相斗争着。国王克里安,作为国家的首领,下令严禁进攻自己祖国的俄狄普的儿子受到安葬的典礼。这个禁令在本质上是有道理的,它要照顾到全国的幸福。但是安提贡也同样地受到一种伦理力量的鼓舞,她对弟兄的爱也是神圣的,她不能让裸尸不葬,任鸷鸟去吞食。她如果不完成安葬他的职责,那就违反了骨肉至尊的情谊,所以她悍然抗拒克里安的禁令。"④在谈到"情致"(Πάθος,Pathos)时,他指出:"这个字很难译,因为'情致'总是带有一种低劣的意味,所以我们常要求人不要受制于情欲。我们这里用'情致'这个名词是取它的较高尚较普遍的意义,不带'可贬的''私心的'那些附带的意味。例如安蒂贡的兄妹情谊就是希腊文的'情致'。这个意义的'情致'是一件本身合理的情绪方面的力量,是理性和自由意志的基本内容。"⑤

在《美学讲演录》第二卷,"古典型艺术的形成过程"中,他指出:"同样的矛盾出现在《安蒂贡》悲剧里,尽管它所涉及的完全是人类的情感的行动,而旨趣却更深刻,这部悲剧是一切时代中最崇高的,从一切观点看都是

---

① 黑格尔:《哲学史讲演录》,贺麟、王太庆译,上海人民出版社2013年版,第87页。
② 黑格尔:《哲学史讲演录》,贺麟、王太庆译,上海人民出版社2013年版,第98页。
③ 黑格尔:《精神现象学》,贺麟、王玖兴译,商务印书馆1979年版,第326页。
④ 黑格尔:《美学》第一卷,朱光潜译,商务印书馆1981年版,第280页。
⑤ 黑格尔:《美学》第一卷,朱光潜译,商务印书馆1981年版,第295页。

最卓越的艺术作品。这部悲剧中的一切都是融贯一致的;国家的公共法律与亲切的家庭恩爱和对弟兄的职责处在互相对立斗争的地位。女子方面安蒂贡以家庭职责作为她的情致,而男子方面国王克里安则以集体福利为他的情致。波里涅开斯带兵进攻自己的祖国,在忒拜国城门下被打死了,国王克里安于是下令,禁止人收葬这个国家公敌的尸首,违令者就要处以死刑。但是安蒂贡却不服从这个只顾到国家公共福利的法令,受妹妹对哥哥的敬爱所鼓舞,替他举行了葬礼。这样做,她所依靠的是神们的法律,但是她所崇拜的是阴间的神们(《安蒂贡》451 行),是掌内在的情感、爱和骨肉之情的神们,而不是阳间的神们,不是掌自由自觉的民族和国家生活的神们。"①

在《美学讲演录》第三卷中,在论"诗"时,他提到了《安提戈涅》:"互相斗争的个别人物们按照他们的具体生活,每个人都作为整体而出现,所以各自要碰到斗争对方的势力,要损坏对方按照他的生活方式所应尊重的对象。例如安提贡生活在克里安政权之下,自己就是一个公主,而且是克里安的儿子希蒙的未婚妻,所以她本应服从国王的命令。另一方面克里安也是父亲和丈夫,他也本应尊重家庭骨肉关系的神圣性,不应违反骨肉恩情的命令。所以这两个人物所要互相反对的毁坏的东西正是他们在各自生活范围以内所固有的东西。安提贡还没有欢庆自己的婚礼就死亡,而克里安则丧失了自己的儿子和妻子,儿子因为未婚妻的死而自杀,妻子又为儿子的死而自杀。我对古代和近代的优美的戏剧杰作几乎全都熟悉,每个人也都能够并且应该熟悉,我认为从冲突这一方面看来,《安提贡》是其中一部最优秀最圆满的艺术作品。"②

"梭福克勒斯在续埃斯库洛斯之后处理得最好的主要矛盾都是城邦政权所体现的带有精神方面普遍意义的伦理生活和家庭所体现的自然伦理生活这两方之间的矛盾。城邦和家庭是悲剧所描述的两种最纯粹的力量,因

---

① 黑格尔:《美学》第二卷,朱光潜译,商务印书馆 1981 年版,第 204 页。
② 黑格尔:《美学》第三卷,朱光潜译,商务印书馆 1981 年版,第 312—313 页。

为这两方面之间的和谐和在实际生活中协调一致的行动就构成最完满的伦理生活的现实。我只需提到埃斯库洛斯的《复仇的女神们》，特别是梭福克勒斯的《安提贡》就可以说明这个道理。安蒂贡尊重家庭骨肉关系和阴曹地府的神，而克里安却只尊重天神宙斯，城邦公众生活和社会幸福的统治力量……这种内容对于一切时代都会同样发生效力，对它的描述，不同的民族都会同样感到人与人之间的同情与艺术的同情。"①

在谈到现代戏剧——莎士比亚的《哈姆雷特》时，黑格尔说："所以真正的冲突不在于哈姆雷特在进行伦理性的复仇之中自己也势必破坏这种伦理，而在他本人的主体性格，他的高贵的灵魂从来就不适合于采取这种果决行动，他对世界和人生满腔愤恨，徘徊于决断、试探和准备实行之间，终于由于他自己犹疑不决和外在环境的纠纷而遭到毁灭。"②在这种情况之下，伦理性的目的和人物性格当然也可能融合在一起，不过由于目的、情欲和主体内心生活的个别具体化，这种融合并不能构成悲剧性的深刻和优美所必有的重要基础和客观条件。因此，从古代到现代悲剧的转变就是从外在向内在的转变，现代悲剧更加强调人物内在的灵魂而不是外在的情境。

在《法哲学原理》中他认为女人的伦理性就在于守家礼，他在附释中说道："因此，一本非常推崇家礼的著作，即索福客俪的《安悌果尼》，说明家礼主要是妇女的法律；它是感觉的主观的实体性的法律，即尚未完全达到现实的内部生活的法律；它是古代的神即冥国鬼神的法律；它是'永恒的法律，谁也不知道它是什么时候出现的'；这种法律是同公共的国家的法律相对立的。这种对立是最高的伦理性的对立，从而也是最高的、悲剧性的对立；该剧本是用女性和男性把这种对立予以个别化。"③

（二）海德格尔对《安提戈涅》的解读

正如海德格尔说，马克思与克尔凯郭尔是完全的黑格尔信徒，克尔凯郭

---

① 黑格尔：《美学》第三卷，朱光潜译，商务印书馆1981年版，第307—308页。
② 黑格尔：《美学》第三卷，朱光潜译，商务印书馆1981年版，第322页。
③ 黑格尔：《法哲学原理》，范扬、张企泰译，商务印书馆1961年版，第182—183页。

尔接受了黑格尔对《安提戈涅》的解读。在《或此或彼》中"现代戏剧的悲剧因素中反映出来的古代戏剧的悲剧因素"一章中，他分析了安提戈涅，对于他来说，现代戏剧有着古典戏剧所缺乏的"个体性"原则。因此他与黑格尔对该剧的分析是不同的，他侧重于现代戏剧与古典戏剧的区别，对于他来说，戏剧的冲突不在家庭与城邦，而在于安提戈涅自身中的两种力量的冲突。基尔克果说："差别现在很容易看出了。在希腊悲剧中，安提戈涅完全没有受他父亲不幸命运的影响。这就像一种坚定不移的悲痛在支撑着整个家庭。安提戈涅像其他每个年轻的希腊女孩儿一样无忧无虑地继续活着——的确，因为她的死是决定了的，合唱为她遗憾，因为她必须这么年纪轻轻就去世，还没有尝到生活最美妙的欢乐就去世——显然她对家庭本身深深的悲痛不以为意。这决不是说那是轻率的，也不是说特殊的个体独自坚持着而不关心她与家庭的关系。"①"俄狄浦斯作为一个幸运的国王活在他的百姓的记忆中，得到了荣誉和赞美；安提戈涅本人既钦佩又热爱自己的父亲，她参加了每一次对他的纪念和庆祝；她比那王国中的任何别的少女都对她父亲更加充满热情；她的思绪持续不断地回到他那里。她在那块土地上被赞美为热爱之女的楷模，而这种热情是她用以倾泻自己悲痛的唯一途径。她父亲永远在她的思念中，可是——那就是她痛苦的隐秘。"②他认为安提戈涅的死因是对她父亲的追忆；在另一种意义上，是在生之手上，因为她那不幸的爱情是使追忆杀害她的诱因。

　　海德格尔在 1936 年的《形而上学导论》③中，用很大篇幅来解释《安提戈涅》中的第一合唱歌。海德格尔对《安提戈涅》第一合唱歌的重视无疑与荷尔德林的影响密切相关，荷尔德林曾经两次翻译过这一合唱歌。完整的翻译在 1804 年完成。这首诗歌首次由冯·贝斯纳（Fr. Beißner）以草稿"荷

---

①　基尔克果：《或此或彼》，阎嘉译，华夏出版社 2007 年版，第 177 页。
②　基尔克果：《或此或彼》，阎嘉译，华夏出版社 2007 年版，第 183—184 页。
③　对于《形而上学导论》，笔者以为，以往的论者忽视了它与亚里士多德《形而上学》之间的继承关系。尤其是将"存在"的理解与亚里士多德的"φύσις"概念进行关联。

尔德林翻译古希腊"的方式出版,荷尔德林与黑格尔同样支持法国大革命,对于荷尔德林而言,《安提戈涅》是政治性的,是向"祖国"(Vaterländische)的回归。荷尔德林在它的翻译中使用了"暴动"(Aufstand)这样的词语。

1. 生存活动与太阳

至少在 1919 年战时学期讲座《对体验结构的分析》一文中,海德格尔已经显示出非常熟悉《安提戈涅》。而这一时期被阿伦特称为海德格尔哲学的起点。他通过该剧的语句来表达他生存论的思想。首先是对太阳的强调。海德格尔终生追问"存在"与"时间"。海德格尔的时间观是前反思、前理论的从实际生命出发,在生存实践中所经验的真实的时间观。他说:"而毋宁说,时间问题必须这样来把握,恰如我们在实际经验中对时间性的原始经验那样——完全撇开一切纯粹的意识和一切纯粹的时间。我们倒是必须追问:在实际经验中时间性原始地是什么? 何谓实际经验中的过去、当前、将来? 我们的道路是以实际生命为出发点,由此出发来赢获时间的意义。"①在我们的生存经验中,人们日出而作,日落而息,日月交替形成了我们基本的时间意识。是太阳的位置决定了"现在、过去、将来"。他前期强调返回本已生命体验。直到 20 世纪 20 年代时,他都是以"生命"而不是"存在"来作为他思想的主导词。而正如荷马说,"ζήν καὶ ορᾶν φάος ᾗ ελίοιο"("生活,而且这就是说:观看太阳光"),海德格尔也将这种体验与日出联系起来。相对于科学的"对象化"思维,海德格尔强调现象学的直观,强调原本的生命体验,而这就是一种艺术的、审美的直觉方式。"我们当下的周围世界体验。我的讲台视域,……让我们设身处地地来想想天文学家的行为。在天体物理学中,天文学家把太阳升起现象仅仅当作一个自然过程来探究,漠然无殊地对待之,仅仅听任它自行进行;让我们拿它与忒拜长老的合唱队的体验作个比较,在索福克勒斯《安提戈涅》中,这位长老

---

① 海德格尔:《形式显示的现象学:海德格尔早期弗莱堡文选》,孙周兴编译,同济大学出版社 2004 年版,第 74 页。

在胜利的防御后第一个欢快的早晨望着升起的太阳：噢，长久地照耀着七座城门的忒拜的阳光，你是最美的。……这不是一个过程，而是一个事件（在体验问题上，不是过程，而是从事件而来的）"①。

在第四场当安提戈涅被押上刑场时，她说："啊，祖国的市民们，请看我踏上这最后的路程，这是我最后一次看看太阳光，从今后再也看不见了。"②荷尔德林在对《安提戈涅》的评论中也指出了这点："在大地上，在人类的生存中，由于太阳影响着人类的身体，从而也影响着人的道德。"③

在《形而上学导论》中，他在"在与显现"一节中又提到了太阳，"让我们来想着太阳。我们看见太阳每天有起有落，只有极少数的天文学家，物理学家，哲学家——而这些人也只是根据一种特殊的、多少是流传的想法——直接懂得此一事实真相不是这样，而是地球围绕太阳转动。然而太阳和地球处于其中的表象，例如清晨风光，黄昏海面，夜色，都是一番表现"④。

在《荷尔德林的诗〈伊斯特〉》中，海德格尔引用了《安提戈涅》中第二进场歌（第 100 行）："阳光啊，照耀着这有七座城门的忒拜最灿烂的阳光啊，你终于发亮了，金光闪烁的白昼的眼睛啊，你照耀着狄耳刻的源泉，给那从阿耳戈斯来的本身披挂的白盾战士戴上锐利的嚼铁，催他快快逃跑。"⑤海德格尔解释道，"这歌唱方式由上升的太阳的召唤开始，这照耀着这城市的光。这上升的光将这空间去蔽，并且认识这黑暗，这日食和这阴影"。

海德格尔以实际生活经验中的时空观去克服主导西方的作为计数领域

---

① 海德格尔：《形式显示的现象学：海德格尔早期弗莱堡文选》，孙周兴编译，同济大学出版社 2004 年版，第 12 页，这里海德格尔绝不是随意列举，而是有着深意，因为太阳是时间—空间意识的给予者，在《存在与时间》中海德格尔专门分析过，对索福克勒斯的《安提戈涅》的重视一直贯穿到他思想的后期，我们在后文会继续进行探讨。

② 索福克勒斯：《安提戈涅》（805：1—2），中译见罗念生：《罗念生全集》，上海人民出版社 2004 年版，第 317 页。

③ 大卫·康斯坦纳（David Constantine）：《荷尔德林翻译索福克勒斯的两个剧本》，布莱达克斯图书有限公司 2001 年版，第 114 页。

④ 海德格尔：《形而上学导论》，熊伟、王庆节译，商务印书馆 1996 年版，第 106 页。

⑤ 罗念生：《罗念生全集》第二卷，上海人民出版社 2004 年版，第 299 页。

的传统时空观。

"荷尔德林是被光之神击中的人,他是在向'火'返归之途中。他是'被折磨的灵魂'。荷尔德林宣告着德国人归家的法则,不仅如此,他也宣告着西方人的历史法则。"①

2. 人的无家可归性"Unheimlichkeit"

海德格尔认为《安提戈涅》本身就是在无家可归中归家的诗。"《安提戈涅》是最高的和无家可归的诗。"②荷尔德林在河流诗中安排(也就是说历史性人类的场所和漫游)来自他们自己命定的这些方式的设定到古希腊的诗人,并喜欢作出后面的解释。《安提戈涅》的第一合唱歌为:"(第一曲首节)奇异的事物虽然多,却没有一件比人更奇异;他要在狂暴的南风下渡过灰色的海,在汹涌的波浪间冒险航行;那不朽不倦的大地,最高的女神,他要去搅扰,用变种的马耕地,犁头年年来回地犁土。(第一曲次节)他用多网眼的网兜儿捕那快乐的飞鸟,凶猛的走兽里的游鱼——人真是聪明无比;他用技巧制服了居住在旷野的猛兽,驯服了鬃毛蓬松的马,使它们引颈受轭,他还把不知疲倦的山牛也养驯了。(第二曲首节)他学会了怎样运用语言和风一般快的思想,怎样养成社会生活的习性,怎样在不利于露宿的时候躲避霜箭和雨箭;什么事他都有办法,对未来的事也样样有办法,甚至难以医治的疾病他都能设法避免,只有无法免于死亡。(第二曲次节)在技巧方面他有发明才能,想不到那样高明,这才能有时候使他走厄运,有时候使他走好运;只要他尊重地方的法令和他凭天神发誓要主持的正义,他的城邦便能耸立起来;如果他胆大妄为,犯了罪行,他就没有城邦了。我不愿这个为非作歹的人在我家作客,不愿我的思想和他的相同。"

重要在于合唱歌的第一句:"Πολλὰ τὰ δεινὰ κοὐδὲν ἀνθρώπον δεινοτερον πελει",而这一句的关键在于对"δεινὰ"(denion)的理解。古希

---

① 海德格尔:《荷尔德林的诗〈伊斯特〉》(德文版),美茵法兰克福 1993 年版,第 170 页。
② 海德格尔:《荷尔德林的诗〈伊斯特〉》(德文版),美茵法兰克福 1993 年版,第 151 页。

腊文"δεινά"本身就有多重含义:(1)可怕、很糟、畏惧的;(2)强大的、极好的、奇异的;(3)强大感、聪明、灵巧"等多个含义。海德格尔对《安提戈涅》的解读是建立在荷尔德林的基础之上的,荷尔德林在 1804 年翻译过索福克勒斯的《安提戈涅》。荷尔德林深受康德启蒙思想影响,启蒙理性高扬人的主体性与创造力,如果以此观点看,人类如此"δεινά"应该译为"强大"(Gewaltige),于是他译为:"强大的东西多又多,可没有什么比得过人强大①(Vieles Gewaltige gibts.Doch nichts ist gewaltiger,als der Mensch)。"而海德格尔对启蒙主体性持否定态度,他强调人的无家可归性(Unheimlichkeit),因此他将第一句翻译为,"Vielfältig das Unheimliche,nichts dochüber den Menschen hinaus Unheimlicheres ragend sich regt"②(无家可归的事物有很多,但没有一个比人更无家可归)。

在 1942 年的《荷尔德林的抒情诗〈伊斯特〉》中,海德格尔认为:通常将"δεινά"理解为可怕、强大、不平常。而这就遮蔽了它的本质。他主张将它翻译为"Unheimliche。""Unheimlichkeit"来自于"heimlichkeit","heimlichkeit"的字面义是"秘密行动",而海德格尔在这里的意思是指"让我们在家"("heimischen",homely)。因此"Unheimlichkeit"指"无家可归的"(unhomely)。海德格尔反复强调,认为"无家可归"(Unheimliche)作为人的基础。"无家可归"中"最无家可归"的就是人。③

海德格尔把对"δεινά"的理解与"δίκη"联系起来,并把"δίκη"翻译为"Fug"(接缝)。他说:"此处我们首先是从接合与结构的意义去理解接缝;再则把接缝理解为搭配,理解为安排,即使制胜者起它的作用的安排;最后把合式理解为搭配的接合,这种搭配的接合却逼得出适应与顺从来。"④

德国古典哲学一个重要的内容就是处理城邦与个人、个人与社会的关

---

① 参见荷尔德林:《荷尔德林全集》卷三,第 252 页。
② 海德格尔:《形而上学导论》(德文版),美茵法兰克福 1983 年版,第 155 页。
③ 参见海德格尔:《荷尔德林的诗〈伊斯特〉》(德文版),美茵法兰克福 1993 年版,第 83 页。
④ 海德格尔:《形而上学导论》,熊伟、王庆节译,商务印书馆 1996 年版,第 161 页。

系。这在海德格尔处表现在对于"πòλις"的解读。在对第二对句中的核心词语"πòλις"进行阐释时,海德格尔说:"希腊的显现作为纯粹国家社会主义的研究成果。这些学者的过分热心并不显现在,与这些国家社会主义的成果和它的历史唯一性通过没有职责证实,这些总是不必需的。这些狂热者现在突然到处发现'政治',上个世纪的学者,作为仔细的工人的第一个文本和版本,自行接受这些如此盲目的笨蛋的最新发现。"①

"πòλις并不是把自身设定为'政治的',πòλις在这里并不是一个政治概念。""πòλις属于神和神庙,节日和游戏,统治者和元老院,议会和军队,军舰和司令官,诗人和思想家。"海德格尔指出,πòλις就是πòλος,也就是Pol(极)。"状态"(status)是"Staat"。

笔者以为,海德格尔对安提戈涅的重视与古希腊"灶神"赫斯提亚有一定的关联。海德格尔将存在与"火炉"女神赫斯提亚(Hestia, Ἑστία)联系起来。"火炉"是家的标志。在古希腊、古印度都存在过圣火崇拜。法国学者古朗日(F.Coulange,1830—1889)在《古代城邦》(la cité antique)中揭示了家火对古代希腊罗马人的重要意义。他指出,希腊人或罗马人的房屋内都有一个祭坛,祭坛上常燃着少许煤块及炭块。使这炭火日以继夜,乃是这家主人应负的神圣职责。这火若是熄灭了,则这家人必遭不幸。每天晚上,人们往火中添置煤炭,以使它缓慢地烧着而不至于灭掉;每天清早一起床,第一件要做的事就是加添木柴,使这火重新燃烧。只有在一家人都死绝时,这家中之火方才熄灭。所以在古人的语言中,一个家族的断绝与家火的熄灭,意义是一样的。在赫西俄德《神谱》中,大地女神瑞亚(Rhea)被克诺诺斯(Kronos)征服后,生下了赫斯提亚(Ἑστία)、得墨忒尔和脚穿金靴的赫拉(《神谱》454),赫斯提亚掌握着人类的家灶,俄耳甫斯教祷歌中有一首献给她,称她"在屋子中央守护着永恒的火"(84,2;另见《献给阿佛洛狄忒的托名荷马颂诗》,22—23)。柏拉图在《斐德若》中称她"留守神们的家"

----

① 海德格尔:《荷尔德林的诗〈伊斯特〉》(德文版),美茵法兰克福1993年版,第98页。

（247a）。赫斯提亚作为纯真的处女之神，象征宇宙永恒的中心，或静止的家，排除于一切运动之外。她是自然界诸神与人类的中间人，她向天上报告人类的请求和祭献，同时将上天的报偿带到人中间。后来涉及圣火的神话变为维斯塔的神话时，维斯塔于是成处女之神，她在人世间既不代表丰盛也不表示强力，而是秩序的化身，但并非是人类很早就认识的存在于现象与物理性质中间的秩序，这是一种严格的、抽象的、必然的规律。它是一种精神性的秩序。在人们的心目中，她像管理身体四肢的灵魂一样，管理着大千世界的种种运动。希腊语表示家庭的词语ἐπίστιον，其字面意义为"在自己的圣火旁的人，在家"。由此可知，组成家庭的人就是那些被许可崇拜同一家火并祭祀同一祖先的人。城邦是基于共同的宗教而建立起来的，共同的宗教祭祀使它获得共同体的力量，公民属于城邦，它对民众有着绝对的管理权，公民任何事情都须服从城邦的管理，现代意义上的个人自由在这里是不存在的。

"火炉"与我们的"心灵"具有关联性。亚里士多德在《论灵魂》中指出，"心和肝是每一动物的基本组成（必需部分）；肝脏所以行其调煮食料的功用，而心脏正是体热所由发源的身体中枢部分。体内必须有这么一个部分或那么一个部分，像火炉那样，在其中保持着点燃的火种；有鉴于这一部分（心脏），恰正如其本旨而为全身的卫城（堡垒），这必须予以妥善的保护。"

在《关于人道主义的书信》中，海德格尔举了亚里士多德关于"火炉旁的赫拉克利特"的一则轶事，在《荷尔德林的诗〈伊斯特〉》中，海德格尔将"存在"与"火炉"（Herd）联系起来。他说，"'火炉'这词意指什么呢？火炉是在家的场所。Παρέστιος（παρά和ἑστία）。ἑστία是房子的火炉，火炉之神的位置，火炉的本质是火，在它的多重本质中，火炉的本质是使暖和、养育、净化、美化、燃烧的照亮、发光。词语ἑστία被解释为出自发亮和燃烧的词干。火在所有神庙和所有人类居住场所、庆典和聚会场所被提供和给予。火炉因为这些持久基础的火被设定为中心，仿佛所有城邦的地点，完全的家宅,由此本质上所有的彼此共在,也就是说普遍存在。拉丁灶神维斯太(Vesta)是火炉之神的罗马名。她的女神名叫'维斯太'"①"存在是火炉。存在的本质也就是古希腊的'φύσις'——自行上升着的发光者。它不是通过其他中心,而自身就是中心。这个中心是开端性的持守和所有自行聚集——每一事物,所有存在者具有的状态和作为存在者的归家。"②"归家的在家状态的火炉就是存在自身,在它的光照、光辉、灼热和温暖中所有存在者被聚集。"

3. 海德格尔对索福克勒斯《安提戈涅》第一合唱歌中的政治叙事的阐释

"这个原则,我们称之为美国主义。布尔什维克主义是美国主义的一种变种。这是根本上无惊讶的危险形态,因为它显现为中产阶级民主和基督教的混合,并且所有这些是决定性的无历史性的情调的。"③

在对第二对句中的核心词语"πόλις"进行阐释时,海德格尔说:"希腊的显现作为纯粹国家社会主义的研究成果。这些学者的过分热心并不显现在,与这些国家社会主义的成果和它的历史唯一性通过没有职责证实,这些总是不必需的。这些狂热者现在突然到处发现'政治',上个世纪的学者,作为仔细的工人的第一个文本和版本,自行接受这些如此盲目的笨蛋的最新的发现。"④

"πόλις并不是把自身设定为'政治的',πόλις在这里并不是一个政治概念。"πόλις属于神和神庙,节日和游戏,统治者和元老院,议会和军队,军舰和司令官,诗人和思想家。

"在希腊一般没有罪,并不是说:这里每个人都相信——而是这句说道:"否定"不是罪的方式。也就是说,在完全特别的关系理解失误和反对,

---

① 海德格尔:《荷尔德林的诗〈伊斯特〉》(德文版),美茵法兰克福1993年版,第130—131页。
② 海德格尔:《荷尔德林的诗〈伊斯特〉》(德文版),美茵法兰克福1993年版,第140页。
③ 海德格尔:《荷尔德林的诗〈伊斯特〉》(德文版),美茵法兰克福1993年版,第86页。
④ 海德格尔:《荷尔德林的诗〈伊斯特〉》(德文版),美茵法兰克福1993年版,第98页。

对立于在特别的视点理解创造和拯救之神。所谓的'否定'只是,当它并不是因为'罪'被解释,它不是正在削弱的,而是相反。

"诗人是一个,也就是,在心中的太阳和月亮,'不可分的',这个符号日和夜,同时从一个到另一个保持联系和过渡。""半神就是河流。"①

作为千古不朽的伟大悲剧,《安提戈涅》的艺术魅力是永恒的,从黑格尔的角度来看,克瑞翁和安提戈涅作为人法和神法的代表,都代表着善,家庭和国家缺一不可,这两种法律势力都不把对方放在眼里,都有异己性。善与善的冲突无法避免,因此希腊世界注定要瓦解,悲剧以神法的毁灭为结果。因此黑格尔认为近代没有伦理对立所引起的悲剧。而海德格尔在《安提戈涅》中重点论述人的无家可归性,他认为这是现代技术世界人的悲剧命运的根源,强调太阳与人类生存活动的关系,并有着政治内涵,显示出海德格尔在纳粹时代的政治选择与考量,这是需要我们反思并批判的。正如黑格尔所说,哲学乃是在思想中把握时代,作为人类历史上的伟大思想家,他们的论述各具其时代特征,因此值得我们认真深思。

第三节　浪漫型

对于黑格尔美学,海德格尔主要反对其主体性,我们以最能体现主体性的浪漫型艺术——绘画、音乐、诗歌来进行对比。

一、绘画思想比较

(一)黑格尔绘画思想初探

在黑格尔的美学体系中,绘画、音乐、诗歌属于浪漫型阶段,也就是基督教文化阶段。而绘画初步摆脱了雕刻受限于感性物质材料的局限,而转向理念内容的自由表达,因此,它是通向纯精神性的艺术(音乐与诗歌)的桥

---

① 海德格尔:《荷尔德林的诗〈伊斯特〉》(德文版),美茵法兰克福1993年版,第106页。

梁。在浪漫型艺术中具有过渡的作用。

对于作为古典型代表的希腊雕刻来说,其正如温克尔曼所说的:"希腊杰作有一种普遍和主要的特点,这便是高贵的单纯和静穆的伟大。正如海水表面波涛汹涌,但深处总是静止一样,希腊艺术家所塑造的形象,在一切剧烈情感中都表现出一种伟大和平衡的心灵。"①而对于作为浪漫型代表的绘画来说,基督教中的"爱"才是更适合表达的内容,尤其是圣母对圣婴的爱。"从此它就向神舍弃了自己,以便在神身上重新找到自己而感到喜悦。这就是爱的本质,就是真正的亲切情感,就是不带欲念的给精神带来和解和平和神福的宗教性。这不是实际的生物性的爱所产生的那种享受和快乐,而是不带情欲私念的,或者说,它是灵魂的一种向往。……就是这种爱的本质形成了一种充满灵魂的、内在的、较高一层的理想,在绘画里代替了古代艺术的那种静穆的伟大和独立自足。"②

由其"美是理念的感性显现"这一理论出发,作为绝对精神的理念要展现自己,黑格尔在绘画思想中仍然强调主体性的作用,主要关注的仍然是宗教题材。对黑格尔来说,绘画是浪漫型艺术的代表。绘画只有在浪漫型艺术里才能找到它的内容,浪漫型艺术的题材才是完全适合绘画的手段(媒介)和形式,所以也只有在处理这种题材时,绘画才能充分利用它的手段(媒介)。绘画内容的基本定性是自为存在的主体性。"因为绘画才第一次开辟路径,让有限的和本身无限的两方面主体性原则,亦即我们自己的存在和生活的原则,能发挥作用;在绘画的作品中我们看到在我们自己身上起作用和活动的东西。"③

黑格尔生前常常流连于美术馆和博物馆,尤其是绘画美学中,我们可以看出黑格尔精深独到的艺术见解。以至于艺术史论家贡布里希在《黑格尔与艺术史》一文中坚持认为黑格尔才是真正的艺术史的开创者。他指出:

---

① 温克尔曼:《论古代艺术》,邵大箴译,中国人民大学出版社 1989 年版,第 41 页。
② 黑格尔:《美学》第三卷,朱光潜译,商务印书馆 1979 年版,第 244—245 页。
③ 黑格尔:《美学》第三卷,朱光潜译,商务印书馆 1979 年版,第 221—222 页。

"一般来说,人们认为温克尔曼是艺术史的创始人,而我则认为只有黑格尔才是。因为,在我看来,近代艺术科学的基本文献不是温克尔曼1764年的《古代艺术史》,而是黑格尔1820—1829年的《美学讲演录》;正是这部讲演录,第一次试图去全面考察艺术(包括一切艺术)的整个世界史,并且使之成为一个体系。"①贡布里希指出温克尔曼对黑格尔的影响最主要在三个方面,最重要的是艺术的神的尊严的信念。"正如温克尔曼在那著名的观景楼阿波罗的美的赞美诗中,实际上赞颂的是通过人所创造的东西使神的东西变成看得见摸得着的了;黑格尔在所有艺术之中,最终也是看到超自然价值的揭示。这种观点,曾被柏拉图明确地批驳过,但通过新柏拉图主义又重新进入了欧洲精神生活的血液循环之中;因为,观照理念自身,并且使别人也能见到他,这种才能是属于艺术家的。"②其次是历史的集体主义。是指集体、人民所起的作用而言。第三个思想是完成了的表现形式也是一种发展的结果;而且,这种发展以其内在的必然性而成为可以理解的。"希腊艺术阶段(风格演变会合乎逻辑地形成温克尔曼称为美的风格的东西)先必须经过高级的或者严格的风格演变阶段,而后不可避免地经过取悦流俗的认可而趋向衰落。所以,这第三个基本思想可以说是一种历史的决定论,它说明为什么希腊艺术纵然一切都完美无缺,但其自身却早已不可避免地孕育着衰亡的胚胎。"③

　　黑格尔充分注意到光在绘画中的重要作用。贡布里希指出这是由于赫尔德的影响。④ 他说,绘画以心灵为它的表现内容。绘画所用的物理因素

---

① 贡布里希:《黑格尔与艺术史》,载中国社会科学院哲学研究所西方哲学史研究室编,《国外黑格尔哲学新论》,中国社会科学出版社1982年版,第405页。
② 贡布里希:《黑格尔与艺术史》,载中国社会科学院哲学研究所西方哲学史研究室编:《国外黑格尔哲学新论》,中国社会科学出版社1982年版,第406页。
③ 贡布里希:《黑格尔与艺术史》,载中国社会科学院哲学研究所西方哲学史研究室编:《国外黑格尔哲学新论》,中国社会科学出版社1982年版,第407页。
④ 参见贡布里希:《黑格尔与艺术史》,载中国社会科学院哲学研究所西方哲学史研究室编:《国外黑格尔哲学新论》,中国社会科学出版社1982年版,第409页。

是光。"如果要问绘画所用的究竟是哪一种物理的因素,回答就是光,一般事物要变成可以眼见的,都要靠光。"①"不管人们对于光还可以说出什么其他性质,有一点却无可否认,光是极轻的,没有重量和抵抗力,它总是纯粹自身与自身统一,因而也只是和自身发生关系,它代表最初的观念性,是自然的最初的自我。在光里自然才初次走向主体性,从此光就是一般物理界(自然界)的'我',这个'我'固然还没有进展到成为特殊的个体,没有达到严格的完满自足,反躬内省的自我,却已消除了重物质的单纯的客体性和外在性,对重物质的感性的空间整体性加以抽象化。由于光具有较多的观念性,它就成为绘画的物理元素。"②这与他在《精神现象学》中认为的纯粹意识就是光,就是光本身的观点是一致的。他又认为:"至于光所显现的那个特殊内容则是在光本身之外的客观事物,不是光而是光的反面,是暗。光使这个客观事物显现形状、距离等方面的差异,使它所照到的东西成为可以认识的,这就是说,使它的暗和不可见性或多或少地消失掉。"③

"在绘画里应该感觉到的而且表现出的真正内容是精神的历史,是处在爱的苦痛中的灵魂,而不是某一主体所受到的直接的肉体的痛苦,对旁人苦难的痛心,或是对自己罪过的痛心。"④艺术对现实的胜利在于艺术能把现实中最流动不居的东西凝定下来。

黑格尔反对艺术单纯摹仿现实的观点,在绘画里应该感觉到的而且表现出的真正内容是精神的历史,是处在爱的苦痛中的灵魂,而不是某一主体所受到的直接的肉体的痛苦,对旁人苦难的痛心,或是对自己罪过的痛心。"而其实这里的真正内容和艺术性却在于艺术家掌握住而且表现出所描绘的内容或事物和它本身的一致,它是一种由灵魂渗透的现实事物。"⑤温克

---

① 黑格尔:《美学》第三卷,朱光潜译,商务印书馆 1979 年版,第 234 页。
② 黑格尔:《美学》第三卷,朱光潜译,商务印书馆 1979 年版,第 234 页。
③ 黑格尔:《美学》第三卷,朱光潜译,商务印书馆 1979 年版,第 235 页。
④ 黑格尔:《美学》第三卷,朱光潜译,商务印书馆 1979 年版,第 260 页。
⑤ 黑格尔:《美学》第三卷,朱光潜译,商务印书馆 1979 年版,第 265 页。

尔曼在《论古代艺术》中也指出,对于希腊艺术家来说:"经常性地观察人体的可能,驱使希腊艺术家们进一步形成对人体各个部位和身体整体比例美的确定的普遍观念,这种观念应该高于自然。只有用理智创造出来的精神性的自然,才是他们的原型。"①

正如马克思所指出的,"黑格尔的思维方式不同于所有其他哲学家的地方,就是他的思维方式有巨大的历史感作为基础。……在《现象学》、《美学》、《哲学史》中,到处贯穿着这种宏伟的历史观"②。我们在《美学》中处处可以感觉到这种强大的历史感,在论述绘画时,黑格尔认为绘画发展经历了拜占庭绘画、意大利绘画、荷兰和德意志的绘画等三个阶段,对于他而言,绘画的发展历程乃是"从起源于传统的固定的类型,到显得有生气,设法寻求个性特征的表现,从静止不动的人物形象中获得解放,以及向戏剧性的活跃的动作,向群像组合,向着色的魔术等方面的发展"③。"拜占庭绘画一直保持着一定程度的古希腊艺术技巧;但它完全不讲求自然和具体生动,在面孔形式上它还墨守陈规,在人物形象和表现方式上还停止在通套类型上,很呆板,在布局上多少还是建筑式的;它不用自然环境和山水背景,通过光与影和明与暗以及二者的融合的塑形术和透视学以及生动的人物组合的技艺都还没有发达或是发达得极少。"④而意大利绘画则大部分都取材于希腊神话,很少取材于民族史中的事迹。荷兰绘画是黑格尔绘画美学中所重点强调的,在荷兰和德意志绘画一节里,黑格尔指出,这两派绘画和意大利绘画的一般差异在于德意志和荷兰画家们都不肯而且也不能凭自己的力量去达到意大利绘画的那种自由的理想的形式和表现方式,从而达到由精神渗透而显得光辉焕发的美。他们所发展的一方面是深刻情感和主体方面独立自足的精神表现,另一方面是在信仰的亲切情感里加上个别人物性格中的较

① 温克尔曼:《论古代艺术》,邵大箴译,中国人民大学出版社 1989 年版,第 31 页。
② 《马克思恩格斯选集》第二卷,人民出版社 1995 年版,第 42 页。
③ 黑格尔:《美学》第三卷,朱光潜译,商务印书馆 1979 年版,第 307 页。
④ 黑格尔:《美学》第三卷,朱光潜译,商务印书馆 1979 年版,第 308 页。

广泛的特殊细节。这种个别人物性格不仅表现于关心宗教信仰和灵魂解救,而且表现在还关心世俗生活,纠缠在生活的忧虑里,而且在艰苦的工作里培养成一些世俗性的道德品质,例如忠诚,持恒,爽直,骑士的坚定和市民的精干之类。

在黑格尔美学思想中,绘画是通向音乐的一个演变阶段。在他看来,雕刻应当属于古希腊罗马多神教文化的代表,而作为浪漫型艺术代表的绘画则更多偏于基督教文化,在荷兰绘画中,黑格尔感受到了新教胜利的喜悦。他本人曾经在荷兰旅行并直接参观了鲁本斯、凡·爱克、伦勃朗等大师的原作,并且正如贡布里希所说,在论述荷兰绘画时"他的概念碾机的嘎嘎声趋于停息,并且把一种真正的爱注入艺术作品"①。黑格尔特别重视颜色在绘画中的作用,而且他认为几乎只有威尼斯人,尤其是荷兰人,才特别擅长着色。"对荷兰人来说,我们可以说他们之所以擅长着色,是由于他们经常面对着一种多云的地平线,所以心中老是想着一种灰色的背景,这种阴暗天气就使得他们对色调在光度,反光,深浅配合等方面的效果和复杂情况进行研究和把它们显示出来,并且把这种工作看作画艺的首要任务。"②

贡布里希深刻地指出了黑格尔艺术思想的重要性:"所有伟大的艺术差不多都是敬神的,而且这种敬神的要素在黑格尔哲学中是令人鼓舞的。事实上我认为,我们当代的艺术史家必须研究黑格尔,就像中世纪的教会艺术的研究者必须研究圣经一样。"③

绘画的发展经历了神、神人一体到重视人的过程,西方独立意义上的风景画就产生于 17 世纪的荷兰。由于西方宗教改革渗透了荷兰,荷兰人改变了原来的天主教转而信仰新教加尔文派,新教鼓励人们经商致富,提倡勤

---

① 贡布里希:《黑格尔与艺术史》,载中国社会科学院哲学研究所西方哲学史研究室编:《国外黑格尔哲学新论》,中国社会科学出版社 1982 年版,第 412—413 页。
② 黑格尔:《美学》第三卷,朱光潜译,商务印书馆 1979 年版,第 271 页。
③ 贡布里希:《黑格尔与艺术史》,载中国社会科学院哲学研究所西方哲学史研究室编:《国外黑格尔哲学新论》,中国社会科学出版社 1982 年版,第 422 页。

俭、节约的风气,市民阶层兴起,绘画也一改以前的宗教题材所占的主导地位的情况,绘画内容表现出多方面的丰富内容。黑格尔本身作为新教徒,对荷兰绘画自然大加推崇。"荷兰画师们也正是把这种对正当的愉快生活的审美感带到对自然题材的描绘里去,他们在一切绘画作品里,都能把构思的自由和真实,对看来似是微不足道的只在瞬间出现的事物的爱好,敞开眼界的新鲜感以及对最孤立绝缘和最有局限性的事物的聚精会神这些特点和艺术布局方面的最高度的自由,对次要因素的最精微的敏感以及创作施工方面的周密审慎结合在一起……这种爽朗气氛和喜剧因素就是荷兰画的无比价值所在。"①

黑格尔认为,绘画通过刻画"情境"(pathos,πάθος)来表现主体性,在古希腊文中,"πάθος"指灵魂中的激情,如爱、恨的情感,表达哀婉的模式,发生的事情等。亚里士多德的著作中有多处运用πάθος一词,在《尼各马可伦理学》中,"πάθος"指作为心灵本性之一的热情和感情与能力(δύναμεις)、品质(ἕξις)是灵魂的三种状态。在《范畴篇》(8b25—9a33)中,他把灵魂的性质分为:(1)品质与习性;(2)能与不能的性质;(3)感受性;(4)广延与形状。而第四种不适用于灵魂,因此灵魂的状态就为前三种。他还在《修辞学》中指出,优美的语句应当是具有"πάθος"的,即能够影响人的感情的语句。他在《修辞学》第一卷第二章中指出,"由演说提供的或然式证明分三种。第一种是由演说者的性格造成的,第二种是由使听者处于某种心情而造成的,第三种是由演说本身有所证明或似乎有所证明而造成的"②。即ἔθους(人品诉诸)、πάθος(情感诉诸)、λὸγος(理性诉诸),艺术要求能将理性因素融合在热烈的情感之中,黑格尔在这个意义上用"πάθος"指艺术中的"情致"。他说:"如果要找一个名词来称呼这种不是本身独立出现的而是活跃在人心中,使人的心情在最深刻处受到感动的普

① 黑格尔:《美学》第三卷,朱光潜译,商务印书馆 1979 年版,第 325—326 页。
② 亚里士多德:《修辞学》,罗念生译,世纪出版集团 2006 年版,第 23 页。

遍力量,我们最好跟着希腊人用πάθος这个字。这个字很难译,因为'情欲'总是带着一种低劣的意味,所以我们常要求人不要受制于情欲。我们这里用'情致'这个名词是取它的较高尚较普遍的意义,不带'可贬的''私心的'那些附带的意味。例如安蒂贡的兄妹情谊就是希腊文的'情致'。这个意义的'情致'是一种本身合理的情绪方面的力量,是理性和自由意志的基本内容。例如俄瑞斯特杀死自己的母亲,并不是由于我们称之为'情欲'的那种心情的激动,驱遣他采取这种行动的正是'情致',而这情致是经过很慎重的衡量考虑来的。从这个观点来看,我们不能说神们有情致。神们只是推动个人采取决定行为和行动的那种力量的普遍内容(意蕴)。神们本身却处在静穆和不动情的状态,他们之中尽管也有吵闹和斗争,他们却并不那么认真,或者说,他们的斗争只有一种一般的象征的意味,只是神们之中的一般交战。所以我们应该把'情致'只限用于人的行动,把它了解为存在于人的自我中而充塞渗透到全部心情的那种基本的内容(意蕴)。"①黑格尔认为,情致是艺术的真正的中心和适当的领域,"对于作品和观众来说,情致的表现都是效果的主要的来源。情致所打动的是一根在每个人心里都回响着的弦子,每个人都知道一种超越的情致所含的意蕴的价值和理性,而且容易把它认识出来。情致能感动人,因为它自在自为地是人类生存中的强大的力量。就这一方面来说,外在事物,自然环境以及它的景致都只应看作次要的附庸的东西,其目的在于帮助发挥情致。因此,自然主要地应该用来起象征的作用,使真正要表现的那种情致可以透过自然而引起回响。"②

王元化结合中国古代文论中的观点,认为应将πάθος翻译为"情志"更为恰切:"在外国文艺理论方面,古代希腊人也有过类似的用语。他们所说的'πάθος'一词就可以十分恰当地译为'情志'。古代希腊人也用这个词来表达文学创作中的思想感情。据黑格尔解释,这个词是用来代表一种

---

① 黑格尔:《美学》第一卷,朱光潜译,商务印书馆 1979 年版,第 295—296 页。
② 黑格尔:《美学》第一卷,朱光潜译,商务印书馆 1979 年版,第 295—296 页。

'合理的情绪力量',这种情绪不是出于一时的冲动或溺于一己的情好,而是'经过很慎重的衡量考虑来的',并具有'充塞渗透到全部心情的那种基本的理性的内容'。这正类似于我国传统文论中'情志'一词所蕴含的意义。"①他指出:"反映时代精神的、具有普遍性的伦理观念,不是由个别人所形成,并不以他的意志为转移,所以对他来说是外在的。但是个别人不能脱离他的时代,他的性格被他那时代具有普遍性的伦理观念所浸染,形成他自己的情志,所以对他来说又是内在的。通过情志,黑格尔使人物性格和他的社会时代联系为一有机的整体。"②

在 Bonitz 所编著的《亚里士多德索引》(Index Aristotelicus)一书中,将亚里士多德对该词的使用归结为五类③:

πασαχῶς(paschein),存在起作用的过程,也就是说,做了某事,经历了某事,以一定的方式影响。这个意义相关于πασαχῶς(paschein)概念。一种被动的行为,被……影响。πασαχῶς的反义词是ποιεῖν(poiein),它指示着主动的含义"影响"。

νποκέμενον(Substrate),基底,在这个含义中,πάθος被理解为属性。在《形而上学》中,亚里士多德说:"我所说的'底层'〈主题〉,是这样的事物,其他事物都为其云谓,而它不为任何事物的云谓。作为事物的原始底层,这就被认为是最真切的本体。"④

与ποιὸν同义。在这里与品质、性质(quality)相关,尤其特别是与性质改变相关。在这里,πάθος意味着改变了的或正在改变的性质。例如,石头的寒冷就是一种πάθος,因为它的这种性质可以通过加热来改变。《形而上学》第 21 章,1022b15:"禀赋〈感受〉的含义(一)是一些素质,对于这些素

① 王元化:《文心雕龙讲疏》,广西师范大学出版社 2004 年版,第 207—231 页。
② 王元化:《文心雕龙讲疏》,广西师范大学出版社 2004 年版,第 232 页。
③ 对这五种归类的阐述参考了 Marjolein Oele, *Heidegger's Reading of Aristotle's Concept of Pathos*, Philosophy, 2012, p.18.
④ 亚里士多德:《形而上学》,吴寿彭译,商务印书馆 1959 年版,第 128 页。

质,一事物能被变改,例如白与黑,甜与苦,重与轻,以及其他类此者。(二)是这些变改的实现——已实现了的上述诸变改。"①

不幸和巨大的痛苦也可以被称为παθος。《形而上学》第 21 章,1022b15—22:"(三)以上专指有害的变改与活动,尤其是惨痛的损伤。(四)不幸的遭遇与惨痛的经验,其巨大者被称为παθος"②。比如希腊悲剧中的一些描写,指的不是巨大的痛苦,而是苦难。这种苦难使人被完全征服,如某人失去孩子。

最后一种是精神的变化(animi perturbatio)。在最后的翻译中,παθος可以被理解为精神的情绪被影响的痛苦或愉悦。在这种意义上,亚里士多德在《修辞学》中关于 Pathē 所说的,"因为当人们抱友好态度或憎恨态度的时候,抱气愤态度或温和态度的时候,他们对事情的看法不同,不是完全不同,就是有程度不同"③。

而亚里士多德对海德格尔有着重大的影响,海德格尔曾说:"作为建议,你们应该推迟阅读尼采,而首先研究亚里士多德十到十五年。"④海德格尔 1924 年夏季马堡讲座《亚里士多德哲学的基本概念》一书中,对παθος作了详细的考察。他认为παθος是一个含义较多的表达法,他将其归纳为主要三种含义:"1. 一般的,最近的解释是'变化的性情';2. 特定的存在论解释,重要的是对κινησις(Kinēsis,运动)的理解:παθος与πασχειν的关系,人们一般用'热情'来翻译它。3. 一个尖锐的翻译,设定关系中的变化的性情,生命存在特定存在领域中变化的性情:'热情'。最后一种παθος的解释是在《修辞学》和《诗学》中的。"⑤"παθος"概念直接影响了海德格尔《存在与时间》里的"情绪"(Stimmung)和"现身情态"(Befindlichkeit)两个术语。

① 亚里士多德:《形而上学》,吴寿彭译,商务印书馆 1959 年版,第 109 页。
② 亚里士多德:《形而上学》,吴寿彭译,商务印书馆 1959 年版,第 109 页。
③ 亚里士多德:《修辞学》,罗念生译,上海人民出版社 2006 年版,第 75 页。
④ T.J.Sheehan, "*Heidegger, Arostotle and Phenomenology*", in Philosophy Today, XIX, 2/4, Summer, 1975, pp.87-94, p.87.
⑤ 海德格尔:《亚里士多德哲学的基本概念》,美茵法兰克福 2002 年版,第 170 页。

与 Bonitz 不同，海德格尔认为 πάθος 乃是存在的一种方式，他将 πάθος 在亚里士多德哲学中的含义区分为三种：第一，作为"可改变的性质"的"平均、立即"的含义；第二，对于理解 Kinēsis（它与 πάθος 在影响、刺激的存在论意义相关），πάθος 特定的存在论含义；第三，更集中或特别（尖锐）的含义：πάθος 作为可改变的性质相关于一定的"生命的存在区域——激情"。在这里，πάθος 可以被理解为强烈的（痛苦或快乐）的情感、刺激或激情。在海德格尔的归类中，改变了 πάθος 以往仅限于心理学的范畴，而将其放置于存在论的角度来谈，具有生动的特点，因为我们人类的生存是一个活跃的过程，πάθος 可以被理解为存在实现或现实化自己的过程。为强调这一点，海德格尔明确地做了对《尼各玛可伦理学》的解读。"既然灵魂的种类有三种：感情（πάθος，Pathē）、能力（δύναμεις，dynameis）与品质（ἕξις，hexeis），德性（ἀρετή，aretē）是其中之一。"①（1105b19—21）在他的分析中，πάθος 是灵魂的三种状态之一，海德格尔将"状态"（ginomena）理解为"从存在而来"，从而将 πάθος 理解为从灵魂而来。而灵魂是生命的实体（οὐσία），它使存在者如其而存在，它的特征是在世存在。虽然海德格尔的解释存在一些疑问，但是他将 πάθος 理解为灵魂的生成方式，从而决定我们之为我们所是。他将 πάθος 理解为生存的人类的存在的中心。在他看来，πάθος 同样是理性（Logos）的土壤或基础。他引用《修辞学》1383a6"证据是：恐惧使人思考"，认为恐惧是一种性情从而导致人去说话，尤其是当我们不仅仅感到恐惧，而是感到"畏"（Angst）和"无家可归"（Unheimlichkeit）时。海德格尔过多地强调了 πάθος 的积极方面，而忽略了在亚里士多德那里它同样可以指悲惨的事件或属性的含义。但海德格尔的解读赋予了 πάθος 更为广泛的认识，并打开了亚里士多德动态的可变的思想世界，让我们对亚里士多德的单个作品及整个作品间的关系有更为深入的认识。

（二）海德格尔绘画思想

海德格尔对梵高、弗兰克、保罗·克利、塞尚等诸多画家有过深入的研

---

① 亚里士多德：《尼各玛可伦理学》，廖申白译，商务印书馆 2003 年版，第 42—43 页。

究和论述。关于画,他也偏向于宗教领域。在 1955 年的《关于圣坛画》中说道:"围绕着这种画,聚集了所有有关艺术和艺术作品的有待澄清的问题。'画'这个字在这里只不过是说:作为视野可及意义上的面貌。这种意义上的'画'先于对'窗景画'和'木版画'的区分。仅就圣坛画这一情形来说,这种区分不是空洞的范畴的区分,而是历史的区分。在这里,'窗景画'和'木版画'有着各自不同的行画方式。圣坛画向木版画方向演变,并成为馆藏品;这里面隐含着自文艺复兴以来西方艺术本真的历史进程。但圣坛画也许在其开初就不是窗景画。它是,这就是说它保持着,变化地保持着一种唯一的画……凡将来仍热衷于将这种画不断地'展示'之际,也就是他失却处所(Ort),它就绝然不能源初地绽开它本真的在场,这就是说,不能基于此一处所自身来规定。画迷失了,变易地迷失在它作为艺术作品的在场,迷失在陌生中。绘画的馆藏化的变象使此一陌生不为人所知,虽然此一馆藏化的表象有它自己的历史必然性。馆藏化的表象把一切都拉平到'展览'的千篇一律中。在这种展览中,只有展位,没有处所。在画中,作为这样一幅画生成了上帝的道成肉身,生成了那种在圣坛上作为'化体'、作为本已生成的弥撒献祭仪式上至为本真的变体。单就这幅画来说,它并不是肖像,并非只是神圣化体的形象标志。画是作为举行弥撒献祭时,时空游戏作为处所(Ort)的显现。"①我们可以看出,海德格尔在绘画中仍然探讨的是他在《存在与时间》中就坚持的"真理"($\alpha\lambda\acute{\eta}\theta\varepsilon\iota\alpha$)的"位置"(Ort)。

保罗·克利(Paul Klee,1879—1940),生于瑞士首都伯尔尼(Berne)附近的慕尼黑布赫湖(Münchenbuchsee)一个音乐世家,他的父亲汉斯·威廉·克利(Hans Wilhelm Klee)是德国人,是一位音乐教师。母亲玛丽·伊达(Maria Ida)为瑞士人,是一位歌唱家。他成长于宁静的乡村环境里,他自幼喜欢提琴,他的艺术才能最先在音乐上显露出来,是一名优秀的提琴家。"著名巴黎艺术商人卡恩韦勒(D.H.Kahnweiler)曾于两次世界大战之间向

① 海德格尔:《思的经验》,陈春文译,人民出版社 1998 年版,第 99 页。

他的一位朋友说过:'除了亨利·劳伦斯(Henri Laurens)之外,克利是少数能与你真正谈谈音乐的画家之一。'"①他的妻子是巴伐利亚籍钢琴家莉莉(Lily Stumpf)。大诗人里尔克在1921年2月21日写信给威廉·豪森施泰因(Wilhelm Hausentein),感谢他写了一部关于克利的著作。他写道:"1915年前后,我的房里挂了不少克利的版画作品……即使你没有告诉我他是一位小提琴手,我也能猜得出来,因为他的画经常从乐曲中改编过来。"②他与康定斯基、弗兰兹·马克(Franz Marc)、奥古斯特·马可(August Macke)、毕加索等人都保持着良好的友谊,在艺术上也受到他们的影响。克利同时创作诗歌,与里尔克等大诗人保持着较好的关系,在慕尼黑曾经当过一年的邻居。萨特也曾说,"克利就是个天使"。

作为一位关注艺术的大思想家,海德格尔曾广泛接触各类艺术作品,现代绘画对他的艺术思想具有重要影响。他所接触过的现代派绘画作品有梵高、弗兰兹·马克、毕加索以及保罗·克利等人的作品,其中他最为推崇的画家是保罗·克利。1962年在弗莱堡大学欧根·芬克(Eugen Fink)所主持的讲座上作的《时间与存在》演讲,在起首处他说道:"下面的演讲要求有一个简短的前言。如果现在让我们看两幅保罗·克利在临死时创作的画的原件,水彩画《窗上的神》和粗麻布上的胶画《死与火》时,我们可能想长久地驻足在画前,并且放弃任何直接理解的要求。……因此,必须这样的一种思想,这种思想必须思考前面所说的绘画、诗歌和数学—物理理论从中获得其规定的那种东西。"③

对于海德格尔来说,克利是通往一种非西方式艺术可能性的桥梁。1928年12月到1929年初克利曾在埃及旅游,我们从他后期的作品可以看出,古埃及绘画对他产生了一定的影响。

《死与火》的背景与整体氛围既有着古埃及古墓壁画的风格,又有着早

---

① 转引自保罗·克利:《保罗·克利教学笔记》,周丹鲤译,行实文化2013年版,第114页。
② 保罗·克利:《保罗·克利教学笔记》,周丹鲤译,行实文化2013年版,第115页。
③ 海德格尔:《面向思的事情》(德文版),美茵法兰克福2007年版,第5页。

期原始时代石窟岩画的风格。画面中央略显诡异和恐怖的骷髅般的死神的面容是月亮，他的嘴和眼睛倒过来看是德语的死亡"Tod"，他的右手托着橘黄色的太阳，其中手臂、太阳和白色的面容又组成一个死字"Tod"。太阳代表白昼，是阳的一面，是生存，而月亮代表夜晚，是阴的一面，代表死亡。画面右边是一个象形文字的人，手里拿着类似船蒿的物体，既仿佛是一个在生与死、阴与阳间的摆渡者，又仿佛是一个操劳的人在走向死亡。画面将代表温暖的红、黄、赫与代表寒冷的白色并列起来，显示了克利"复调绘画"的特点。这幅画从整体上看，是一种象征，象征着人类操劳着从生到死的命运。非常符合海德格尔演讲的主题"时间与存在"。人类的操劳活动是在时间中进行的，海德格尔依时间性对人类进行存在论分析，而日月交替形成了人类基本的时间意识，对于他来说，真正的事情本身就是"无蔽"(ἀλήθεία)，也就是太阳的显现。《窗上的神圣》是一幅玻璃画，对于海德格尔来说，这里仍然展现的是阳光的作用。也就是说，太阳就是神。

海德格尔密切关注过克利的好友弗兰兹·马克的作品。他究竟什么时候接触到克利的作品，我们无法考察，但在1956年，海德格尔访问瑞士巴塞尔时，观看了贝耶勒美术基金会美术馆(Beyeler Foundation Art Museum)所展览的不久前购买的88幅克利的画。① 这次展览对海德格尔产生了巨大影响，使得他虽未完全消除、但部分改变了对现代艺术的一些负面看法。

在1960年4月25日，海德格尔在致克莱姆·巴蒂尼(Krämer Badoni)的信中说："你写道我在《艺术作品的本源》中忽视抽象艺术的阶段。表达得更严谨些：抽象艺术不再获得解释。为什么？因为在我看来那里没有长久以来作为技术的本质的东西，也即以技术方式发生的真理(语言作为信息)的本质——没有得到足够的澄清。"②福柯也曾有过类似的看法，"关于

① Dennis J.Schmidt, *Between Word and Image*, Indiana University press, 2013, p.78.
② 这封信刊载在《现象学研究》1986年第18期，此处转引自Dennis J.Schmidt, *Between Word and Image*, Indiana University press, pp.79-80。

180

我们这个世纪，克利表达了委拉斯凯兹（Velásquez）对他那个世纪曾表达过的"①。之后，伽达默尔、本雅明、梅洛·庞蒂、德勒兹、阿多诺、布洛赫等众多思想家都曾论述过克利。

在 1958 年与日本学者久松真一（Shin'ichi Hisamatsu，1889—1980）的交谈中，海德格尔说："我估计保罗·克利比毕加索水平更高。我的观点是保罗·克利是比毕加索更杰出的画家。"②久松真一认为克利的一些画作是具有东方审美观点的。而不出我们所料，海德格尔喜欢克利的画作是《银色的月》（Silbermond）③

与海德格尔所喜欢的诗人特拉克尔一样，从《克利日记》中我们可以看到，克利并不是一位基督徒。"我不相信上帝，别的小男孩经常像鹦鹉般地说：'上帝无时无刻不在注视着我们。'我认为这是一种差劲的信仰。""艺术是创造的象征。"④

在发表于 1920 年的《艺术献词与时间》系列论文中有一段著名的话："艺术并不是重复可见物，而是产生可见物。"⑤也就是说，如果要正确地对待艺术，就不能把它当作复制一些已经存在的事物，而是应把它当作源泉，产生一些迄今所未见过的事物。海德格尔非常欣赏这段话，在他的复制本中，他在这段话上重重地画上了线，又被梅洛·庞蒂在《眼与心》中所引用。

值得一提的是，在 1911 年，克利在认识了康定斯基后决定加入"青骑士"（Der Blaue Reiter）组织。这是由康定斯基在 1909 年创立的"慕尼黑新艺术家联盟"所分裂出来的组织。1913 年克利在赫瓦德·华尔登

---

① 福柯：《言论与著作集》第一卷，转引自 Dennis J.Schmidt，*Between Word and Image*，Indiana University press，2013，p.80。
② 海德格尔：《谈话和其他生活道路的见证》（全集第 16 卷），美茵法兰克福 2000 年版，第 777 页。
③ Silbermondgeläute，1921，30×26,4 cm.
④ 保罗·克利：《克利的日记》，雨云译，重庆出版社 2011 年版，第 32 页。
⑤ 保罗·克利：《创造信仰》，转引自 Dennis J.Schmidt，*Between Word and Image*，Indiana University press，2013，p.81。

（Herward Walden）所主办的刊物《狂飙》上发表德洛内《论光线》（Über das Licht）的译稿，可以看出，德洛内对他有着很大的影响。1914 年克利和在巴伐利亚的朋友成立了"慕尼黑新分离派"，他拿出了 8 幅作品参加了该团体的画展。

台湾艺术家刘其伟指出："克利的观点认为，艺术家的使命就是通过一种感情的表现手法，来描绘宇宙世界。也就是运用精确的技巧及颤动的线条（就像地震仪画出来的一样），在画布或纸上表现视觉世界之外的东西，并对精神上任何细微的刺激作出反应（克利在创作发展时期，正是弗洛伊德的精神分析学说逐渐为人知的时候）。这些线条有时表现了令人不安的现实，有时又描绘一些与自然毫无关联的事物。尽管这些线条所表达的内容不同，但都代表了一些具体形状的原始风貌。"①

自然在克利的作品中具有中心的地位，克利说，艺术，必须追随大自然的本质来创作，才会有生命、有呼吸。因为，大自然是我们学习时最好的一所学校。"画家必须以大自然为桥梁，将大自然的物象形态转变成神秘的符号（Hieroglyphs），才能成为艺术。"②"对艺术家来说，与自然对话仍然意义重大。艺术家是一个人，是自然本身，是自然空间中自然的一部分……因而，艺术家逐渐有了对自然对象的整体感，不管这对象是植物、动物或人，也不管它落于屋里、风景中或世界上。首要结果是对对象产生了更多的空间概念。"③他认为大自然所呈现的面貌，是借着实物的填充而产生的。这些填充物便是我们视觉所见到的世界，它既不是永恒，也不是自然界永久不变的本质或原理，它会随着时间、情境而聚合、改变或消失，所以视觉所见的世界是虚幻而短暂的，就像十五世纪的艺术家所描绘的世界。

克里十分强调绘画中动的一面，"绘画艺术从运动中涌出，它本身是固

① 保罗·克利：《保罗·克利教学笔记》，周丹鲤译，行实文化 2013 年版，第 34 页。
② 保罗·克利：《保罗·克利教学笔记》，周丹鲤译，行实文化 2013 年版，第 43 页。
③ 王美钦：《克利论艺》，人民美术出版社 2002 年版，第 56—57 页。

定的运动,并且通过运动而为人所觉察"①。

英国艺术史家赫伯特·里德(Herbert Read,1893—1968)在《现代绘画简史》中认为,现代派绘画虽然在其构成上比较复杂,但总体趋向正如克利所说,这个趋向就是不去反映物质世界,而去表现精神世界。他认为:"克利也许可以说是所有现代艺术家中最具有智慧的人,他在理论和实践方面都建立了美学基础。"②他精辟地指出了克利对于二十世纪的影响:"他在'建筑者之家'和魏玛所作的讲稿《创作思想》,是现代艺术家著述的设计原理的最完备的代表作——它组成了艺术的新纪元的'美学原理',克利在艺术上所享有的地位,可以比拟于牛顿在物理学方面所享有的地位。即使克利没有别的成就,仅仅得出了这些原理,他在现代运动中也仍然是最重要的人物⋯⋯克利的影响并不是表面的:它深入到灵魂的源泉之中,而且像我们文化的中心的酵素一样,仍然起着作用。"③

对克利作品的理解关键之处在于,他并不把绘画作为一种静态的展示,而是强调绘画中的时间性,强调音乐中的空间性。认为应将绘画理解为一种运动,一种动态活动的结果,绘画作品也保持为一种动态的作品。克利许多作品中标有一系列的箭头和其他标记,指示着运动的方向。在他的演讲中,他提到了形式的同时性或绘画的"多重维度"。他曾经借用音乐里的"复调"(polyphony)来运用于绘画,强调"复调"绘画。复调绘画优于音乐之处在于它的时间元素可以转为空间元素,它的时间概念更为丰富。

在 1917 年的日记中,克利写道:"万象虚幻无常,这只是一种直喻的说法。我们眼睛所见的一切是一种提议、可能性、手段。先谈真实吧,它

---

① 转引自赫伯特·里德:《现代绘画简史》,刘萍群译,上海人民美术出版社 1979 年版,第 102 页。

② 赫伯特·里德:《现代绘画简史》,刘萍群译,上海人民美术出版社 1979 年版,第 83 页。

③ 赫伯特·里德:《现代绘画简史》,刘萍群译,上海人民美术出版社 1979 年版,第 104—105 页。

隐匿在表面之下。色彩魅惑我们的不是它的明暗变化,而是明亮部分。素描的宇宙是光与影组成的。稍微阴暗的天气比艳阳天衍生出更富于变化的清明度。刚在星儿露脸之前掠过天际的一层薄云,多么难以捕捉难以呈现! 这一刻何其倏忽! 它必须渗透到我们的灵魂里去,形象应该与宇宙观交融合一。单纯的动态以其平凡震撼我们。时间因素应该被消除,昨天与明天同时存在。音乐方面,复音音乐有助于满足此一需求。像《唐·乔凡尼》里的四重奏比《特里斯坦与伊索尔德》里的宏伟动态更亲近我们。莫扎特与巴赫的音乐比 19 世纪的音乐更现代。就音乐而言,如果时间因素能被一种贯穿音乐史的倒行动态所克服,那么仍然可以产生一次文艺复兴。我们为了表现、为了洞悉心灵而探查形象。有人说哲学含有艺术的旨趣,起初我为言者的见识大感惊愕。因为我一向只思及形式,其余的东西自然随之而来。从此之后,一股被唤醒的对于形象以外的东西的感知力于我大有助益,并为我提供了创作的多样性。我甚至再度得以成为一位思想的插画家,如今我已越过形象问题走出一条路来了。现在我再也看不到任何抽象艺术,唯独留下从虚幻无常里抽离出来的东西。这世界是我的题材,尽管它不是一个肉眼可见的世界。复调音乐式的绘画于此世界里比音乐更占优势,时间因素在此成为空间因素,同时存在的观念出落得更丰富。"①

　　克利可以被认为是一个"自然"(physis)画家,在他的作品中,就是"自然"的展现,再也没有对象或者被海德格尔认为与西方形而上学有密切关系的"意象"。海德格尔在艺术作品中重点强调的,就是"physis"。这是他思想的核心,对时间的理解也必须和"physis"联系起来。亚里士多德将"physis"理解为"genesis"(产生),以与 techne(技术)相比,他倾向于回到早期的认为"physis"作为"出生",柏拉图也是认同"physis"的古老含义。例如,在他生命的最后日子,苏格拉底说"peri physeos historia",并认为这是事

---

① 　保罗·克利:《克利的日记》,雨云译,重庆出版社 2011 年版,第 255 页。

物所产生(genesis)的原因。

对于海德格尔来说,克利是通往一种非西方式艺术可能性的桥梁。1928年12月到1929年初克利曾在埃及旅游,我们从他后期的作品可以看出,古埃及绘画对他产生了一定的影响。从1916年开始,克利阅读了一些中国古典诗词与神话,创作了些富有东方韵味的小品,如《橘红色的月亮》、《夜莺》、《新发明》等。正如王美钦认为的,"在西方现代画家中,克利对东方国家最为亲近。从本质上讲,他的艺术观念和东方神秘主义相通,即将创作活动视为不可思议的体验过程,其哲学根源在人和自然之间本质上的同一性。但克利更注重创作过程中的自律作用"①。

"光线如果不是外来的,而是在画面上形成的,那将有助于画面的表现力。换句话说,光源的位置和作用都应在画面上。"②

海德格尔竭力反对主体性美学,他指出了另外一条道路,他的绘画思想与中国绘画中强调"天趣"、反对人为的理想具有相通之处,但是,这也许会将美学带入死胡同。

二、音乐思想比较

(一)黑格尔的音乐思想

6世纪罗马哲学家波伊提乌(Boethius,480-424/425)说:"世上有三类音乐。第1类是宇宙的音乐,第2类是人类的音乐,第3类是乐器的音乐,比如基萨拉琴、第比亚笛或其他能产生旋律的乐器音乐。在第1类音乐(宇宙的音乐)中,天地、元素的结构、四季的变化等因素是最好的观察对象。如此敏捷的天体机械怎么可能毫无声息地运动呢? ……这么迅速的运动肯定不是无声的,特别是那些无与伦比的和谐而精确的天体运行轨道……

---

① 王美钦:《克利论艺》,人民美术出版社2002年版,第24页。
② 保罗·克利:《保罗·克利笔记本卷宗1——思考的眼睛》,王美钦译,朗德·汉姆弗里斯出版社1961年版,第72—75页。

因此,这种天上的运行一定有音乐性的调节机制。"①

据巴比克(Babette E. Babich)的考察,音乐的古希腊语为"μουσικά"(Mousiká),Liddel 和 Scott 的解释为:"任何由缪斯所统辖的艺术,比如音乐或抒情诗。"②对于荷马来说,缪斯艺术(Mousa,Moisa,Mosa)包括美的艺术从总体上作为雄辩或教化的最宽广的范围。对波里克里斯(Pericles)来说,音乐(mousomai)意味着教育或教化。而"musical"(mousikos)意指某个"精通音乐"同时"总体上,是缪斯的崇拜者,有造诣的人,学者"③。

音乐比之其他艺术形式,具有更高的主体性和精神性,因此被黑格尔归在了较高的浪漫型艺术之中。黑格尔认为,音乐乃是内在生活在音乐上的回响。他在音乐中强调的就是主体内心生活表达。黑格尔并不是音乐家,也没有记载证实他擅长何种乐器,但有记载当他住在纽伦堡时他有一架钢琴,在柏林时期他曾在家中举办音乐晚会。④ 他曾与许多音乐家包括歌唱家保持着私人的关系,也曾频繁观看歌剧和听音乐会,熟悉当时音乐界的一些争论,比如从他的《美学讲演录》来看,黑格尔对音乐无疑具有极其深入精当的研究,具有十分丰赡的鉴赏力。

1. 作为音乐内容的主体情感

要理解黑格尔的音乐美学,首先需要对康德的音乐美学思想作一大致的了解。康德认为,我们实际只能认识到事物的现象,而不是物自体,事物是以感性的方式向我们呈现的,感性并不是一种低级认识论,而是我们认识事物的基本方式,感性具有先验成分。康德在"先验感性论"中指出:"一种

---

① 转引自安德鲁·威尔逊·迪克森:《基督教音乐之旅》,上海人民美术出版社 2002 年版,第 38 页。

② Liddell and Scott's, *Greek—English Lexicon*, Oxford:Clarendon Press,1889,p.520.

③ Babette E. Babich, *Mousikē Technē*, *The philosophical practice of music in Plato*, *Nietzsche*, *And Heidegger*, *Between philosophy and poetry*, New York:Continuum,2002,p.172.

④ Otto Pöggeler, ed., "*Hegel in Berlin: Preussische Kulturpolitik und idealistische Ästhetik*". Zum150. Todestag des Philosophen(Berlin:Staatsbibliothek Preussischer Kulturbesitz,1981),p.240. 转引自 A Companion to Hegel。

知识不论以何种方式和通过什么手段与对象发生关系,它借以和对象发生直接关系,并且一切思维作为手段以之为目的的,还是直观。"①主体与直观相应的能力就是感性,"通过我们被对象所刺激的方式来获得表象的这种能力(接受能力),就叫做感性。所以,借助于感性,对象被给予我们,且只有感性才给我们提供出直观"②。除了直观外,我们不能获取任何对象。康德认为审美判断具有四个特征:从质的方面来看,鉴赏判断是审美的,鉴赏是通过不带任何利害的愉悦或不悦而对一个对象或一个表象方式作评判的能力。一个这样的愉悦的对象就叫作美。从量上来看,审美判断与概念无关,并且具有主观普遍性。它表现出一种审美"共通感";从关系方面来看,具有"无目的的合目的性",美是一个对象的合目的性形式,如果这形式是没有一个目的的表象而在对象身上被知觉到的话。从情状方面来看,具有"主观必然性"。美一方面是"诸感觉活动里的形式",另一方面是"审美诸理念的表现"。按照对象的愉悦的模式来说,美是那没有概念而被认作一个必然愉悦的对象的东西。虽然音乐是一种"诸感觉的美的游戏",但外形美只是音乐印象中被感官愉悦的威力排挤的潜在因素,除非借助音乐的帮助,否则音乐本身不可能成为"审美诸理念的表现"。康德说:"我们不能肯定地说一种颜色或一个音调(声响)仅仅是快适的感觉呢,还是本身已经是诸感觉的一种美的游戏,并作为这样一种游戏在审美评判中带来一种对形式的愉悦……但反之,如果我们首先考虑一下关于音乐中这些震动的比例及评判能够说出来的那种数学的东西,并按照与这种评判的类比来方便地评判色彩的对比;其次,如果我们问问那些虽然只有罕见例子的人们,他们拥有世界上最好的视觉却不能区分颜色,拥有最灵敏的听觉却不能分辨音调,同样,对于那些能够做到这点的人,如果我们问问以不同的紧张度对色阶和音阶中改变了的性质(而不只是对感觉的程度)的知觉。此外,如果这

① 康德:《纯粹理性批判》,邓晓芒译,人民出版社 2004 年版,第 25 页。
② 康德:《纯粹理性批判》,邓晓芒译,人民出版社 2004 年版,第 25 页。

些色阶音阶的数目对于能够把握的区别来说是确定了的：那么我们就会不能不看到，对这两种感官的感觉不能只看作感官的印象，而要看作对多种感觉在游戏中的形式作评判的结果。但是，在对音乐的基础作评判时一种意见或另一种意见所表现出的区别，只会使这个定义改变为：人们要么像我们所做的那样把音乐解释为诸感觉（通过听觉）进行的美的游戏，要么解释为快适的感觉的游戏。只有按照第一种解释方式，音乐才会完全被表现为美的艺术，而按照第二种解释却会（至少部分说来）被表现为快适的艺术。"①

由于黑格尔强调艺术乃是表达我们的情致（παθος），神乃是"灵"，因此，他的音乐美学就是一种情感论美学。强调的是我们主体内在情感的力量及其表现。艺术的目的在于表达主体内在的情感，情感为什么既可以作为内容又可以作为目的，从而可以进行表达？"因为心情、心肠和情感尽管都是精神性的和内在的，却和感性的肉体的东西永远有一种联系，所以它们可以从外表方面，通过肉体，通过眼光、神色或是较富于精神性的音调和言语，把精神的最内在的生活和存在揭露出来。"②主体的内心生活通过情感结合到具体内容上去，通过柔化、安静化和观念化了的有组织的声音，把精神的最内在的生活和存在表露出来。

黑格尔指出："音乐就是精神，就是灵魂，直接为自己而发出声响，在听到自己的声响中感到满足。但是作为美的艺术，音乐须满足精神方面的要求，要节制情感本身以及它们的表现，以免流于直接发泄情欲的酒神式的狂哮和喧嚷，或是停留于绝望中的分裂，而是无论在狂欢还是在极端痛苦中都保持住自由，在这些情感的流露中感到幸福。这才是真正的理想的音乐，也是巴勒斯丁那、杜朗特、洛蒂、波哥勒斯、海登、莫扎特诸人的乐曲的特征。这些大师在作品里永远保持住灵魂的安静，愁苦之音固然也往往出现，但总是终于达到和解；显而易见的匀称的乐调顺流下去，从来不走到极端；一切

---

① 康德：《判断力批判》，邓晓芒译，人民出版社 2002 年版，第 170—171 页。
② 黑格尔：《美学》第二卷，朱光潜译，商务印书馆 1979 年版，第 301 页。

都很紧凑,欢乐从来不流于粗犷的狂哮,就连哀怨之声也产生最幸福的安静。"①由此可以看出,黑格尔认为理想的音乐乃是产生和谐和内心的平静的音乐,这仍然与他受基督教传统的影响有关,从这里也可以理解他为什么对贝多芬式的令人产生强烈刺激与震撼的音乐保持缄默。他认为,艺术正是要在感性因素中活动,要把精神引导到一个领域,像在自然界一样,基调是倘佯自得的幸福感。因此可以看出黑格尔的音乐观是偏向于阿波罗静观式的音乐而不是酒神式的放纵狂欢式的音乐。

在音乐美学中,情感论美学是流行最广的理论。因为音乐作为一种情感艺术,它通过声音的抑扬婉转,直接诉诸听众的内心情感,从而激起共鸣。"从这方面来看,音乐的独特任务就在于它把任何内容提供心灵体会,并不是按照这个内容作为一般概念而存在于意识里的样子,也不是按照它作为具体外在形象而原已进入知觉的样子或是已由艺术恰当地表现出来的样子,而是按照它在主体内心世界里的那种活生生的样子。分配给音乐的艰巨任务就是要使这种隐藏起来的生命和活动单在声音里获得反响,或是配合到乐词及其所表达的观念,使这些观念沉浸到上述感性因素里,以便重新引起情感和同情共鸣。"②"因此,情感永远只是内容的包衣,这正是音乐所要据为己有的领域。在这个领域里音乐扩充到能表现一切各不相同的特殊情感,灵魂中一切深浅程度不同的焦躁,烦恼,忧愁,哀伤,痛苦和怅惘等等,乃至敬畏崇拜和爱之类情绪都属于音乐表现所特有的领域。"③

音乐在表现主体情感时要对生活中的自然情感进行缓和和纯洁化。黑格尔认为,在生活中的情感,如惊恐的号叫,哀伤的呻吟或者狂喜的欢呼是音乐创作的出发点,但还不是音乐,因为音乐是灵魂的语言,"但是另一方面,声音既然不只是不明确的嘈杂的声响而是通过它的定性和纯洁性而获

---

① 黑格尔:《美学》第二卷,朱光潜译,商务印书馆 1979 年版,第 389—390 页。
② 黑格尔:《美学》第三卷,朱光潜译,商务印书馆 1979 年版,第 345 页。
③ 黑格尔:《美学》第三卷,朱光潜译,商务印书馆 1979 年版,第 345 页。

得音乐的价值"①而"要把表现纳入"。

音乐作为一种声音的感性形式作用于我们的感性,但仅仅拥有感性是不够的,必须与我们的知解力结合起来,也就是情感和思想必须得到统一。黑格尔说:"在音乐里,灵魂最深刻的亲切情感和最谨严的知解力都一样重要,这样,音乐就把对立的情感和思想两个极端结合在一起了,不过这种对立是容易变成各自独立的。"②

何乾三在《西方音乐美学史稿》中指出,音乐美学中的"情感论"并不是黑格尔首创的,相反,它有着久远的渊源。例如:古希腊时代的柏拉图认为,音乐在于塑造情感的和谐。亚里士多德在《政治篇》中也指出:"节奏和乐调是一种最接近现实的模仿,能反映出愤怒和温和、勇敢和节制以及一切互相对立的品质和其他的性情。"卢梭指出:"旋律通过摹仿声音的音调变化,旋律表达了哀怨、痛苦、欢乐、悲悼的声音;所有有关激情的声音符号都在它的范围之内。"③德国音乐理论家马泰松指出,"每一旋律'都有一种心情波动作为它主要的目的'"④。

与康德认为形式大于内容的观点不同,黑格尔反对内容与形式分离的做法,他指出:"只有内容与形式都须得彻底统一的,才是真正的艺术品。"⑤他强调音乐内容的重要性,强调音乐中感性因素与理性因素的结合。音乐中表现着特殊的民族性。为此他指出苏格兰北方人的风笛对鼓舞人民的勇气具有重要的作用,在法国大革命中《马赛曲》和《这些将会过去》之类歌曲所发挥的威力是无可否认的。⑥

---

① 黑格尔:《美学》第三卷,朱光潜译,商务印书馆 1979 年版,第 355 页。
② 黑格尔:《美学》第三卷,朱光潜译,商务印书馆 1979 年版,第 335 页。
③ 卢梭:《试论语言的起源》,洪涛译,上海人民出版社 2003 年版,第 100 页。
④ 《完善的乐队长》,转引自何乾三:《西方音乐美学史稿》,中央音乐学院出版社 2004 年版,第 336 页。
⑤ 黑格尔:《小逻辑》,贺麟译,商务印书馆 1980 年版,第 222 页。
⑥ 参见黑格尔:《美学》第三卷,朱光潜译,商务印书馆 1979 年版,第 353 页。

2. 作为音乐独特的表现手段

黑格尔对音乐的基本要素,如旋律、和声、音节都作出了重要的论述。黑格尔将音乐的表现方式区分为三方面:一、时间尺度、拍子和节奏;二、和声;三、旋律。

音乐之所以与主体情感密切相关,是因为音乐作为时间艺术,甚至就是主体本身。因为"我"就是时间。黑格尔指出,时间是音乐的一般因素,时间是在对空间及每一个"此时"的否定中持存的,而内心生活作为对空间并存现象的否定,与时间具有一致性,黑格尔更进一步认为,"我"与"时间"具有同一性。"说得更确切一点,如果我们把意识和自意识中的具体内容抽掉,实际的'我'本身就是'我'与之同一的时间;因为这种'我'只是一种空洞的运动,就是把自己变成另一体(对象),而又把这个变动否定掉的运动,也就是说,保持下来的还是那个单纯的抽象的'我'。'我'是在时间里存在的,时间就是主体本身的一种存在状态,既然是时间而不是单纯的空间形成了基本因素,使声音凭它的音乐的价值而获得存在,而声音的时间既然也就是主体的时间,所以声音就凭这个基础,渗透到自我里去,按照自我的最单纯的存在把自我掌握住,通过时间上的运动和它的节奏,使自我进入运动状态;而声音的其他组合,作为情感的表现,又替主体带来一种更明确的充实,这也使主体受到感动和牵引。"[1]

在浪漫型艺术中,绘画虽然在发展过程中终于达到了外形的解放,外形不再黏粘附到自然的单纯的形体上,但它仍然具有空间性,因而是具有持久存在着的外形。而由于精神性的东西要完全表现自己,必然要否定对空间性的依赖,因此就产生了音乐艺术。音乐是一种典型的时间性艺术。"音乐形成了一种表现方式,其中心内容是主体性的,表现形式也是主体性的,因为作为艺术,音乐固然也要把内在的东西表达出去,但是即使这种客观存在也仍然是主体性的,这就是说,音乐不能像造型艺术那样让所表现出来的

---

[1]　黑格尔:《美学》第三卷,朱光潜译,商务印书馆1979年版,第351—352页。

外形变成独立自由而且持久存在的,而是要把这外形的客观性否定掉,不许外在的东西作为外在的东西来和我们对立着,显得是一种固定的客观存在。"①

　　与绘画用颜色作用于我们的视觉不同,音乐主要通过音符、节奏、旋律作用于我们的听觉,从而激发我们的情感与想象力。对黑格尔来说,音乐不在于表现外在客观事物,而完全表现和作用于我们的主体性。即主体本身的情感,这种情感不能用一般实际的外在事物来表现,而是要用一旦出现马上就要消逝的亦即自己否定自己的外在事物。因此,形成音乐内容意义的是处在它的直接的主体的统一中的精神主体性,即人的心灵,也就是单纯的情感。在音乐里,主客关系消失了。音乐的内容在本身上就是主体性的。音乐可以使人回归自己,关注自己的本性,音乐对我们的情感具有调节、疏导、抚慰的作用,在音乐中,自我发现自身,并意识到自己处在一种最简单和最深层的层次上。由于否定了空间性,音乐也就放弃了它的静止的并列状态而转入运动。黑格尔说:"如果我们一般可以把美的领域中的活动看作一种灵魂的解放,而摆脱一切压抑和限制的过程,因为艺术通过供观照的形象可以缓和最酷烈的悲剧命运,使它成为欣赏的对象,那么,把这种自由推向最高峰的就是音乐了。"②

　　"针对18世纪以百科全书派哲学家为首的旋律派与以音乐家拉莫为首的和声派之争,黑格尔在论述旋律与和声的关系时,提出了自己的独特的见解。他指出:在音乐艺术中,旋律是灵魂的自由的音响,是运用节拍、节奏、音质、音色与和声等因素来进行真正的艺术创造的领域。旋律在它的声音的自由展现之中,一方面要独立地浮游于拍子、节奏与和声之上;另一方面,旋律运动又离不开这些它赖以存在的表现手段,因此它既要遵循这些手段的必然规律,而又要保持自己的独立自由。"③黑格尔指出:"这样把和音

---

① 黑格尔:《美学》第三卷,朱光潜译,商务印书馆1979年版,第330页。
② 黑格尔:《美学》第三卷,朱光潜译,商务印书馆1979年版,第337页。
③ 何乾三:《西方音乐美学史稿》,中央音乐学院出版社2004年版,第340页。

与旋律两个差异面结合成为统一体,就是伟大音乐作品的秘诀。"①

　　黑格尔坚持音乐内容与形式结合的观点。他说:"没有无形式的内容,一如没有无形式的质料,……内容之为内容即由于它包括有成熟的形式在内。……只有内容与形式都须得彻底统一的,才是真正的艺术品。"②

　　黑格尔还指出了音乐产生的共鸣中的民族因素。"真正的精神鼓舞的根源在于充塞于一个民族间的某种明确的思想和精神的旨趣,而这种思想和旨趣可以通过音乐暂时提升成为一种活跃的情感,于是乐调就把专心倾听的主体卷着走。"③在众多的音乐家中,黑格尔特别推崇莫扎特,喜爱他的《魔笛》、《邓·基阿万尼》、《费加罗》等乐曲。

(二)海德格尔的音乐思想

　　关于音乐,6世纪罗马哲学家波伊提乌说:"世上有三类音乐。第1类是宇宙的音乐,第2类是人类的音乐,第3类是乐器的音乐,比如基萨拉琴、第比亚笛或其他能产生旋律的乐器音乐。在第1类音乐(宇宙的音乐)中,天地、元素的结构、四季的变化等因素是最好的观察对象。如此敏捷的天体机械怎可能毫无声息地运动呢?……这么迅速的运动肯定不是无声的,特别是那些无与伦比的和谐而精确的天体运行轨道……因此,这种天上的运行一定有音乐性的调节机制。"④

　　在海德格尔的著作中,他先后提到过贝多芬、巴赫、莫扎特、瓦格纳、斯特拉文斯基(Igor Stravinsky,1882—1971)、卡尔·奥尔夫(Carl Orff,1895—1982)、克诺伊策(Conradin Kreutzer)、维瓦尔第等人的音乐。黑格尔对贝多芬保持沉默,也许与他强调音乐应起到平静和谐的作用有关,而海德格尔则对贝多芬有所偏重。在《艺术作品的本源》中论述艺术作品的物性时,他

---

① 黑格尔:《美学》第三卷,朱光潜译,商务印书馆1979年版,第379—380页。
② 黑格尔:《小逻辑》,商务印书馆1980年版,第279页。
③ 黑格尔:《美学》第三卷,朱光潜译,商务印书馆1979年版,第353页。
④ 转引自安德鲁·威尔逊-迪克森:《基督教音乐之旅》,毕祎、戴丹译,上海人民美术出版社2002年版,第38页。

说:"贝多芬的四重奏存放在出版社仓库里,与地窖里的马铃薯无异。"①从总体来看,海德格尔的哲学思想并不是一种音乐哲学,而是一种音乐性的哲学。海德格尔认为,存在的意义是时间,而音乐作为一种时间艺术,本应在他的艺术思想中受到重视。但海德格尔反对主体性,他更多的是强调天体音乐而不是情感音乐。在《什么叫思?》中海德格尔指出:"回忆,这位天地的娇女,宙斯的新娘,九夜后成了九缪斯的母亲。戏剧、音乐、舞蹈、诗歌都出自回忆女神的孕育。"②回忆的古希腊文为"μνημοσύνη",翻译为德语可以是"记忆、回忆"(Gedächtnis)。

与黑格尔相同之处是他对于莫扎特的强调。他认为真正伟大的是莫扎特。莫扎特(Wolfgang Amadeus Mozart),1756 年出生于萨尔茨堡。父亲是作曲家和小提琴家,他也受到巴赫(Johann Christian Bach)的影响,开始创作交响曲和奏鸣曲。在莫扎特诞辰二百周年时,海德格尔在《理性的原则》(Der Satz vom Grund)中,提到了莫扎特的一封信,以强调听觉的重要性,他将莫扎特的音乐称为"神的钟声"。"莫扎特的一封信(参见《莫扎特书信摘录》,音乐生活,迈因茨 1948 年第 1 版第一册):'那是一次四轮马车上的旅行,或者在午餐过后,当我不能入睡时在夜间的漫步,思想如泉涌般到来。我所仅仅喜欢的,在我的头脑中累积起来。就像另外至少说出的一样。我将此停顿,以致于另外的能够到来,为了能够使用一团,用从此粘贴,用对位法,用区分乐器的声音等。我的心情由此升温,当我不是用死来命名它;它一直是伟大的,我期待它更久远更光明,头脑中的事物很快就真的用尽了,当它同时那么长,以致于它与视觉相同,一如美的图画或美的人在精神的超视觉中,它同时并不是抱有同感,一如它在想象力的听中到来,而是相同的总和。所有在我的明显的梦中发现和制作中这一切是个盛宴,然而听觉,作为一切的总和,同时也是最好的'。"③海德格尔通过引用莫扎特早年的回

---

① 海德格尔:《林中路》,孙周兴译,上海译文出版社 2004 年版,第 3 页。
② 海德格尔:《海德格尔选集》,孙周兴译,三联书店 1996 年版,第 1213 页。
③ 海德格尔:《根据律》(德文版),那斯克(Neske)出版社 2006 年版,第 117—118 页。

忆,来说明听觉也是一种看,他指出,可以相信,让看和让听的被遮蔽的本质设定着思想的本质,也就是我们人类思想的本质。

海德格尔强调要从音乐的角度去理解"句子"(Satz)这个词语,他引用冯·阿尼姆(Bettina v. Arnim,1785—1859)在《歌德与一个孩子的通信》中的段落,"当人们提及音乐上的句子,或者护送一个来自知性的器具,用它来处理,我正好与它相反,执行这音乐性的句子,这句子自行命名,自行发现,自行集中,在此精神具有它的形式"①。

赋格曲是音乐中最优美的,海德格尔对赋格有着格外的重视,赋格是一种多声部的音乐,他认为世界是"天、地、人、神"四重奏,就是一首赋格,因此海德格尔的整体言说具有一种音乐性质。

由于音乐是情感的艺术,而海德格尔对主体性持批判态度,因此,他早期对音乐是持贬低态度的。从他那里,我们可以看到康德对音乐贬低理论的影子。康德认为音乐只是感觉的游戏,并不反映外物。但他并不完全否定音乐,而是希望发展出一种情绪式的哲学。

在音乐中呈现着三维的时间观,将来展现为一种可能性,过去作为曾在,当前作为带向展现。在音乐艺术的时间性中设置着时间的运动,时间作为对可能性的期望。②

海德格尔非常强调听觉的重要性,他认为,传统西方形而上学的主导是"视觉"思维,这视觉思维就为表象性思维奠定了基础,他认为,倾听比观看更为本真,为反对表象思维,批判现存形而上学,海德格尔在《什么叫思?》提出了异乎寻常的要求,呼吁我们:"进行一种倾听的思想,一种思想的倾听",他认为,"只要思想尚未开始思考,它就拒绝倾听","语言是存在之家,"这里的语言还指 Ereignis 之言说。海德格尔与传统观点截然不同的是他认为是语言在说话,人是应合于语言的说话而说话,语言通过人说话,而

---

① 海德格尔:《根据律》(德文版),那斯克(Neske)出版社 2006 年版,第 151 页。
② Günther Pöltner,"Mozart und Heidegger",*Heidegger Studies*,1992(8),pp.123-144.

不是人自己说话,所以人首先要倾听 Ereignis 的言说。

斯特拉文斯基(Igor Stravinsky,1882—1971)也是海德格尔所喜欢的音乐家,在 1962 年的《关于伊戈尔·斯特拉文斯基》一文中,他指出:"仅就这层意思来说,我认知伊戈尔·斯特拉文斯基的两部作品:《圣诗交响曲》和根据安德烈纪德的诗改编的音乐剧《玻尔塞福涅》。两部作品都以不同的方式把古之又古的传统带入当代。它们是音乐这个词在最高意义上的体现:由缪斯馈赠的作品。然而,为什么这些作品自己不再能滋养它们所处的处所呢? 这个问题已经不再是追问斯特拉文斯基艺术的界限。它更多地追问到了作为如此这般的艺术的命运之规定,这就是说,追问到了思与诗在艺术命运上的规定。"[1]斯特拉文斯基非常强调音乐美学中规则的重要性,海德格尔也指出:"希腊人所谓的'美'就是约束。"[2]

关于音乐与时间的关系,斯特拉文斯基指出:"以客观时间为主的音乐,一般来说,会遵循相似性原则。而以心理时间为主的音乐则强调对比性的体现。音乐创作过程中的这两条定律正好对应着统一和对比这两个基本的哲学概念。其实,不光是音乐,对于所有的艺术形式这条规律都能适用。比如,造型艺术中的单色调和多色调就分别对应着同一和差异这两个概念。"[3]他认为作曲"就是按照某种音程关系把一定数量的乐音按序排列。因此我在作曲的时候,就会努力去寻找我所使用的乐音所要指向的中心。总之,如果事先确定了中心,就需要找出一系列指向这个中心的乐音。反之,如果先想到了一些没有明确指向的乐音组合,就得明确它们应该指向的中心。而这个中心的发现,对我来说就等于找到了解决问题的答案,我也会因为自己的这种音乐地形学式的作曲品味在作品中的最终实现而心满意足"[4]。他将这种先确定中心从而找到指向该中心的乐音的方法称之为"音

---

① 海德格尔:《思的经验》,陈春文译,人民出版社 2008 年版,第 160 页。
② 海德格尔:《形而上学导论》,王庆节译,商务印书馆 1996 年版,第 132 页。
③ 斯特拉文斯基:《音乐诗学六讲》,上海音乐学院出版社 2008 年版,第 24—25 页。
④ 斯特拉文斯基:《音乐诗学六讲》,上海音乐学院出版社 2008 年版,第 30 页。

乐地形学"式的,笔者以为这与海德格尔所强调的"地形学"(Topologie)具有相似性。海德格尔在诗歌、语言中也在追求"位置",这个位置乃是"孤寂"(die Abgeschiedenheit),海德格尔说"异乡人是孤寂的(Der Fremdling ist der Ab-geschiedene,也可译为离去的)"。

(三)海德格尔论音乐节奏

1."形式"、"结构"——节奏("ῥυθμὸς")的原始含义

(1)"ῥυθμὸς"与形式。节奏("ῥυθμὸς",Rhythmus)在古希腊最基本的含义就是指"形式"。对此我们需要回顾"节奏"(ῥυθμὸς)的历史。"节奏"(ῥυσμός,ῥυθμὸς的伊奥尼亚式拼写)最早被发现使用在爱奥尼亚(Ionian)的抒情诗和悲剧诗歌之中,后来在阿提卡(Attic)散文,尤其是哲学家的散文之中。在古代爱奥尼亚哲学家的词汇中我们可以理解ῥυσμός的特定用法,如原子论的创立者留基伯(Leucippus)和德谟克利特(Democritus)。这些哲学家使ῥυσμός成为一个哲学术语,德谟克利特认为宇宙的本原是原子和虚空,"原子"是指不可分割的东西,是最微小的不可再分割的物质微料,它又是坚实的、充满的、内部没有空隙的东西。与之相反,"虚空"就是内部空无一物、完全空虚的东西。虚空为原子的运动提供场所。宇宙万物都是由原子的各种形式集合组成的复合物。而德谟克利特确实经常在"形式"的意义上使用"ῥυθμὸς"。他写过"περί τῶν διαφερὸν των ῥυσμῶν"([原子]的多种形式)。他通过教义告诫我们水和气是如何不同的,"ῥυθμῶ διαφέρειν"事物从它们组成形式相区分,因为组成它们的原子不同。"οὐδεμιᾶ μηχανῆ τῶ νυν καθεστῶτι ῥυθμῶ ᾽μῆ"。可以看出,"ῥυθμὸς"在德谟克利特处的含义是明确的,就是"形式"。在整体中明确地安排各个部分的形式。

亚里士多德引用了德谟克利特的话,将它的含义传递了下来。按照他的说法,物体间的基本关系由它们互相的差异构成,这些差异来自三种:

"留基伯(Leucippus)与他的同伴德谟克利特以'实'与'空'为元素,他们举'实'为'是'(存在),举'空'为'无是'(非存在);他们并谓是不离于无是,故当空不逾实,实不逾空;他们以此为万物的物因。那些以万物出

于同一底层物质的变化的人认为'疏'与'密'为变化之本,他们同样认为在元素上的诸差异引致其他各种的质变。他们说这些差异有三:形状(ῥυσμòς)、秩序(τάξις)、位置(θέσις)。他们说一切'实是'只因节奏、接触与趋向三者之异遂成千差万别;节奏(ῥυσμòς, rhythmus)即形状(σΧῆμα, form),接触(διαθιγή, contact)即秩序(τάξις, order),趋向(τροπή, turn)即位置(θέσις, position);例如 A 与 N 形状相异,AN 与 NA 秩序相异,Z 与 N 位置相异。至于动变的问题——事物从何而生动变?如何以成动变?——这些思想家和其他的人一样,疏懒地略去了。"[①]

从亚里士多德这段话可以看出,节奏(ῥυσμòς)的意思为形式(σΧῆμα, form),这是他从留基伯处继承来的概念。按照他的意思,A 和 N 的区别在于"形式"(form)和"构造"(configuration)。A 和 N 的前两个笔划是相同的,只有第三个笔画不同。第三个笔划在 A 的内部,在 N 的外部。

亚里士多德自己发明了"ἀρρύθμιστος"的用法,意思是"不能导致形式,虚无的。"并从"ῥυθμòς"派生出合成词"ὁμὸρρυσμος"、"ὁμοιὸρρυσμος",意思为"相同的形式","ομορρυσμιη"("相似"),"εὑρρνσμòς"("美好的形式,优美的")。"ῥυθμòς"也是一种性质(ποιὸτης)。亚里士多德在《范畴篇》10a11 说道:"第四种性质是所有事物的形状和外表形式。"(τέταρτον δὲ γένος ποιὸτητος σΧῆμάτε καὶ ἡ περὶ ἕκαστον ὑπάρΧουσα μορφή)决定事物的是形式而不是质料。《形而上学》1035a8:"事物常凭其形式取名,而不凭其物质原料取名。"

法国语言学家本维尼斯特(Emile Benveniste)对"ῥυθμòς"深入考察后得出结论:第一,"ῥυθμòς"从最早的时候直到阿提卡(Attic)时期,并没有意味着"节奏";第二,它从来没有被用作波浪的规律性运动;第三,它始终意味着"明确的形式、部分形象、安排、排列(部署)",在不同情况下使用是有所改变的。它的派生词也都涉及到"形式"。

---

① 亚里士多德:《形而上学》985b5–19,吴寿彭译,商务印书馆 1959 年版,第 13—14 页。

在西方美学史上,黑格尔与尼采也都曾指出"ῥυθμὸς"的"形式"的含义。黑格尔认为节奏是自我运动的内容的内在形式,也就是事物自身。尼采在《节奏的力量》一文中也指出,"节奏是合适的形式,尤其是世界显现的形式。"(KGA 2.3:338)在《根据律》一文中,当海德格尔谈论到信息技术时,他将"Prägung"理解为"Formierung"(形成、排列)。

海德格尔的哲学之路是从现象学开始的。对于胡塞尔来说,现象学不是一门关于实在现象的本质科学,而应当是一门关于被先验还原了的现象(即纯粹意识的广泛领域)的本质科学。这现象包括每一种经验(作为经验活动以及作为被经验者)。现象学认为,一切科学知识及其陈述的合法性源泉是直观(Anschauungen)。在直观中,对象表现为自身给与的东西(Selbstgegebenheit)。对于现象学"回到事情本身"的口号,与胡塞尔回到意识活动,对意向活动进行结构分析不同,海德格尔早期强调回到生命本身,强调前理论、前反思的本己体验。认为现象学的态度唯有作为生命本身的生活态度才能达到。对他来说,现象学就是"让人从其本身所显现的东西那里如它从其本身所显现的那样来看它。这就是取名为现象学的那门研究的形式上的意义"。现象学认为事物的本质并不是抽象的规律,胡塞尔说:"最初,'本质'表示一个个体在其最具自身特征的存在中呈现为其是什么(Was)的东西。"[①]这也是指古希腊"εἰδὸς"("Eidos")这个词用以指本质时的原初含义。"εἰδὸς"(Eidos)的原意是"相",即事物所呈现出来的相貌,"εἰδὸς"的本义就是指形式。当这个词被用来指本质的时候,专指一个事物之为该事物(以及某类事物之为该类事物)所必须具有的那些规定性。正如亚里士多德指出的,决定一事物之为该事物的是形式(μορφή)而不是质料(ὑλη)(《形而上学》1035a8)。而现象本身只能在形式上得到显示。对胡塞尔来说,形式化的结果是达到一种"空的"形式,即在这种形式中完全不包含适用于这

---

① HUSSERLIANA BAND III,1,S.13;胡塞尔:《纯粹现象学通论》,李幼蒸译,商务印书馆1995年版,第51页。

种形式的实质物的任何属性,也就是纯粹逻辑。当我们把一种形式应用于实质的物的时候,是用实质的东西"充实"(Ausfüllung)空的形式,对海德格尔而言这形式的东西就是合乎关联的东西,要先行显示出现象间的关联,也就是说呈现出一个意蕴关联体。现象的这种关联意义并不是一种理论意义,因为在我们实际体验中显现的事物,必定是处在一个世界整体意蕴关联的视域之中的。"ῥυθμὸς"作为"纯"形式,就可以理解为现象学的"基底"。

在 1939 年的《论φύσις的本质和概念》一文中,海德格尔专门讨论了质料与形式问题。他指出,古希腊爱利亚学派的智者安提丰(Antiphon)将ῥυσμὸς理解为分段(Gliederung)、烙印(Prägung)、结构(Fügung)和形式(Verfassung)。简言之,具有"ῥυθμὸς"(形式、结构)的特征。ῥυθμὸς的那种变化始终只是偶尔加入的。真正存在着的,乃是 τὸ ἀρρύθμιστον πρῶτον——即首先内在地无形式(或结构)的东西(das Verfassungslose),在其从形成(Fassungen)和形式(Verfassung)方面所遭受的东西的变化中,它持续不断地在场着。① 对安提丰来说,内在的无形式的东西("τὸ ἀρρύθμιστον πρῶτον")是基本的和持久的,而"ῥυθμὸς"作为变动的"形式"则是时间性的附加到持久者之上的非持久者。而海德格尔强调亚里士多德并不是如此区分这二者的。他说:"'ὕλη-μορφή'这一区分并非简单地只是'ἀρρύθμιστον—ῥυθμὸς(无形式与形式)'的另一个形式……'ὕλη-μορφή'被罗马人翻译为 materia 和 forma;在通过这种翻译所作的解释中,这个区分过渡到了中世纪和康德。康德把它把捉为'质料与形式'(Materia und Form)的区分,并且把后者解释为'可规定的东西'与其'规定性'的区分(参看康德:《纯粹理性批判》,'论反思概念之歧义'A,266,B,322)。由此便达到了对亚里士多德的这一希腊式的区分的极端疏远。"而φύσις(自然)就是以形式的方法显示的。亚里士多德认为,"μορφή"也包含着对

---

① 参见海德格尔:《路标》(德文版),美茵法兰克福 1976 年版,第 337 页,中译参见孙周兴译,商务印书馆 2000 年版,第 309 页。在 William McNeill 英译本中,Fassungen 译为 shape 和 form。相应的 Verfassungenlose 译为 formless,"无形式的"。

"φύσις"的本质规定,而对"μορφή"(也就是εἶδος)的理解又得联系到语言(λόγος):"ἡμορφὴ καὶ τὸ εἶδος τὸ κατὰ τὸν λόγος"。

（2）"ῥυθμὸς"与结构（Fügung）。许多词源学词典认为"ῥυθμὸς"作为抽象名词来源于ῥεῖν(流动,流),但"ῥυθμὸς"在它的古代用法中并没有指流动的水,也没有意味着节奏。在《词语》一文中,当谈到格奥尔格（Stephen Georg）的诗歌《最寂静的安宁》（In stillste ruh）时,海德格尔说:"这首歌的节奏是多么美妙又多么清晰。稍作解说即可挑明其节奏。节奏,即ῥυσμὸς,并不意味着流和流动,而是意味着结构（Fügung）。节奏是安排（fügt）歌舞活动并因此使之安然自足的那个安宁者,节奏赋予安宁。在上面这首歌中,如果我们留意到有一支赋格曲（Fuge）在三节诗中以三种形态向我们歌唱——安全的心灵和突发的目光,树枝和风暴,大海和贝壳,那么,这首诗的结构就显示出来了。"①

这里谈到诗歌的结构（Fügung）,荷尔德林也曾论述诗歌节奏与结构的关系。在1804年左右,荷尔德林与辛克莱尔在讨论疯狂时,说道:"一切艺术作品都是一个普遍的节奏,他们把这定义为一个相同的区域,在此区域外,任何事物都是在外的,因为这个区域是封闭的和不可进入的。当节奏成为思维单独的和普遍的表达,也就是说那里只有诗,它必须承受内在神秘的节奏,在这个节奏中它可以鲜活存在并成为可见的,任何艺术作品都是一个相同的统一的节奏,任何事物都仅是节奏,正如任何艺术作品都是一个统一的节奏,整个人类命运就是一个天上的节奏。"②荷尔德林这段话就是表达,每个艺术作品都具有一个独一的结构,并把人类命运与时间即天空中的日月交替联系了起来。

艺术中节奏与结构的关系要追溯到柏拉图美学。在西方美学史上,是柏拉图确定了节奏概念,并对传统的"ῥυθμὸς"做了新的解释。在《斐利布篇》中,苏格拉底强调了间隔（διαστήματα,intervals）的重要性,认为如果要

---

① 海德格尔:《在通向语言的途中》,孙周兴译,商务印书馆2004年版,第227页。

② Maurice Blanchot, *The Space of literature*, tran. Ann Smock, London: University of Nebraska Press, 1982, p.225.

认真学好音乐,就必须熟悉它的特点、区别以及合成。他说:"我们的前人告诉我们把这些合成叫做'和谐'的(ἁρμονίας);他们同时告诉我们那里存在着相同的性质,进一步说,在时间之中是身体的运动,据说这些特点是由数决定的,被称作'节奏'和'尺度'(ῥυθμοὺς καὶ μέτρα)"(ἔν τε ταῖς κινήσεσιν αὖ τοῦ σώματος ἕτερατοιαῦτα ἐνόντα πάθη γιγνόμενα,ἃ δὴ δι ἀριθμῶν μετρηθέντα δεῖν αὖ φασὶ ῥυθμοὺς καὶ μέτρα ἐπονομζειν)。在《会饮》187b 中,"在不和谐之处我们可以让和谐起作用,例如,我们通过调节快慢来产生节奏,这两者的联合就叫做合唱艺术"①。(ἡ γὰρ ἁρμονία συμφωνία ἐστίν,συμφωνία δὲ ὁμολογία τις—ὁμολογίαν δὲ ἐκ διαφερομένων,ἕως ἂν διαφέρωνται,ἀδύνατον εἶναι: διαφερὸμενον δὲ αὖ καὶ μὴ ὁμολογοῦν ἀδύνατον ἁρμόσαι—ὥσπερ γε καὶ ὁ ῥυθμὸς ἐκ τοῦ ταχέος καὶ")

在《法篇》665a 中,他指出,"运动中的秩序称作节奏,声音中的秩序——锐音和抑音之混合——称作音调,二者的结合就叫做歌舞艺术。"(τῇ δὴ τῆς κινήσεως τξει ῥυθμὸς ὄνομα εἴη, τῇδ' αὖ τῆς φωνῆς,τοῦ τε ὀξέος ἄμα καὶ βαρέος συγκεραννυμένων,ἁρμονίαὄνομα προσαγορεύοιτο,Χορεία δὲ τὸ συναμφὸτερον κληθείη.)

从这里我们可以看出,柏拉图在继承了"ῥυθμὸς"的"明确的形式、部署、部分"的意义上并作了革新。柏拉图的革新在于,将"ῥυθμὸς"用于运动的形式,以此,人们的身体可以舞蹈,使得人物的安排合乎要求。有决定性意义的是,将肉体性的"ῥυθμὸς"与"μέτρον"(尺度)概念关联在一起,并遵循着数的法则。这是"ῥυθμὸς"的新意义:在柏拉图处从原来的"安排"的含义转变为一定次序的慢速或快速的运动,从高或慢改变为和谐。它是一定次序的运动,整个和谐过程包括身体的态度包含着尺度,因此被叫做"节奏",我们可以说一支舞蹈、一个步伐、一首歌、一个演讲、一件工作的节奏,

---

① 柏拉图:《柏拉图全集》第二卷,王晓朝译,人民出版社 2002 年版,第 224 页。

任何事情假定一个持续的活动被尺度或改变的间隔所打破,就获得了节奏的概念。从"ῥυθμὸς"开始,一个空间的设置定义被元素的固定安排和部分,一个在时间中的行动的设置:"所有节奏被一个明确的运动所调和"("πᾶς ῥυθμὸς ὡρισμένη μετρεῖται κινήσει")(Arist probl. 882b. 2)

海德格尔选择了音乐术语"赋格(Fuge)"来描述格奥尔格的诗歌,作为音乐的赋格曲是一种开头呈现主题,之后每部分模仿主题的,由乐器演奏或人声演唱的,由二、三或四部分构成的曲子,其中呈示部(exposition)由自由对位的转调乐段构成,即插句,还包括主题的自由表现,最后由强烈的主调结束,赋格属于一种复调音乐,最为著名的赋格作曲家赫(J.S.Bach)和贝多芬等。德语 Fuge 的拉丁文为 Fuga,古希腊文为"φυγά",意思为"遁走、追逐",笔者以为这里仍然与日月交替所形成的时间观密不可分。海德格尔依时间性解释此在的生存,在海德格尔的诗学中,核心就是表现日月交替循环运动所形成的时间观,而"φυγά"就形象地表现了这一周期性的、不断重复的过程。

2. 节奏在存在论中的功用

(1)"ῥυθμὸς"与时间、空间。海德格尔早期对此在有限性的分析奠基于康德纯粹理性批判之上,他认为存在是此在对存在的理解,后期海德格尔转向对此在有限性的分析,强调存在的自行显现,现象是以形式的方式显示的,节奏就是统一的直觉形式:空间与时间,空间与时间的直觉植根于对节奏的体验。

节奏不是描述出现在时间性中的事物,而是指出当事物在显现中的时间性的结构。节奏是一种时间尺度,节奏是时间的划分,这个相对的空的时间(Leere Zeit)和充满的时间(erfüllte Zeit)在节奏中结合在一起。因此,对我们语言节奏的划分要参考对时间的划分。

对此我们又必须回溯至亚里士多德,在《物理学》中①,他认为时间是

———————————

① 海德格尔认为亚里士多德的《物理学》乃是西方哲学的被遮蔽的、因而从未被深思过的基本著作。(参见海德格尔:《路标》,孙周兴译,商务印书馆 2000 年版,第 279 页)

"ἀριθμὸς κινήσεος"(数的运动,他将时间理解为"数",是被计数的数目。《物理学》219b5),将时刻理解为一个个持续的点。"时间显然是能被计数的数目,而不是我们用以计数的数目。"(ὁδὲΧρόνος ἐστὶ τὸ ἀριθμούμενον καὶ οὐχ ᾧ ἀριθμοῦμεν)。在《巴门尼德》一书中,海德格尔也指出这点:"时间的开端性的本质是数字、计数和所有'艺术'的遥远的:不可计数的(ἀναρίθμητος)。"①而节奏提供给我们的,是对这个持续的时间流的划分(中断或分离),正如海德格尔说的,节奏本身就是对时间的划分(Gliederung)。

对于胡塞尔来说,时间是一种内在的意识时间,意识现象就存在于意识的内在时间之流中。与抽象思辨的理论化的时间观不同,海德格尔的时间观是前反思、前理论的从实际生命出发,在生存实践中所经验的真实的时间观。他说:"而毋宁说,时间问题必须这样来把握,恰如我们在实际经验中对时间性的原始经验那样——完全撇开一切纯粹的意识和一切纯粹的时间。我们倒是必须追问:在实际经验中时间性原始地是什么? 何谓实际经验中的过去、当前、将来? 我们的道路是以实际生命为出发点,由此出发来赢获时间的意义。"②在我们的生存经验中,人们日出而作,日落而息,日月交替形成了我们基本的时间意识。是太阳的位置决定了"现在、过去、将来"。在《赫拉克利特研讨》课中,海德格尔和芬克(Eugen Fink)主要探讨了赫拉克利特所说的"永恒的活火"(πῦρ ἀείζωον),并指出,这"永恒的活火"就是尺度,就是带上前来的东西(bring-force-to-appearance)。而"过去"、"现在"、"将来"的三维时间"ἦν"、"ἔστι"、"ἔσται"("was"、"is"、"will be")就来自于"ἀείζωον"③,因此,"永恒的活火"使得三维的时间成

---

① 海德格尔:《海德格尔全集》(德文版全集第 54 卷),维多里奥·克劳斯特曼出版社 1992 年版,第 210 页。

② 海德格尔:《形式显示的现象学:海德格尔早期弗莱堡文选》,孙周兴编译,同济大学出版社 2004 年版,第 74 页。

③ 海德格尔:《赫拉克利特研讨》(英文版),查理斯·赛伯特译,美国阿拉巴马大学出版社 1979 年版,第 57 页。

为"四维"时间,而本真的时间就是四维的。① 关于"永恒的活火",就是他后面讨论的太阳。也是海德格尔在《时间与存在》课后讨论班上所探讨的大写的"es gibt"中的"Es",也就是他后期一直探讨的"Ereignis","Ereignis"在早期主要指生命体验,与"Erlebnis"(体验)同义。狄尔泰就说过,诗表现为一个事件(Ereignis)。狄尔泰指出,事件这个词在这里本身具有体验之意,包括可能的和现实的、我们自己的和别人的、过去的和现在的体验。Ereignis 与"φύσις"同义。"Ereignis"也就是现象学的"基底",纯粹认识本身,也就是"光",这光又来自太阳,"Ereignis"又指太阳。亚里士多德在《物理学》194b14 中也说,"因为人生于人,也生于太阳"。太阳设置了我们人类生活白天和夜晚的节奏以及四季交替的节奏②,"白天和夜晚作为改变的条件对我们是相似的,作为太阳在她所照亮的领域的在场和不在场,是生活最基本的节奏"③,也形成了我们人类的生理节奏(生物钟)。海德格尔又强调"Es gibt"(它给予)为"Es, die Sprache, gibt"(语言给予),因此,"Ereignis"又始终是语言问题,指的就是语言本身。

特拉克尔是海德格尔所喜爱的诗人。在《诗歌中的语言》一文中,海德格尔说:"每个伟大的诗人都只出于一首独一之诗来做诗……一个诗人的独一之诗始终是未被道出的。无论是他的任何一首具体诗作,还是具体诗作的总和,都没有道说一切。可是,每一首诗作都是出于这首独一之诗的整体来说话的,而且每每都道说着这首独一之诗。从这首独一之诗的位置那里涌出一股泉流,它总是推动着诗意的道说。但这股泉流并不离弃这首独一之诗的位置,它的涌出倒是让道说的一切运动又流回到这个总是愈来愈隐蔽的源头之中。作为运动着的泉流之源泉,这首独一之诗的位置蕴藏着

---

① 参见海德格尔:《面向思的事情》(德文版),德国维多里奥·克劳斯特曼出版社 2007 年版,第 20 页。中译参看海德格尔:《海德格尔选集》上卷,孙周兴编译,三联书店 1996 年版,第 677 页。
② 柏拉图:《理想国》卷 7,515d25—27 也指出了这点。
③ 海德格尔:《赫拉克利特研讨》(英文版),查理斯·赛伯特译,美国阿拉巴马大学出版社 1979 年版,第 44 页。

那个最初可能以形而上学的美学的表象方式呈现为节奏(Rhythmus,或译旋律)的东西。"①这里所探讨的位置(Ort),相当于亚里士多德的"tode ti"(此处这个,Dies Da),也是他在《存在与时间》中追问的"Dasein"中的"Da"(此处),也就是现象学的"基底"(与 Ereignis 同义),而事物的显现需要光,光又来自太阳,日月交替形成了最基本的时空意识,因此这位置又与太阳紧密相关。太阳在海德格尔诗学中具有特殊的地位,正如他后期在《语言与家乡》一文中对诗的本质的论述:"在诗的话语中,不重现任何被给定的东西,而是在场地向着太阳夏日一天的劳作而诗,因为此一诗的言说才把这整日的劳作赋予我们。这丝毫不是诉说有关太阳的事;反倒是,太阳教我们说,并向我们说,我们因之才有了说这回事,前提是,我们倾听到诗着地言说。"②就是在此意义上,他把诗叫作"存在的地志学"。

海德格尔认为在诗歌中就是要追求人类生存的尺度,这尺度首先就来自于"天空之物",正如芬克所说,尺度(μέτρα)有三重含义,"我们所强调的尺度的第一重含义集中在太阳经过早晨、中午和夜晚所形成的场所和时间。第二重意义是,尺度意味着乃是太阳向事物所发送的尺度。也就是说对生成和活着的万物,如果发送的偏离这个尺度,也就是说太阳太热了、太靠近了或者太远了。尺度的第三重意思,正如我们在残篇第 120 中所采用的,意味着揭露了太阳整个光的领域的边界(τέρματα)"③。尺度来自太阳,这也就能理解为什么海德格尔引用荷尔德林的诗歌,"大地上可有尺度?绝无。"对现代只会计算的人来说,数量就是尺度,而对本真的人来说,就要学会仰望天空,去追寻生存的尺度。因此,海德格尔就是要让我们抬头仰望天空,感悟造物的深邃。

----

① 海德格尔:《在通向语言的途中》(德文版),德国维多里奥·克劳斯特曼出版社 1985 年版,第 34 页。

② 海德格尔:《思的经验》,陈春文译,人民出版社 2008 年版,第 145 页。

③ 海德格尔:《赫拉克利特研讨》(英文版),查理斯·赛伯特译,美国阿拉巴马大学出版社 1979 年版,第 39—40 页。

（2）节奏（"ῥυθμὸς"）是语言的基础。正如亚里士多德所认为的，"μορφή"也包含着对"φύσις"的本质规定，而对"μορφή"（也就是εῖδος）的理解又得联系到语言（λὸγος）。海德格尔认为，对我们所体验到的意蕴关联体（世界的意义，也就是存在）进行表达需要通过语言来承担，因此现象学也必然就是诠释学。因为我们始终生活于一个语言所建构的意义世界之中，语言就是我们的第二自然。语言也必然是海德格尔探讨的中心。正如海德格尔在《人道主义书信》中所说的，语言是存在的家，思者和诗人是这个家的守护人。与现代认为人是语言的主人不同，古希腊人认为人是语言的奴仆，海德格尔也认为是语言在"说话"，语言通过人而说话，人只是应和着说话。要探讨语言，就要探讨诗歌，因为诗歌是最纯粹的语言。所以对语言的探讨又得回到对诗歌的研究。节奏是诗歌的灵魂，节奏在诗歌中之所以具有如此的重要性，是因为节奏是我们人类身体与精神作为整体对存在的回应，节奏改变了语言和时间，因而改变了我们的意识。

在《存在与时间》中，海德格尔认为语言的生存论基础是话语（Rede），话语展示的是因缘关联的整体意蕴存在，因此话语从本质上具有一种特殊的世界式的存在方式。海德格尔认为，人类此在是操劳着寓世而居的，常人沉沦于所操劳之事中，被抛性对语言具有极其重要的影响。现身在世的可理解性作为话语道出自身。可理解性的含义整体达乎言辞。话语是此在的展开状态的生存论建构，它对此在的生存具有组建作用，也就是说，即使在诗中，这也不是与内容无关的形式，而是属于诗之所说者（Gesagten）。诗的形式与诗的语言一样属于在世存在的宣示，诗人以语言艺术作品，无论是诗歌、戏剧，还是散文，来展现事物。在《现象学的基本问题》中，海德格尔说："诗无非是基本的付诸言词，即发现作为在世存在的生存，随着（诗的）说出，先前盲目的他人才得以首次看见世界。"[①]

———————————

① 海德格尔：《现象学的基本问题》（德文版），德国多里奥·克劳斯特曼出版社 1989 年版，第 244 页。中译参考丁耘译，上海译文出版社 2008 年版，第 228—229 页。

节奏是语言的基础(substrate),在语言的节奏中此在表达自己对世界及存在意义的理解。正是由于存在(整体意蕴)只有通过语言才能进行理解,也就是说,只有在节奏(形式)中,存在才可以表达它自己,存在的含义就是"去存在",即返回实际生存,在实际生存中将生命的意义(世界整体的意蕴)与自己周围环境关联起来,并且采取我们可理解的形式。海德格尔认为是语言在"说话",语言的说话将它自己作为一个运动而给出,节奏就是语言运动的"形式"。这"形式"或"烙印"聚集这语言的运动并且让它自身的运动具有目的,对我们语言节奏的划分要参考对时间的划分。节奏不能概念化地去表达,而只能感受,它是对存在(世界整体意蕴)进行强烈地美学(非主客二分意义的)直观的形式。对黑格尔来说,节奏区分了语言的物质和精神的方面,是自我运动的内容的固有形式,也就是事情本身。对海德格尔来说,节奏是我们人类身体与精神作为整体对存在所做的回应。它不是语言的灵魂,不是介于有意识的身体和无意识的精神之间的,而是基本的、存在论的意义源泉。在语言节奏的"说话"中,我们可以感受到对世界整体存在的理解。

(3)节奏("ῥυθμὸς")与生存情绪(Stimmung)。"日出而作,日落而息",此在操劳着寓世而居,日出日落形成了人类生存最基本的生活节奏。而正如海德格尔所说,此在总是以某种情绪存在于世,情绪是基本的生存论环节。"Befindlichkeit"本意为"心理状态",海德格尔用以指"以某种情绪身处某种情境"。他认为情绪不是指人的心理因素,而是此在在世生存的结构因素。事物和世界是在情绪中向我们揭示的。"情绪袭来。它既不是从'外'也不是从'内'到来的,而是作为在世的方式从这个在世本身中升起来的……情绪已经把在世整体展开了,同时才刚使我们可能向着某某东西制定方向。情绪并非首先关系到心理上的东西,它本身也绝不是一种在内的状态,仿佛这种状态而后又以谜一般的方式向外扩散并给人和物打上自己的烙印。"[1]因为我们总是生活在一个意义世界之中,此在的生存是在话语

---

[1]　海德格尔:《存在与时间》,陈嘉映、王庆节译,三联书店 2006 年版,第 159—160 页。

中展开的,此在通过话语道出自身。"道出的东西恰恰在外,也就是说,是当下的现身(情绪)方式。我们曾指出,现身涉及到'在之中'的整个展开状态。现身的'在之中'通过话语公布出来,这一公布的语言上的指标在于声调、抑扬、言谈的速度、'道说的方式'。把现身情态的生存论上的可能性加以传达,也就是说,把生存开展,这本身可以成为'诗的'话语的目的。"①在日常生活中,此在投身于它的操劳活动,专注于各种各样的存在者,而完全忘了他的存在,情绪将存在带入此在的境域。海德格尔说:"情绪把此在带到它的'此'(Da)面前。"②这个"此"(Da)作为现象展开的"基底"就是最基本的形式("ῥυθμὸς")。

诗歌中的声调、音调、语速和语言节奏在诗的言说中属于诗之所说者(Gesagten),是对在世存在的展示。在《荷尔德林诗的阐释》中他说:"心灵乃是 muot[情绪、性情]的源泉和场所,构造和声音,而这个 muot[情绪、性情]把我们置身于那种亲密性之中,即镇静与贫乏、温厚与高尚、优美与勇气、宽容与忍耐的亲密性之中。"③在《荷尔德林的诗〈德国人〉与〈莱茵河〉》中,海德格尔说:"世界开放的运动在基本情绪中发生……基本情绪为我们的此在决定能开放它自己的地点和它存在的时间(在居住的意义上处所既不空间化,时间也不时间化)。"④

在《语言的本质》一文中,海德格尔说:"人们倒是指出了语言中的旋律和节奏。从而指出了歌唱与语言的血脉关系。但愿不会有这样一种危险,即同样从生理学和物理学的视界出发,也就是以最广义的技术—计算方式,来表象旋律和节奏。这样做固然也能获得许多正确的东西,但大约绝不能获得本质性的东西。发声、鸣响、回音、萦绕和震颤,凡此种种,都是语言的

---

① 海德格尔:《存在与时间》,陈嘉映、王庆节译,三联书店 2006 年版,第 189—190 页。
② 海德格尔:《存在与时间》,陈嘉映、王庆节译,三联书店 2006 年版,第 159 页。
③ 海德格尔:《荷尔德林诗的阐释》,孙周兴译,商务印书馆 2004 年版,第 146 页。
④ 海德格尔:《荷尔德林的诗〈德国人〉和〈莱茵河〉》(德文版),美茵法兰克福 1999 年版,第140—141 页。

固有特性，正如语言之所说是具有某种意义的。"①在日常经验中，相同的词语或音乐，用不同的节奏表现出来，就会表达出不同的情绪。语言的声调、音量、语速、"说话方式"说出的并不是自我内心的感受，而是自我绽出地生存的生存情绪。在语调和语速中公布的，是我以何种情绪、何种生存情态，依于世内事物存在于展示的世界中。我们通过海德格尔的术语"Sorge"、"Unheimlichkeit"、"Ereignis"分别可以感受到"忧愁"、"阴森可怖"、"惊奇"的生存情绪。

（4）节奏（" ῥυθμὸς"）作为约束（Bändigung）。美，古希腊文为"κάλλος"，意思为约束、限制（Bändigung）。海德格尔也指出："希腊人所谓的'美'就是约束。"②这约束就与审美的教化（Bildung）功能相关，在此意义上，节奏就是一种教化。

在西方美学史中，柏拉图除了继承以往关于节奏的认识外，还认为能体验到节奏是人的神圣的赠礼③，整个人类生活需要节奏。④ 在《理想国》中，

---

① 海德格尔：《在通向语言的途中》，孙周兴译，商务印书馆 2004 年版，第 199 页。
② 海德格尔：《形而上学导论》，熊伟、王庆节译，商务印书馆 1996 年版，第 132 页。
③ 柏拉图在《法篇》654e3-4 中说，"但我们人就不一样了，诸神怜悯我们，赐给我们觉察和享受节奏与旋律的能力"（《柏拉图全集》，王晓朝译，人民出版社 2003 年版，第399 页）
④ 如柏拉图《普罗泰戈拉篇》326b"在竖琴的伴奏下，孩子们的心灵熟悉了节奏和旋律。通过这种方式，他们变得越来越文明，越来越公平，能够比较好地调整自我，变得更有能力说话和做事，因为节奏与和谐的调节对整个人生来说都是基本的。"（κιθαρίσματα ἐντείνοντες, καὶ τοὺς ῥυθμούς τε καὶ τὰς ἁρμονίας ἀναγκάζουσιν οἰκειοῦσθαι ταῖς ψυχαῖς τῶν παίδων, ἵνα ἡμερώτεροί τε ὦσιν, καὶ εὐρυθμότεροι καὶ εὐαρμοστότεροι γιγνόμενοι χρήσιμοι ὦσιν εἰς τὸ λέγειν τε καὶ πράττειν: πᾶς γὰρ ὁ βίος τοῦ ἀνθρώπου εὐρυθμίας τε καὶ ε ὑαρμοστίας δεῖται. ἔτι τοίνυν πρὸς τούτοις εἰς παιδοτρίβου πέμπουσιν, ἵνα τὰ σώματα βελτίω ἔχοντες ὑπηρετῶσι τῇ διανοίᾳ χρηστῇ）《蒂迈欧篇》47e："她们把节奏赐给我们也一样，一般说来人的行为总是不守规矩的，不光彩的，而节奏可以帮助我们克服这些缺点。"（τὰ μὲν οὖν παρεληλυθότα τῶν εἰρημένων πλὴν βραχέων ἐπιδέδεικται τὰ διὰ νοῦ δεδημιουργημένα: δεῖ δὲ καὶ τὰ δι' ἀνάγκης γιγνόμενα τῷ λόγῳ παραθέσθαι.）中译文来自王晓朝译本。

柏拉图也举到了一个早期音乐节奏帮助培养卫士们和谐的感情的例子。①

在《修辞学》中，亚里士多德强调语言的形式必须是有节奏的。如果语言的格律都是相同的，如果缺乏节奏它就是无限制的，含糊的和令人不满的。语言必须具有边界和给出一个节奏。他说："可是没有节奏，就没有限制，限制应当有（但不是用格律来限制），因为没有限制的话是不讨人喜欢、不好懂的。一切事物都受数的限制；限制语言形式的数构成节奏，至于格律则是节奏的段落。"②在亚里士多德这里，节奏更多地限制在散文和诗歌的数量、次序构成上。

在《精神现象学》中，黑格尔说："因为，避免打乱概念的内在节奏，不以任意武断和别处得来的智慧来进行干涉，像这样的节制，本身乃是对概念的注意的一个本质环节。"③

尼采在 1887—1889 年的一封信中批评了十九世纪浪漫派对节奏的错误解释，他们把节奏归结为影响和激情，而不是限制，尼采指出："在道德和美学意义上，节奏在古代的意义是对激情的约束。"④

海德格尔对节奏的约束功能的强调，集中体现在他对阿尔基洛科斯诗句"记住节奏拥有人"（γίγνωσκε δ' οἷος ῥυθμὸς ἀνθρώπους ἔχει）的解读中。⑤

---

① 柏拉图：《理想国》400d："再说，好的节奏紧跟好的文词，有如影之随形。坏的节奏紧跟坏的文词。"（ἀλλὰ μὴν τὸ εὔρυθμόν γε καὶ τὸ ἄρρυθμον τὸ μὲν τῇ καλῇ λέξει ἕπεται ὁμοιούμενον）。400e："那么，好言词、好音调、好风格、好节奏都来自好的精神状态"。（εὐηθείᾳ ἀκολουθεῖ, οὐχ ἣν ἄνοιαν οὖσαν ὑποκοριζόμενοι καλοῦμεν ὡς εὐήθειαν, ἀλλὰ τὴν ὡς ἀληθῶς εὖ τε καὶ καλῶς τὸ ἦθος κατεσκευασμένην διάνοιαν）
② 亚里士多德：《修辞学》，罗念生译，上海人民出版社 2006 年版，第 183 页。
③ 黑格尔：《精神现象学》，贺麟、王玖兴译，商务印书馆 1979 年版，第 45 页。
④ Nietzsche, Brife 1887—1889, De Gruyter, 1984, p.405.
⑤ 有人将这里的"ῥυθμὸς"理解为性格，Lattimore 将这句话翻译为"我们所有人的生活就是如此地上和下"（"All our life is up-and-down like this"）参见《Greek lyric poetry》ed., David A Campbell, Bristol Classical Press, 1982, p.154, 笔者这里仍然采用海德格尔的译法，将其译为"记住节奏拥有人"。

　　海德格尔在《赫拉克利特研讨》(《Heraclitus Seminar》)中说道:"联系到我们说过的语言,我喜欢参考特拉西布罗斯·乔治亚德斯(Thrasybulos Georgiades)'语言作为节奏'的讲座,发表在巴伐利亚美学学会和柏林艺术学会的系列讲座'语言'中,并收录在他的《古希腊的音乐和节奏》一书中。在这些作品中,他对语言讲得非常好。在众多问题中,他追问的是节奏,并展示了节奏(ῥυθμὸς)和流动(ὥω)没有关系,并将其作为印记(Prägung, imprint)来理解。借助于维尔纳·耶戈尔(werner Jaeger),他诉求于阿尔基洛科斯(Archilochos)的一首诗歌,残篇67a,那里节奏有这样的含义。这诗歌读作:记住节奏拥有人(γίγνωσκε δ' οἇος ῥυθμὸς ἀνθρώπους ἔχει)。另外他引用了埃斯库罗斯《普罗米修斯》中的一篇文章,在其中他认为和阿尔基洛科斯的残篇具有相似的含义,ῥυθμὸς和ῥυθμαίζω(带来时间或比例的尺度):ὧδ' ἐρρύθμισμαι(《普罗米修斯》241)[1],这里普罗米修斯在说他自己,'节奏是我的界限'。他被束缚于铁链的界限之中。乔治亚德斯指出人不能制造节奏;对古希腊人来说,ῥυθμὸς(尺度)是语言的基底,命名着语言接近我们的方式。乔治亚德斯以这种方式理解古代语言。我们必须把目光放在五世纪的古代语言中,从而更接近地理解赫拉克利特。"[2]希腊人把自己的印章盖在财产上,如大门、箱子或罐子上面,用来维护所有权,防止未经许可的侵入。因此这里的印记(Prägung)表达拥有、占有的含义。

　　在《思的经验》中,海德格尔又提到了阿尔基洛科斯(Archilochus)的诗句"γίγνωσκε δ' οἇ ος ῥυθμός ἀνθρώπους ἔχει"通常将"ῥυθμός"译作"规矩","要知道,人被持有和束缚于规矩中",海德格尔将"ῥυθμός"译作"比—例"(Ver-Hältnis),并在本原的历史伦理的意义上解释它。节奏作为

----

① 笔者查考此句原文为:"θνητοὺς δ' ἐν οἴκτῳ προθέμενος,"史密斯博士(Herbert Weir Smyth)编辑的英译本译为:"I who gave mortals first place in my pity,"直译为:我在同情中给终有一死的人一个场所。

② Heidegger, *Heraclitus Seminar* 1966/67, trans. Charles H. Seibert, the University of Alabama press. 1979, p.55,其中,乔治亚德斯著作的名字为《希腊节奏:音乐、舞蹈、诗歌和语言》。

教化(Bildung)就是最初的尺度,就是"神秘的寂静"自身,人在这些对象中保留着关—系(Ver-Hältnis)。

在《不朽的兰波》一文中,海德格尔仍然主要在探讨诗歌的节奏,兰波的诗句"在古希腊……自由诗和抒情诗都赋现实以格律。""而现代诗则不再赋现实以格律,它要先于一切"又一次提到了阿尔基洛科斯(Archilochus)的话,"γίγνωσκε δ' ο 6ο$ ῥυθμός ἀνθρώπονς ἐχει""可是,节奏拥有人。希腊人源初地经验到的ῥυθμός这个字,就是趋临不可企及的东西并作为地界让人持留住趋临不可企及的东西的秉性?"①

通过以上的考察,我们可以看出,节奏普遍地存在于我们的生存中,节奏是音乐、诗歌、舞蹈等艺术活动的基础与灵魂。节奏概念在西方美学史中具有源远流长的传统,许多大思想家对节奏都作出过深刻的认识。它首先意味着形式和结构,是决定事物的本质("εἰδὸς"),是现象学本质直观的结果。又是现象"形式显示"(formale Anzeige)的"形式"(Form)。因此它可被认为是现象学的"基底"。是对时—空直觉的共同形式。语言的运行是在形式中进行的,因此节奏是语言的基础。节奏又表达了人类的生存情绪。节奏作为约束、限制又与审美教化功能密切相关。通过深入探讨海德格尔的节奏观,我们可以发现,海德格尔的节奏思想不但继承了古希腊以来的传统,而且还突破了以往美学家与思想家的狭隘观点,并作了更为深刻的认识。节奏在他的诗学思想中具有基础的地位,通过分析节奏概念,我们得以深入地理解海德格尔生存论诗学思想。

三、诗学思想比较

(一)黑格尔诗学思想辨析

黑格尔的艺术发展过程是指精神性因素不断上升而感性内容不断降低的过程。经过建筑、雕刻、绘画和音乐,直到诗歌,精神观念达到了顶峰。

---

① 海德格尔:《思的经验》,陈春文译,人民出版社 2008 年版,第 204—205 页。

"诗的对象是想象和心灵性的观照本身,而且由于这个因素是一切类型的艺术所共有的,所以诗在一切艺术中都流注着,在每门艺术中独立发展着。诗艺术是心灵的普遍艺术,这种心灵是本身已得到自由的,不受为表现用的外在感性材料束缚,只在思想和情感的内在空间与内在时间里逍遥游荡。但是到了这最高的阶段,艺术又超越了自己,因为它放弃了心灵借感性因素达到和谐表现的原则,由表现想象的诗变成表现思想的散文了。"①诗是"绝对真实的精神的艺术,把精神作为精神来表现的艺术。因为凡是意识所能想到的和在内心里构成形状的东西,只有语言才可以接受过来,表现出去,使它成为观念或想象的对象。所以就内容来说,诗是最丰富,最无拘碍的一种艺术。不过诗在精神方面虽占了便宜,在感性方面却蒙受了损失。这就是说,诗不像造型艺术那样诉诸感性观照,也不像音乐那样诉诸观念性的情感,而是要把在内心里形成的精神意义表现出来,还要诉诸精神的观念和观照本身"②。

诗歌在艺术类型发展中达到了最高阶段。诗歌作为语言艺术,所提供的主要是精神性的心领神会,所以能够突破造型和音乐艺术受感性材料的束缚。黑格尔认为,艺术发展是精神因素的不断挣扎着上升和感性内容不断降低的过程。到了诗之后,精神性达到最高阶段,从哲学观点来看,这就成为艺术的转折点:它一方面要转到纯粹宗教性的表象方式,另一方面转到科学思维的散文。适合于诗的对象是精神的无限领域。诗的首要任务就在于使人认识到精神生活中各种力量,"所以诗过去是,现在仍是,人类的最普遍博大的教师,因为教与学都是针对凡是存在的事物的认识和阅历"③。诗与美紧密结合:"诗的艺术作品却只有一个目的:创造美和欣赏美;在诗里,目的和目的的实现都直接在于独立自足地完成的作品本身,艺术的活动不是为着达到艺术范围以外的某种结果的手段,而是一种随作品完成而马

---

① 黑格尔:《美学》第一卷,朱光潜译,商务印书馆 1979 年版,第 113 页。
② 黑格尔:《美学》第三卷,朱光潜译,商务印书馆 1979 年版,第 19—20 页。
③ 黑格尔:《美学》第三卷,朱光潜译,商务印书馆 1979 年版,第 20 页。

上就达到实现的目的。"①

诗用语言写成,关于诗与语言的关系,黑格尔指出,诗的用语产生于一个民族的早期,由于主体性最初并未建立,最初的语言,就是史诗,史诗大多表现本民族的英雄和神灵。"一切民族的诗歌向来都有这一特点:它的外在的历史的方面本身就已属于该民族,对该民族不是外来的或生疏的东西。"②语言是最适宜于展示精神的工具,和其他感性材料不同;史诗在它的真正原始状态中要求诗人在他的客观描述中不露出作为创作主体的自己,只向我们叙述事迹演变的经过;抒情诗的歌者却不然,他们所表现的正是他自己的心情和自己作为主体的世界观。诗从思维里取得精神方面带有普遍性的东西,这就是从直接呈现于感官的分散的事物之中抽出它们的较单纯的定性;诗在观念方式方面还保留着造型艺术所用的在空间中同时并列的关系。

史诗是一个民族最早的语言,通过它表现了全民族的原始精神,在史诗中,作者的主体性消失在普遍性之中:"伟大史诗风格特征就在于作品仿佛是在自歌唱,自出现,不需要有一个作家在那里牵线。"③史诗基本可以分为:主要为象征型的东方史诗,希腊古典型史诗以及罗马人对希腊史诗的摹仿;第三是基督教文化中各民族的半史诗半传奇故事式诗歌,我们可视其为浪漫型。

诗创作的想象,不同于造型艺术的想象。"造型艺术要按照事物的实在外表形状,把事物本身展现在我们眼前;诗却只使人体会到对事物的内心的观照和观感,尽管它对实在外表形状也须加以艺术的处理。从诗创作这种一般方式看,在诗中起主导作用的是这种精神活动的主体性,即使在进行生动鲜明的描绘中也是如此,这是和造型艺术的表现方式正相反的。诗不仅使心灵从情感中解放出来,而且就在情感本身中获得解放。

---

① 黑格尔:《美学》第三卷,朱光潜译,商务印书馆 1979 年版,第 46 页。
② 黑格尔:《美学》第一卷,朱光潜译,商务印书馆 1979 年版,第 347 页。
③ 黑格尔:《美学》第三卷,朱光潜译,商务印书馆 1979 年版,第 113 页。

"艺术作品的任务只是把精神的理性和真理表现出来。"①"一切艺术的目的都在于把永恒的神性和绝对真理显现于现实世界的现象和形状,把它展现于我们的观照,展现于我们的情感和思想。"②"艺术并不是一种单纯的娱乐、效用或游戏的勾当,而是要把精神从有限世界的内容和形式的束缚中解放出来,要使绝对真理显现和寄托于感性现象,总之,要展现真理。这种真理不是自然史(自然科学)所能穷其意蕴的,是只有在世界史里才能展现出来的。这种真理的展现可以形成世界史的最美好的方面,也可以提供最珍贵的报酬,来酬劳追求真理的辛勤劳动。因为这个缘故,我们的研究不能只限于对某些艺术作品的批评或是替艺术创作方法开出方单。它的唯一目的就是追溯艺术和美的一切历史发展阶段,从而在思想上掌握和证实艺术和美的基本观念。"③

"诗的适当的表现因素,就是诗的想象和心灵性的观照本身,而且由于这个因素是一切类型的艺术所共有的,所以诗在一切艺术中都流注着,在每门艺术中独立发展着。诗艺术是心灵的普遍艺术,这种心灵是本身已得到自由的,不受为表现用的外在感性材料束缚的,只在思想和情感的内在空间与内在时间里逍遥游荡。"④

"是本义词还是隐喻词占优势。这首先是古代风格和现代风格的分水岭,其次也是散文的风格和诗的风格的分水岭。⑤"

(二)海德格尔诗学思想辨析

1. 海德格尔对诗的本质的探讨

作为诗人哲学家,虽然海德格尔阅读了大量的诗歌和其他艺术作品,但与黑格尔对艺术的广博的欣赏和鉴赏知识相比,海德格尔的阐释并不是真

---

① 黑格尔:《美学》第一卷,朱光潜译,商务印书馆 1979 年版,第 288 页。
② 黑格尔:《美学》第一卷,朱光潜译,商务印书馆 1979 年版,第 334 页。
③ 黑格尔:《美学》第一卷,朱光潜译,商务印书馆 1979 年版,第 335 页。
④ 黑格尔:《美学》第三卷,下册,朱光潜译,商务印书馆 1979 年版,第 113 页。
⑤ 黑格尔:《美学》第二卷,朱光潜译,商务印书馆 1979 年版,第 132 页。

正的诗学,而是对其哲学思想的表达,他本人明言自己对艺术作品的阐释不能作为美学史上的论文。由于对主体性和体验的批判,从本质上看,海德格尔是反美学的。在《艺术作品的本源》中,海德格尔认为,艺术作品和艺术家是互相规定的,那么更本原的就是艺术,因此他的目的是探讨艺术的本原(φυσίς,physis),"φυσίς"在他的思想中是一个核心词语,海德格尔甚至认为所有的思想家都在言说着"φυσίς",对时间的理解也必须和"φυσίς"结合起来,对于他后期的核心词语"Ereignis"也必须和"φυσίς"结合起来进行理解。正如他所说的,在西方思想的第一个开端,存在的本质被理解为φυσίς(升起,aufgang),在另一个开端,存在的本质被理解为 Ereignis,他又认为 Ereignis 是归属于前者的。

在古希腊文"φυσίς"中,字根"φυ"、"φώς"的含义是"光",也就是"光"的升与落,这"光"包括太阳、月亮、星星。首要地指太阳。如海德格尔所引用过的荷马诗句:"生活就是观看太阳光"(ζώειν καὶ ὁρᾶν φάος ἠελίοιο)。

正如他所说:"自然之自然性物是太阳、月亮、星星的那种升与沉,此一升与沉径直吁请着居着的人,由此一吁请而将世界之秘密向居着的人娓娓道来。尽管在对世界之筑居的科学启蒙中把太阳思索为哥白尼式的,然而,这个太阳也同时保留在自然性的自然之内,这在黑贝尔的两首诗中表现出来:一首是《尤物女人》,从她的身上'散发着光与热的源泉''吁请着万物的惠允';另一首是《多么的亲善与合宜》。"①

而生命(Leben,ζώειν)概念是海德格尔前期的核心概念,直到 20 世纪 20 年代,"生命"而不是"存在"(Sein)是他思想的核心,这是他受黑格尔以及尼采、狄尔泰所代表的"生命哲学"思想影响的结果。

他认为艺术作品的本质是诗,这里的诗并不是在狭隘的美学意义上而言的,而是在更广泛的生存论意义上的诗。正如他在《荷尔德林和诗的本质》一文中所说的,"诗乃是对存在和万物之本质的创建性命名——绝不是

———————————

① 海德格尔:《思的经验》,陈春文译,人民出版社 2008 年版,第 120 页。

任意的道说,而是那种首先让万物进入敞开域的道说"①。诗的生存论意义在于揭示存在的真理。在德文中,表示诗歌类型的"Dichtung"、"Gedicht"与表示诗歌创作的"Poesie"不同,现代英语的"poetry"来源于古希腊文"ποίησις",它又派生自"ποιεῖν"(做,创造),因此"ποιητική"本义为"制作、生产、创造"。② 但在公元前五世纪以前被用来指称"诗歌创作"则非常少见,在以后的使用中,确实更多用于"作诗者、诗人"。"在公元五世纪以前,古希腊称呼现在的'诗人'为ἀοιδοί(歌唱者),没有从表演者中区分出作曲者。没有特定的观点,像'humnos'和'μέλος'(声调)或者更广泛的'ἀοιδοί'(唱歌)。或者更总体的词语如当我们说到'歌曲',更多地作为活动而不是一个客体,一首'诗'。这里对诗的定义并不是从它与散文的区别而来,而是作为有关于社会和宗教情景的熟悉的活动。"③公元五世纪开始我们可以发现出现区别于歌唱者(aoidoi)的作曲者(制作者或诗人 poietai),他们被称为参与了制作活动。他们的制作活动被称为一个'ποίημα'或制作事物。在柏拉图的《会饮篇》中,狄奥提玛抱怨说没有很好的理由区分有关音律的技艺的"poiēsis"与作为各种技艺总称的"poiētēs"。

正如在关于亚里士多德的《诗学》中文译名的讨论中,刘小枫先生所指出的,这里关键在于是谁在"制作"。"用于神的制作就是'创世'或'创造'。比如:'住在奥林波斯的永生者们ποίησαν(造了)第一个即逝人类的种族。'(赫西俄德《劳作与时日》行 109—110)用于人的行为就是'行事',行事有好有坏(εὖ或κακῶς);其成品可以是质料性的(成品、诗作),也可以是行为上的(作为),同样有好坏(ἀγαθὰ或κακώ)之分。"④而对海德格尔来

① 海德格尔:《荷尔德林诗的阐释》,孙周兴译,商务印书馆 2000 年版,第 47 页。
② 参见 Friedrich Wilhelm Riemer,Griechisch-deutsches Hand-Wörterbuch für Anfänger und Freunde der griechischen Sprache. 以及 Liddell& Scott, Greek—English Lexicon 中关于"Ποιητὴς"的词条。
③ Andrew Ford,*The origins of the Criticism*,Princeton:Princeton University Press,2002,p.131.
④ 刘小枫:《"诗学"与"国学"——关于亚里士多德〈诗学〉的译名争议》,《中山大学学报》2009 年第 5 期。

说，这里的"ποιεῖν"（生产）首先并不是指人的生产，也不是指神的创造，人和神的生产都通过另一种更高力量的生产而来。这里指的是"火"（太阳）发出光和热创造万物生命的活动。

在 1966—1967 年出版的《赫拉克利特研讨班》中，当海德格尔和芬克（Eugen Fink）讨论到赫拉克利特残篇 B30，"（有序化了的）世界，对所有人都是同一个，不由神或人造成，但它过去一直是、现在是、将来也是一团持续燃烧的火，按比例点燃，按比例熄灭"[①]时，芬克说："人类并不能创造宇宙万物，除非宇宙是在城邦的意义上而言。神在世界秩序的意义上创造万物，尽管他们并不能干预诸神的命运。人和神是创造性的，仅仅是因为他们突出地分享了火的创造力（ποίησις of πῦρ）。人和神只能在世界的存在中区分，神被规定为永远与永恒的活火保持着靠近。由于参与了火的创造力，人具有创建城邦的能力（τέχνη）。神不创造城邦，而是世界的主宰。神和人被火的创造力赐予他们自己的创造力……火的创造力在于设定秩序。"[②]海德格尔赞许地说："你没有形而上学地去思考力量。你不再形而上学地去思考。赫拉克利特也没有形而上学地去思考。这是相同的吗？"

海德格尔认为，艺术作品并不是美学意义上的审美客体，而是作为对真理的揭示和显现，那么首要地就是理解海德格尔的真理观。海德格尔的真理观不是流俗的"符合论"的真理观，他认为在"真理"的古希腊文"ἀλήθεια"（alethetia）中，否定前缀"α"包含褫夺、遮蔽的含义，而"λήθεια"则表示显露、解蔽的含义，因此真理"ἀλήθεια"（alethetia）是对遮蔽的解蔽，是显现与遮蔽（隐藏）的不断"争执"（Streit）的动态的发生过程。什么是遮蔽呢？在《无蔽》一文中，海德格尔指出对希腊人来说，"遮蔽"意味着太阳

[①]　赫拉克利特：《赫拉克利特著作残篇》，T.M.罗宾逊 英译，楚荷 中译，广西师范大学出版社 2007 年版，第 31 页。海德格尔讨论班用的是 第尔斯（Diels）编的《前苏格拉底著作残篇》。

[②]　海德格尔、欧根芬克：《赫拉克利特研讨班》（英文版），Charles H.Seibert 译，阿拉巴马（Alabama）大学出版社 1979 年版，第 65 页。

沉到云层下,在云层背后消失。那么"解蔽"就意味着太阳浮出云层、显现出来、发光。他终生关注人类生存与时间的关系,他的真理观实际是继承了西方尤其是基督教认为真理是"光"的传统,这"光"来自太阳,人们日出而作、日落而息,太阳的不断显现与隐匿的周期性轮回就形成了人们基本的时空意识。由于太阳对人类生存具有无与伦比的重要性,太阳在海德格尔诗学中也具有中心地位。由于太阳在人类生产生存活动中具有中心地位,是时间与空间意识的给予者,在海德格尔思想中同样处于中心地位。

如古典学家维拉莫维茨认为的,在古希腊并没有信仰(基督教意义上的一神教)。在《形而上学导论》中海德格尔批评基督教道,"于是基督教的教义就移居在此裂缝中同时把尘世者说成是造物并把反上天者说成是造物主,然后就用此改造过的武器来反对古代的非基督徒并阻挡他们。所以尼采说得很对:基督教就是为人民的柏拉图主义"①。

在《荷尔德林的诗〈伊斯特〉》中,他指出,"存在是火炉(Herd)"。火炉是家的标志,在古希腊神话中,炉灶女神(Hestia, Ἑστία)是天神克洛洛斯与大地女神瑞亚的女儿,正如德国人类学家利普斯所说,一切火崇拜都起源于太阳崇拜。②

赫拉克利特残篇第 93 说道:"德尔斐神谕的主管既不直言,也不隐瞒,而是出示象征。"在古希腊,德尔斐的主神为太阳神阿波罗,在古希腊人的神话思维看来,阿波罗这位神谕之神同时也掌管着诗歌艺术,他是缪斯女神的"领队"(khorēgos)。

2. 海德格尔论荷尔德林

海德格尔与黑格尔之间的一个重要关联就是荷尔德林,他不仅是黑格尔的挚友与思想上的同道,更是海德格尔后期所最欣赏的诗人。在 1966 年接受《明镜》记者采访时,海德格尔指出他与荷尔德林的诗歌有一种必然

① 海德格尔:《形而上学导论》,熊伟、王庆节译,商务印书馆 1996 年版,第 107 页。
② 参见 L.利普斯:《事物的起源》,汪宁生译,四川人民出版社 1982 年版,第 328—329 页。

的,无法绕开的关联。"我的思想和荷尔德林的诗歌处于一种非此不可的关系中。我认为荷尔德林的诗歌不是文学史家将其著作与其他人的著作并列为研究题目的许多人中的随便一个诗人而已。我认为荷尔德林是这样一个诗人,他指向未来,他期待神,因而他不能只不过是文学史中的荷尔德林研究的一个对象而已。"①

荷尔德林(Johann Christian Friedrich Hölderlin,1770—1843)1770 生于内卡河畔的劳芬,与黑格尔同年。1843 年 6 月 7 日卒于图宾根。早年在登肯多夫、毛尔布隆修道院学校学习。1788—1793 年在图宾根神学院学神学。与黑格尔住同一宿舍,并与黑格尔、谢林关系友好,当时发生的一件大事是法国大革命。法国大革命的胜利使得当时流行欧洲的启蒙思想得以实现,在 1793 年 7 月 14 日,他们三人曾效仿当时法国的流行做法,种下了一棵自由之树,表达对法国革命的欢欣之情。在《黑格尔书信集》中,荷尔德林甚至称黑格尔为他的"保护人",可以看出他们之间有着良好的友谊。

这时影响他们思想的有康德和卢梭的著作,他们产生了对基督教的批判和对古希腊神话、宗教、政治的向往,提出要建立一种新神话体系、建立一种新宗教的设想。② 与黑格尔相同,他们把古希腊视作黄金时代,作为文化上的高峰。在致黑格尔的信中,荷尔德林说,"康德和希腊是我唯一的功课,我的目的在于弄清批判哲学中的美学部分"③。

从他的诗歌可以看出,他的宗教思想的确不是正统的基督教思想,而是融合了大量古希腊的神话,如他将酒神狄奥尼索斯与赫拉克里斯、耶稣基督都称作半神,在诗歌《饼与葡萄酒》(Brod und Wein)中可以看出糅合了古希腊神话和宗教仪式与基督教经文与仪式的饼与葡萄酒的意象。

黑格尔认为,艺术与宗教是绝对精神自身发展的两个必要阶段,但不是

---

① 海德格尔:《海德格尔选集》,孙周兴编译,三联书店 1996 年版,第 1312 页。
② 参见刘皓明:《荷尔德林后期诗歌》(评注卷上),华东师范大学出版社 2009 年版,第 11 页。
③ 黑格尔:《黑格尔通信百封》,苗力田编译,上海人民出版社 1981 年版,第 5 页。

最高阶段,只有哲学才使理性的力量充分发展,才能克服现代性造成的分裂,与此不同,荷尔德林认为诗(艺术)要取代哲学。

尽管黑格尔在早期曾经向往希腊,试图以希腊神话融合基督教思想,但从《美学》中我们可以看出,黑格尔是以正统的新教徒自居的,他认为,对于路德派教徒来说,神就是圣灵,圣灵就是复活后的耶稣基督。而灵也就是那无限的意识,在《哲学史讲演录》中,黑格尔多次重复:"上帝就是那普遍的、绝对的、本质的精神。……天地间只有一个精神,神圣的精神——这并非仅因为它是无所不在的。它不是散漫杂凑的多数独立个体之外在的全体或共同性,而是浸透一切事物,是它自身和它对方的假相的统一,它是主观性和特殊性的统一。"①神圣的精神生活显示于它的团契里。黑格尔将理性神秘化,将神秘理性化,他认为:"一个只是说人的理性、只是说理性的限制的人,他是欺骗了圣灵。"②

在海德格尔论述荷尔德林之前,狄尔泰在《体验与诗》中首先对这位久已湮没的诗人做出专章论述。他也指出当时影响图宾根神学院学生的三大思潮:希腊文化的复兴、康德、席勒、洪堡等人的哲学运动以及法兰西革命。"黑格尔的出发点是希腊悲剧作家作品里的命运这个含义深奥的概念,谢林的出发点是希腊人的神话以及他们的泛神论的自然观。荷尔德林抓住了希腊人对世界的见解的最深之点:对自然、人、英雄和众神的亲缘关系的意识。他认为,希腊人体现了对于我们同自然的内在本质共同性的体验;体现了一种艺术,它美化基于生命的这种统一性的世界的美并且尊重在其光亮中的伟大激情。"③

荷尔德林的重新发现在于海林格拉特编辑出版了《荷尔德林的品达翻译》(1910)、《荷尔德林的后期诗歌》(1916),为荷尔德林的广泛影响打下了基础。另外,笔者以为,影响海德格尔对荷尔德林兴趣的还有当时的国家

---

① 黑格尔:《宗教哲学讲演录》,贺麟、王太庆译,商务印书馆1959年版,第72页。
② 黑格尔:《宗教哲学讲演录》,贺麟、王太庆译,商务印书馆1959年版,第74页。
③ 狄尔泰:《体验与诗》,胡其鼎译,三联书店2003年版,第297页。

社会主义思潮。李永平先生指出："在纳粹统治时代,荷尔德林被抬到了无以复加的地位,对荷尔德林的研究和阐释笼罩在国家社会主义的意识形态之下。荷尔德林协会就是由戈培尔提议成立的。在荷尔德林逝世一百周年时,希特勒还亲自向荷尔德林的墓献花圈。当时德国许多青年朗诵着荷尔德林的《为祖国之死》而奔赴战场。"[1]

荷尔德林是海德格尔最引为知己的诗人。他甚至声称自己的思想与荷尔德林是一而二,二而一的。但是,我们可以看到,他对荷尔德林诗歌的解读完全是出于他自己的存在论思想,与荷尔德林原意大相径庭。海德格尔对荷尔德林诗歌的解读,在学术界尤其是语文界争议很大,受到诸多批评,其中以阿多诺尤为尖刻,阿多诺甚至认为,海德格尔诠释荷尔德林诗歌时所使用的语言是"伪诗歌"。他指出:"从诗学角度说,他把荷尔德林的诗歌降低到席勒的说教诗歌的水平,把荷尔德林的诗歌当作巴门尼德的格言教海诗那样来读,完全忽视了主宰荷尔德林后期诗歌的复杂的辩证运动。"[2]他往往违反一些基本的事实,这是因为,海德格尔明确宣称他的阐释并非文学史论文或美学论文,而出自于他的存在哲学。这是我们解读他论荷尔德林诗歌的关键所在。不能因为海德格尔的误解而贬低他的阐释,因为他是根据"事情本身"的解释。在海德格尔的诗学思想中,不仅对性别持中立态度,甚至对诗人的主体性持"中立"即忽视态度,诗人的主体对他而言毋宁是一个匿名的对"存在"之召唤作出响应的共性主体。

在《荷尔德林诗歌的阐释》一书中,海德格尔在增订第四版前言中说:"本书的一系列阐释无意于成为文学史研究论文和美学论文。这些阐释乃是出自一种思的必然性。"[3]在论述特拉克尔诗歌的《诗歌中的语言》一文中,他又指出:"诗人们道说闪现者的外观(形象);闪现者通过这个傍晚不同地显现出来。思想者沉思本质现身者(das Wesende)的不可见性;本质现

---

① 李永平:《为何是荷尔德林》,《中国图书评论》2008 年第 10 期。

② 刘皓明:《荷尔德林后期诗歌》(评注卷上),华东师范大学出版社 2009 年版,第 137 页。

③ 海德格尔:《荷尔德林诗的阐释》,孙周兴译,商务印书馆 2004 年版,第 1 页。

身者通过这个傍晚而达乎不同的词语。"①海德格尔对荷尔德林的阐释,仍然是立足于自己对"时间"与"存在"(生存)的追寻:"然而,真实的时间乃是曾在者之到达"②,它指的是太阳的升起、落下与再来,日出而作,日落而息,日月交替形成了我们生存的真实的时间。"年岁只有投身于太阳运行的道路上,即日出日落的道路上,它才燃烧。"③

在《荷尔德林诗的阐释》第二版前言中,海德格尔说:"这些诗歌就像一个失去神庙的圣龛,里面保藏着诗意创作物。在'无诗意的语言'的喧嚷声中,这些诗歌就像一口钟,悬于旷野之中,已然为一场轻飘的降雪所覆盖而走了调。"④这里也明确指出了对荷尔德林诗歌的阐释与时间的关系,这里的"诗"并不是指审美意义上的诗歌,而仍然指"生产、创造"。而人的创作来自于效仿"神"(太阳)的生产和创造。"钟声"是时间的标志,提示人们"做某事的时间"。在《教堂塔钟之神秘》一文中,海德格尔回忆了幼时对教堂钟声的记忆。"神秘的会聚之地,在这片会聚之地中,宗教节日,重大节日前的日子,四季的转换,晨曦泛起的时刻,正午的时光,傍晚时分,日复一日,交合接转,常常是一声钟响,百味杂起,穿过年轻的心绪、梦想、祈祷和游戏。"⑤

在古希腊神话中,太阳神阿波罗是文艺与诗歌之神,也是航海之神,是众缪斯的领头者。在人类生存中,太阳又是光与热的赐予者,是空间与时间意识的提供者。因此,海德格尔在荷尔德林诗歌的阐释中,重点强调的就是太阳。

在第一篇《返乡——致亲人》中,从表面来看,这首诗是在讲荷尔德林的返乡:"1801 年春天,作为家庭教师的荷尔德林从康斯坦茨旁边的图尔高

① 海德格尔:《在通向语言的途中》,孙周兴译,商务印书馆 2004 年版,第 47 页。
② 海德格尔:《在通向语言的途中》,孙周兴译,商务印书馆 2004 年版,第 54 页。
③ 海德格尔:《在通向语言的途中》,孙周兴译,商务印书馆 2004 年版,第 65 页。
④ 海德格尔:《荷尔德林诗的阐释》,孙周兴译,商务印书馆 2004 年版,第 2 页。
⑤ 海德格尔:《思的经验》,陈春文译,人民出版社 2008 年版,第 95 页。

镇,经由博登湖,回到了他的故乡施瓦本。所以,《返乡》这首诗也许就是一首描写一次快乐的回乡的诗歌。可是,以'忧心'一词为基调的最后一节诗,却根本没有透露出这位无忧无虑地回到家乡的人的快乐情调。"①这是为什么呢？只有我们阅读了《语言与家乡》一文,才能得出答案。什么是语言,什么又是家乡呢？"太阳意欲垂下的那个地方,正是月亮意欲在那里升起的地方,升降交汇的这个地方即是家乡……家乡就是那个太阳自觉地向其垂落的地方,太阳自觉地呼喊着它的名字的地方。"②我们就可看出,海德格尔这里并不是在讲荷尔德林的返乡,而依然是在讲太阳周而复始的循环,太阳在我们看来是"东升西落",但它始终在运行着,始终在途中。海德格尔阐释道:"当诗意创作物存在之际,才有天使,即明朗者的使者,显现出来。"③他这里强调的诗意,仍然是在"生产、创造"意义上来讲的,首先指的就是太阳的无私地赐予光与热的生产活动。"'在光明之上'的至高之物,乃是光芒照耀的澄明(Lichtung)本身。按照我们母语的一个较为古老的词语,我们也把这个纯粹的澄明者,也即首先为每一'空间'和每一'时间'设置敞开域的澄明者,称为'明朗者'。"④海德格尔表达得非常隐晦,但实际这里的明朗者仍然是指太阳。他认为这明朗者乃是"喜悦者"。他这里与荷尔德林一样,仍然在表面上采用了基督教的术语而表达着古希腊神话的内涵。因为基督教的仪式带给人的是悲哀与虔敬,而希腊神话仪式则带给人喜悦。

海德格尔认为存在就是火炉,"母亲苏维恩邻近'家园炉灶'而居。炉灶守护着那总是隐藏起来的火光,这火光一旦燃起烈焰,就将开启出大气和光明,使之进入明朗者之中。围绕炉灶之火的是那工场,在其中锻造着那隐秘地被裁定的东西。'家园炉灶',亦即母亲般的大地的炉灶,乃是朗照之

---

① 海德格尔:《荷尔德林诗的阐释》,孙周兴译,商务印书馆2004年版,第10页。

② 海德格尔:《思的经验》,陈春文译,人民出版社2008年版,第151页。

③ 海德格尔:《荷尔德林诗的阐释》,孙周兴译,商务印书馆2000年版,第16页。

④ 海德格尔:《荷尔德林诗的阐释》,孙周兴译,商务印书馆2000年版,第17页。

本源,它的光辉首先倾泻在大地上"①。早有学者指出,火崇拜来自于太阳崇拜。

与对特拉克尔诗歌中"月亮"的强调不同,荷尔德林在海德格尔眼中,是作为一个饱尝诗之"危险"的典型来阐释的,他对荷尔德林诗歌中主要强调的是作为"时间之神"的太阳。在1802年6月炎热的旅途中,由于步行,荷尔德林中暑了。"强暴的元素,天上的火,众人的寂静,他们在自然中的生命,他们所受的限制和满意,总是感动我,就像学着英雄说话那样,我也可以说,阿波罗击中了我。"②由此,荷尔德林精神失常。太大的光亮将诗人置入精神上的黑暗,海德格尔以此指出诗人创作的危险,实际上,他从这里转向强调"月亮",太阳太大的光亮是我们人类无法用眼睛直视的,这时,柔和的月光则成为诗人的最佳对象,引发了无数诗人的感怀。

在《如当节日的时候》一文中,海德格尔强调了"自然"的重要性。"Φύσις照亮之澄明的出现,因而是光的发源地和场所。'光'之闪现归属于火,就是火。火既是光线又是灼热。光线照明,才赋予一切显现以敞开域,才赋予一切显现以可感知性。灼热闪耀,在灼热中点燃了一切涌现者而使之达乎显现。所以,作为有所发光又有所灼烧的'光',火就是敞开域,它先就已经在场于一切在敞开域范围内涌现和消失的东西之中。"③这里的"Φύσις"就是指太阳、月亮、星星的那种升与沉,尤其是指太阳,太阳作为光的来源,使万物显现。

在《追忆》一文中,海德格尔依然强调的是太阳。"东北风的吹拂使天空明亮。它给予太阳的辐射和照耀(天空之火)以一种自由的、清冷的轨道。"④

"希腊人的本已之物乃是天空之火。向他们担保着诸神之到达和接近

---

① 海德格尔:《荷尔德林诗的阐释》,孙周兴译,商务印书馆2000年版,第24页。
② 转引自狄尔泰:《体验与诗》,胡其鼎译,三联书店2003年版,第376页。
③ 海德格尔:《荷尔德林诗的阐释》,孙周兴译,商务印书馆2000年版,第65页。
④ 海德格尔:《荷尔德林诗的阐释》,孙周兴译,商务印书馆2000年版,第101页。

的光芒和火焰,乃是他们的家乡之物。但是,在这种火中,希腊人在他们的历史的开端那里并没有很在行。"①"德国人必须面对的对他们来说异己的东西以及在异域必须经验的东西,乃是天空之火。"

在《荷尔德林的大地和天空》一文中,海德格尔指出:"它就是整个无限关系的中心。它是纯粹的命运本身。这个阴沉之物围绕地球运行,于是,现在命运直接切中这个时代的人类,而不只是通过它的声音的鸣响。"②我们看到,他在这里仍然在隐晦地暗示着太阳。关于美,他说:"美乃是整个无限关系连同中心的无蔽状态的纯粹闪现。"③

在《诗歌》一文中,海德格尔指出:"在荷尔德林的诗中,我们诗意地经验到诗歌。'诗歌'这个词眼下透露出它的歧义性。'诗歌'可以意指:一般而言的诗歌,适合于世界文学中全部诗歌的诗歌概念。但是,'诗歌'也可以意味着:那种别具一格的诗歌,其标志是,只有它才命运性地与我们相关涉,因为它诗意地表达出我们本身,诗意地表达出我们处身于其中的命运——无论我们是否知晓这种命运,无论我们是否作好了准备去顺应这种命运。"④我们从这里可以看出,海德格尔不是在美学的意义上使用"诗歌"一词,而是从生存论角度来探讨的,"诗"的本义为生产、制作,这里指的是太阳的生产。也即"诗"的主体并不是人,而是太阳。这是我们理解海德格尔对荷尔德林诗歌阐释的关键所在。日月交替形成了我们的时间意识。我们在荷尔德林诗歌中,同样看到他对月亮的重视。

《饼与葡萄酒》:"看那,我们地球的那个影像,月亮,/现在也秘现;那令人心狂的,黑夜,来临,/满空星斗于我们全然不甚关怀,/那里辉耀着那骇人的,那人间的异客/哀愁而辉煌,在群山的巅峰之上。"⑤

---

① 海德格尔:《荷尔德林诗的阐释》,孙周兴译,商务印书馆 2000 年版,第 105 页。
② 海德格尔:《荷尔德林诗的阐释》,孙周兴译,商务印书馆 2000 年版,第 221 页。
③ 海德格尔:《荷尔德林诗的阐释》,孙周兴译,商务印书馆 2000 年版,第 223 页。
④ 海德格尔:《荷尔德林诗的阐释》,孙周兴译,商务印书馆 2000 年版,第 228 页。
⑤ 荷尔德林:《荷尔德林后期诗歌》(文本对照卷),刘皓明编译,华东师范大学出版社 2009 年版,第 55 页。

对于古希腊神话中的英雄赫拉克里斯,缪勒指出,这实际是对太阳运行的一种隐喻。而荷尔德林认为赫拉克里斯与耶稣基督是同一的,这与海德格尔的见解不谋而合。在《诗人何为?》一文中,海德格尔说:"'……在贫困时代里诗人何为?''时代'一词在此指的是我们自己还置身于其中的时代。对于荷尔德林的历史经验来说,随着基督的出现和殉道,神的日子就日薄西山了。夜晚到来。自从赫拉克里斯、狄奥尼索斯和耶稣基督这个'三位一体'弃世而去,世界时代的夜晚便趋向于黑夜。"①

3. 隐秘的东方

海德格尔与东亚思想的关联已是学界共识,莱茵哈特·梅依《海德格尔与东亚思想》一书,作了详细的探讨。东亚与西方思想的交流源远流长,在德国思想界,莱布尼茨曾经对中国的《易经》与儒家思想做过特别的关注。之后,歌德、康德、李希腾堡(Lichtenberg)、赫尔德,都对中国思想有过论述,黑格尔与海德格尔也不例外。在此笔者想探讨东方思想对海德格尔思想形成的影响。

赫拉克利特对黑格尔、尼采以及海德格尔思想均有着巨大的影响,在以往的研究中,我们将赫拉克利特作为一位古希腊思想家来进行研究。太阳是赫拉克利特思想的中心,至少有四个残篇提到了太阳。残篇 B6:"太阳,不仅如赫拉克利特所言,每天都是新的,而且会永远常新。"②B30:"有序化了的世界,对所有人都是同一个,不由神或人造成,但它过去一直是、现在是、将来也是一团持续燃烧的火,按比例点燃,按比例熄灭。"③"太阳(神)不会越过他的尺度。否则,复仇女神——正义的执行者,会找到他。"④B99:

---

① 海德格尔:《海德格尔选集》,孙周兴选编,三联书店 1996 年版,第 407 页。
② 赫拉克利特:《赫拉克利特著作残篇》,T.M.罗宾森 英译,楚荷 中译,广西师范大学出版社 2007 年版,第 16 页。
③ 赫拉克利特:《赫拉克利特著作残篇》,T.M.罗宾森 英译,楚荷 中译,广西师范大学出版社 2007 年版,第 16、41 页。
④ 赫拉克利特:《赫拉克利特著作残篇》,T.M.罗宾森 英译,楚荷 中译,广西师范大学出版社 2007 年版,第 16、105 页。

"如果太阳不存在,其余那些星辰就将是黑夜"。B100:"太阳……和主神一同做的工作是设立界限……为变化和带来一切的季节,依赫拉克利特之见。"赫拉克利特残篇中也有数条与火相关。B14:"以弗所的赫拉克利特在因谁而发出预言?因游荡于夜间的巫师、酒神祭司、酒神崇拜者和新入会者。他用死后之事来威胁的正是这些人;他为这些人预言了火。因为人类所接受的入会仪式,他们以一种不虔敬的方式来表现。"B16:"人如何能逃脱那永不止息者的注意呢?"B31a:"火的转变:首先,海;海的一半是土,另一半是'燃烧物'。"B65:"他称它(火)'需要和满足'。"残篇B66:"火,突然降临,审判万物并为其定罪。"①希伯克拉底有个残篇提到雷电:"闪电产生万物。"赫拉克利特残篇B64也认为:"霹雳统领万物。"②

在伊朗拜火教(琐罗亚斯德教)中,火同样居于中心的地位。琐罗亚斯德多次召唤"阿忽拉.马兹达(Ahura Mazda)的火"。火是真理或公正(aša)的工具,由火产生它的力量。火(阿忽拉.马兹达,Ahura Mazda)与公正(aša)具有密切的关系。

拜火教《阿维斯陀》(Avesta)的教义是否影响到赫拉克利特呢?尼采在《希腊悲剧时代的哲学》中,指出了古希腊思想家与东方思想的相似处:"人们已经不厌其烦地指出过,希腊人多么善于在东方异国发现和学习,他们也确实从那里接受了许多东西。然而,倘若人们把来自东方的所谓老师和来自希腊的可能的学生摆放到一起,例如,把琐罗亚斯德(古波斯拜火教创立者Zoraster)与赫拉克利特(认为火是万物本原的古希腊哲人Heraclitus)并列,把印度教信徒与爱利亚学派(主张有不变本体的Eleatics)并列,把埃及人与恩培多克勒(坚信灵魂不灭的Empedocles)并列,甚或把阿那克萨哥拉(宇宙二元论者A naxagoras)置于犹太人中间,把毕达哥拉斯(讲求宇宙的

---

① 赫拉克利特:《赫拉克利特著作残篇》,T.M.罗宾森 英译,楚荷 中译,广西师范大学出版社2007年版,第79页。

② 赫拉克利特:《赫拉克利特著作残篇》,T.M.罗宾森 英译,楚荷 中译,广西师范大学出版社2007年版,第64页。

和谐秩序的 Pythagoras）置于中国人中间，那实在是一个奇观。"①但作为古典学家的尼采，似乎仍然没有深入探讨赫拉克利特的东方渊源。

琐罗亚斯德教大致于公元 6 世纪发端于伊朗东北部，而当时波斯国王大流士（Darius）崇拜的是阿忽拉·马兹达。在琐罗亚斯德教中，对火的类型及作用做了详细的区别，在具体的祭祀活动中，祭坛上的火禁止照到太阳光，因为它本身就象征着太阳的光。而赫拉克利特可能听过这种关于火的崇拜活动。在印度—伊朗教义中，火是给予生命、再生的物质，正如赫拉克利特所说的"永恒的活火"（πῦρ ἀείζῶον）。

在基督教及斯多葛（Stoic）学派中，逻格斯（Logos）是统治世界的原则，也就是说，是一种神，在基督教传统中，逻格斯（Logos）与耶稣基督是同一的。赫拉克利特指出逻格斯是一种普遍的物质，对于斯多葛学派而言，逻格斯与火是等同的，他们强调区分物质与精神的二元论，与柏拉图《蒂迈欧篇》中相同，他们承认作为整体的宇宙是一个有生命的存在，火的气息弥散于万物，黑格尔总结道："主要的思想是这样的：逻格斯、规定着的理性，是主宰的、统治的、产生的、弥漫一切的、作为一切自然形态——自然形态被认作逻格斯的产物——的本源的实体和动力。就这个实体之为理性的推动活动而言，他们称它为神。它是一个理智的世界灵魂。"②"并且举凡人们的'灵魂'、生命性的动物原则，以及植物，都是世界灵魂的各个部分，亦即普遍的逻格斯、普遍的火的各个部分；这是统治一切、推动一切的中心。或者说：'灵魂是一种火的嘘气。'"③火被斯多葛派称为基本的元素，因为从那作为最初者的火中，特别的一切都通过转化过程而发生，而且一切又消解于这作为最后者的水中。

---

① 尼采：《希腊悲剧时代的哲学》，周国平译，商务印书馆 1994 年版，第 4 页。
② 黑格尔：《哲学史讲演录》第三卷，贺麟、王太庆等译，上海人民出版社 2013 年版，第 17 页。
③ 黑格尔：《哲学史讲演录》第三卷，贺麟、王太庆等译，上海人民出版社 2013 年版，第 19 页。

基督教中逻格斯的概念与闪族（Semitic）人关于神的词语结合起来，神创造了词语，创世纪中上帝说让实体化，在埃及、苏美尔、巴比伦以象征的方式出现，逻格斯概念在基督教中具有中心的地位，因此亚历山大里亚的克莱门特（Clement）认为赫拉克利特是基督教的先驱。

后来的学者，如 E.Hoffmann 在《语言和古代逻辑》（Die Sprache und die archaische Logik）中指出，Logos 是一种语言行为，是对话。印度和伊朗还有着共同的基本宗教术语，其中"Rta"和"asa"都是"照亮"的意思。

我们可以以一个表格来展示伊朗—印度的"Aša—Arta—Rta"、"Logos"与火的关联。①

希腊	伊朗	印度
Logos	无限的光、Aša，artāvan Aša 的祝福	Rtásya yáni Sukrtásya lokáh
火（照亮）	火	Agni
最终审判世界	末世考验的工具	
Κατὰ τὸν λόγον τόνδε 呼吸（Inspiration）	Ašāt haca	Rténa、呼吸（Inspiration）

赫拉克利特与伊朗琐罗亚斯德教思想的主要差异在于：在古代伊朗以查拉图斯特拉教开始的宗教里，明确地主张以善来战胜恶，以及生和死间的对立，而赫拉克利特主张对立面的和谐，如生和死以及其他对立面。但在认为永恒的活火与逻格斯相关联的意义上，赫拉克利特则明显地受到古代伊朗宗教思想的影响。

海德格尔说："赫拉克利特就是这位最早的希腊思想家，他一方面在西方历史过程中被最彻底地走样解释为非希腊思想的了，另一方面也是他在近现代提供出最强烈的动力要重新阐明真正的希腊思想。黑格尔和荷尔德

---

① Jacques Duchesne Guillemin,"Heraclitus and Iran",*History of Religions*,The University of Chicago Press.Vol.3,No.1（Summer,1963），pp.34~49.

林这两位好朋友就是以他们的方式站在赫拉克利特的伟大而有成果的轨道上,但有区别,黑格尔是往后看而要作结,荷尔德林是向前看而要开拓。尼采对赫拉克利特的关系又是另一回事。显然尼采成为流行而不真实的巴门尼德与赫拉克利特对立之说的牺牲者……对赫拉克利特的走样解释是通过基督教出现的。早期教会的教父们已开始干这件事了。黑格尔还站在这条线上。赫拉克利特论逻各斯的学说起了《新约全书》'约翰福音'第一章所论的逻各斯的前驱的作用。逻各斯就是耶稣基督。就因为赫拉克利特也已经谈到逻各斯,也就是达到基督教所启示的真理了。所以在我近日接到的一本著作中可以读到下述的话:'随着真理以耶稣道成肉身的形态现实地显现出来,希腊思想家关于逻各斯支配一切在者的哲学认识就被确认了。此一证实与确认就指明了希腊哲学的经典性。'"①

海德格尔认为,"Sein"就是λὸγος、就是ἁρμονία(和谐),是ἀλήθεια(真理)、是φύσις、是φαὶωεσθαι(现象)。而在赫拉克利特处:"火就是逻格斯。"②海德格尔说:在基督教《新约》中,耶稣基督是上帝与人之间的中保,这与斐罗的犹太教是一致的,犹太教中把 Logos 规定为μεσίτης,即中间人。在《旧约全书》中,λὸγος是用来指词语的名称,也就是指命令、戒律的确定意义之下的'词';oἱ δὲκα λὸγοι的意思是上帝的十条戒律(Dekalog,十诫)。所以λὸγος的意思是:κῆρυζ ἄγγελος宣读戒律与命令的宣读者——信使;而λὸγος τοῦ σταυροῦ 就是从十字架来的词语,从十字架而来宣教就是基督本身;基督就是拯救的逻各斯,永恒的生命,λὸγος εωῆς。因此,他将存在解释为"火",它与逻格斯、耶稣基督都是同一的。

从以上分析可见,海德格尔推崇古希腊思想,赫拉克利特对 Logos 与火的关联,对海德格尔有着重大的影响,他把基督教思想还原为古老的"圣火"崇拜,这是古代普遍流行的宗教模式,古希腊思想并不是封闭的,而是

---

① 海德格尔:《形而上学导论》,熊伟、王庆节译,商务印书馆 1996 年版,第 127 页。
② 海德格尔:《演讲与论文集》,孙周兴译,三联书店 2005 年版,第 302 页。

与东方思想的交融影响下形成的,学者们证实古希腊语中有许多来自东方的外来词,它的宗教形式也受到东方的影响,赫拉克利特对"火"(太阳)的论述,与东方思想有着相通性,海德格尔晚年向"月亮"的转变,与中国道家思想有着很强的相似性,这一方面是由于他通过阅读东方道家、禅宗书籍所产生的转变,另一方面也是出自他思想的实际。

第五章　海德格尔与黑格尔
语言思想之比较

　　我们总是生活在一个语言所建构的意义世界之中，对世界的认识和表达集中反映在语言中，一切哲学研究最终都要归结到语言上。正如老子所说的"无名，万物母；有名，天地始"，是语言命名和揭示了一个意义世界，使得世界和万物向我们呈现、敞亮出来。西方也有道成肉身的传统。《圣经·约翰福音》1∶1—5 也说道："太初有道，道与神同在，道就是神。这道太初与神同在。万物是借着他造的；凡被造的，没有一样不是借着他造的。"这里指出逻格斯、词语和上帝的同一性。

　　海德格尔与黑格尔的语言观之所以可以进行比较，乃因为它们植根于同一个传统之中。亚里士多德和洪堡特的语言思想都对他们产生影响。亚里士多德认为，话语乃是"ἀποφαίωεσθαι"，从字面来看，含义为来自于"光"。这"光"在黑格尔看来就是"意识"、"精神"之光，而对海德格尔而言，则是作为"ἀλήθεια"，即太阳之光。

　　洪堡特认为，语言与精神不可分离，语言就是精神的表现，语言结构的差异反映了人类精神结构的差异，民族语言就是民族精神，要在语言中去追寻民族精神之根，力图把语言现象与人类精神联系起来进行哲学高度的考察，由于民族精神差异，形成不同语言精神，因此语言具有民族性。对词语的理解建立在对语言整体的理解之上，人类知性能力是理解语言的前提，但它本身则以掌握语言能力为前提。语言的产生属于人类的一种先验能力，必定建立在人类对世界长期的认知上。

第一节 黑格尔语言思想

一方面,黑格尔受康德语言思想影响。康德指出:"一切语言都是思想的标记,反之,思想标记的最优越的方式,就是运用语言这种最广泛的工具来了解自己和别人。"①另一方面,在《精神现象学》中,黑格尔认为,语言就是精神,由于精神发展的不同层次,也就形成不同层次的语言。在第一阶段,由于精神作为自为存在,主体性即自我意识尚未觉醒,这时,自我意识必定是一种作为普遍化的精神而存在,因此,这一阶段的语言就是史诗。黑格尔说:"语言,即是最初的语言,这就是史诗,史诗包含有普遍性的内容,至少是以世界的完全性,虽说还不是以思想的普遍性作为它所表象的内容。"②黑格尔这一论断是符合艺术史实的,在各民族早期均存在口传文学和史诗的阶段,史诗确实是最早的艺术形式。黑格尔指出,虽然史诗的歌唱者是一些个别的现实的具体的人,但这具体的个人并没有明确的自我意识即主体性,精神处于自为状态,并没有外化为自然,因此他所表现的并不是使人惊奇的自然力量,而是对于英雄、神灵的追忆。由于主体性的缺乏,史诗的作者只是一个消失在他所歌唱的内容中的工具;作为史诗的语言必定是一种具有民族特性的语言形式。

随着自我意识的初步觉醒,产生了较高的语言,即悲剧。在这一阶段,精神一方面仍是自为存在的,另一方面却初步外化为自我精神,这两者处于对立地位。黑格尔指出,反映在具体的悲剧中,存在着的是神的法则和人的法则,或者上界法则和下界法则的对立,前者一般支配家庭,后者支配国家权力,前者带有女性性格,后者则带有男性性格。这两者发生矛盾冲突,产生悲剧,并以神的法则取胜而结束。黑格尔说:"因此那客观而存在的东

---

① 康德:《实用人类学》,邓晓芒译,上海人民出版社 2005 年版,第 85 页。
② 黑格尔:《精神现象学》下卷,贺麟、王玖兴译,商务印书馆 1979 年版,第 242 页。

西;那上界的法则和下界的法则,在这个关系里,就意味着那知道的、启示给意识的力量与那自身潜藏着的、在后面隐伏待发的力量。一个力量是光明面、是颁发神谕的神,这神就它的自然一面[光明]来说是从那照耀一切的太阳出来的,知道一切、启示一切的太阳和宙斯,后者是前者的父亲。"①这里黑格尔指出,自为存在的精神(光明)与为意识而存在的东西,即意识所外化出的东西的关系,如果自为存在的精神的光明来自太阳的光,那为意识而存在的东西,即自我意识,就是光明的对立面——黑暗,这黑暗需要阳光的照耀以挣扎着进入光明,也就是自我意识努力进行觉醒。正如古希腊德尔菲聆听太阳神阿波罗神谕的女祭司一样,但这个说出真理之神的命令却是有欺骗性的,这是因为从黑格尔的基督教信仰出发,认为理性才是真正的真理,而古希腊的宗教作为艺术宗教,是从表象去认识神,这表象往往是一种假象,而只有真正的天启宗教(基督教)的神谕才具有真理性。

在喜剧阶段,自我意识(主体性)得到进一步加强,使得自我意识将自己表述为神灵的命运,与神灵合一,表现为一种自大的夸张,具有荒谬的特点,要挣脱普遍法则的束缚,黑格尔说:"当这种体现在个体形态中的本质性整个解体时,如果它的内容越是严肃,越是具有必然性意义的话,那么这种解体现象也就越富于恶作剧和辛辣的讽刺的意味。"②表现在国家生活中,作为自我意识具体化的人民,将自己的位置夸大到与国家平等的地位,忘记自己的局限,对国家施加压力,黑格尔认为这就显示了直接个别性想摆脱普遍体而寻求解放,和对普遍秩序的嘲笑。

自我意识进一步加强,意识到自己与一般意识不再是分离的、疏远的异己意识,而是与之合一的本质,意识与自我意识的对立趋于消解,在戏剧中表现为演员与角色的融合为一,也表现为观众与演员之间的合一。精神就进入了天启宗教即基督教阶段。这时主体性完全确立,成为绝对主体或绝

① 黑格尔:《精神现象学》下卷,贺麟、王玖兴译,商务印书馆1979年版,第249页。
② 黑格尔:《精神现象学》下卷,贺麟、王玖兴译,商务印书馆1979年版,第255页。

对精南岛神。

在天启宗教（基督教）时期，通过耶稣基督的道成肉身，神与人的对立得到和解，绝对精神自在地从而也自觉地取得了自我意识的形态，"精神成为自我意识，作为一个现实的人而出现了，精神直接成了信仰的对象，信仰的意识看到、感到和听到这个神圣性了。这样，神就不再是想象或幻想，而是现实地出现在人们的意识中了"①。在这一阶段，神与人完全和解，自我意识到自己就是主体，就是绝对精神，因此黑格尔说在天启宗教中，"自我就是真正的和唯一的启示出来的东西"②。我们可以看出，纯粹的自我、主体、纯粹的存在与绝对精神在此是同一的，黑格尔对天启宗教的认识是建立在理性基础上的，他所认知的并不是基督教的上帝，而仍然是作为理性的先验主体性。

在作为天启宗教的基督教里，信仰首先展示为语言，在这种信仰里，语言应该能够清晰地表达精神。在《美学》中他也指出语言与神的一体性："世界主宰这个太一实体当然也要达到外现，但是这种外现是最纯粹的，无形体的，精神性的：它就是文词，即作为精神力量的思想的外现，凭这文词叫它存在的命令，要获得存在的事物就立即默然听命了。"③正是由于语言具有如此的重要性，所以黑格尔认为作为语言艺术的诗歌就是艺术发展的最高峰。

语言的分裂反映了现代性所造成的分裂："但表示分裂性的语言乃是表示这整个教化世界最完全的语言，乃是这整个教化世界的真的现实存在着的精神。"④在"语言是异化或教化的现实"一节中，黑格尔说，"我，作为这样的纯粹的我，除了在语言中以外，就不是存在在那里的东西……但语言则包含着纯粹的我，只有语言表述着我、表述着我自身。自我的这种特定存

---

① 黑格尔：《精神现象学》下卷，贺麟、王玖兴译，商务印书馆 1979 年版，第 265—266 页。
② 黑格尔：《精神现象学》下卷，贺麟、王玖兴译，商务印书馆 1979 年版，第 267 页。
③ 黑格尔：《美学》第二卷，朱光潜译，商务印书馆 1979 年版，第 93 页。
④ 黑格尔：《精神现象学》下卷，贺麟、王玖兴译，商务印书馆 1979 年版，第 73 页。

在,作为特定存在,是一种本身具有我的真实本性的对象性。自我既是这个特定的我,又同时是普遍的我;它的显现,既直接是特殊的我的外化和消逝,同时又因此是普遍的我的保持和持存。我,它既然表述它自己,它就是作为我而被听到、被领会了的;它是一种传染,通过这种传染它就直接过渡到与那些认识到有我之存在的人归于统一,成为普遍的自我意识"①。

在《哲学科学全书纲要》中,黑格尔说:"言语和它的系统,即语言,给种种感受、直观、表象以第二种高于它们直接定在的一种定在,并且一般地给以一种在表象活动领域有效的实存。作为理智的产物,语言在这里之得到考虑,只是按照一种独特的规定性:在一外在的元素内来显示理智的表象。假使要以具体的方式对语言给以探讨,那么相应于语言的质料(词语东西)方面就须回头说及人类学的观点,进而及于心理学、生理学观点,对于形式(语法)方面,就须预先想到知性的观点……语言中形式性的东西是知性的作品,知性把自己的各种范畴内建到语言内去,这一逻辑性的本能产生出语言的语法的东西。人们在近一些时期才开始透彻地结识一些仍保持是本原性的语言,对这些语言的研究在这方面已指出,它们包含着一种构形极达于个别性东西的语法,并表达种种区别,而这些区别在各个有教养民族的语言内是缺乏的或模糊了的。"②黑格尔认为书面语言是外在的实践活动在语言领域内的继续发展。象形文字通过富于空间性的形式表达表象,字母文字则是通过声音。通过批评中国的象形文字,黑格尔认为字母文字自在而自为地是最合理的。学习一种字母文字就是一种无可估量的教养手段,它把精神从感性的具体物带到形式性的东西上,是对有声调的词语及其抽象要素的注意,并作本质性的一步,在主体内奠立内在性的基地,并且使之纯净。"虽然说可听的东西或时间性的东西与可视的东西或空间性的东西,各各具有自己的基础,首先同其他基础有同等的有效性,但是在字母文字那里却

① 黑格尔:《精神现象学》下卷,贺麟、王玖兴译,商务印书馆 1979 年版,第 65—66 页。
② 黑格尔:《哲学科学百科全书》,薛华译,北京大学出版社 2010 年版,第 328—329 页。

只是存在整一基础,而且是在一种正确的比例之内,可视性的语言只是作为标志同发声的语言发生关系;通过言语,理智直接地和不受制约地把自己表现出来。通过语音的较非感性的东西来中介表象,进一步对于后续从表象活动向思维活动的过渡,即对于记忆,会在后者独特的本质性内显示出来。"①

关于符号(Zeichen),黑格尔说:"在独立的表象与一种直观的这一从理智出发的统一性内,这一直观的质料首先诚然是一种被接受的东西,某种直接的东西或给定的东西(例如徽章的颜色等等),但直观在这一同一性中的意义不是作为肯定的和表象它自己本身的,而是表象某种他物的;它是一种图像,这种图像已把理智的一种独立的表象作为灵魂接纳于自己之内,这即它的意义。这种直观是标志。标志是随一直接性的直观,这种直观表现得完全是另一内容,与它自为地具有的内容不同。如金字塔,金字塔中移入和保存着一种异己的灵魂。标志与象征有异,或者是与一种直观,这种直观固有的规定性按其本质与概念来说或多或少是这一直观作为象征所表达的内容……标志和语言常常被作为附带的东西在随便某个地方插入到心理学甚或逻辑中,而竟不顾及其在理智活动系统中的必然性和联系。标志的真正地位是已经指明的位置,也就是说,那种作为进行直观的而创造出时间与空间形式的理智,但却是作为接受感性内容、并从这一素材给自己塑造出表象的理智,现在从自己内给它种种独立的表象提供一种确定的定在,把已充实的时间与空间,把直观运用为属于它的,而消除掉它们直接性和独特的内容,并给自己以另一种内容,以之为意义和灵魂。"②

相对于索绪尔将语言区分为语言(language,langue)、言语(Parole),黑格尔把语言区分为语言可能(Sprachvermögen)、语言(Sprache)、言语(Rede)。黑格尔说:"并且按照这一定在进一步的外在的、心灵的规定性,

---

① 黑格尔:《哲学科学百科全书》,薛华译,北京大学出版社2010年版,第332页。
② 黑格尔:《哲学科学百科全书》,薛华译,北京大学出版社2010年版,第327—328页。

是一种从理智(人类学上)固有的自然性产生的、由理智设定的被设定存在,即声音(Ton),那一宣示自己的内在性的充实表现。与特定一些表象相关联,进一步分化自身的声音,言语(Rede)和它的系统,即语言(Sprache),给种种感受、直观、表象以第二种高于他们直接定在的一种定在,并且一般地给以一种在表象活动领域有效的实存。"①

例如,Stoikern(Sache,Bezeichnetes,Bezeichnendes)和亚里士多德(物、物之表象、声音),圣奥古斯丁(物、字母、词语)(res,dicibile,verbum)。

因此正如 Lindorfer 所说,"因此对黑格尔来说,语言和思想不是同一的,语言不是'存在的家',而是比人类思想的寓所更高的所在"②。

第二节　海德格尔语言思想

海德格尔的语言思想是西方语言思想的一个高峰,亚里士多德、洪堡、赫尔德等人的语言思想均对他产生了重要影响。关于语言,在西方文化中长期认为,语言是人的说话活动,海德格尔考察了西方文化中关于语言的名称,古希腊文的 γλῶσσα,拉丁文的 lingua,法文的 langue,英文的 language 等,其中都包含了语言的发声器官"舌头"的意思。

对于海德格尔来说,语言首先不是一种人类的行为,而首先是倾听,即 Φύσις。语言是 λὸγος。赫拉克利特说:"那位在德尔斐发神谶的大神不说话,也不掩饰,只是暗示。"德尔斐(Delphi)的大神指的是太阳神阿波罗。要说话,首先要倾听这暗示。而 Φύσις 指的是太阳、月亮、星星的升与沉,首先指太阳,说话就要倾听太阳的言说。对于海德格尔来说,话语基于"共在"的理解,对话基于倾听。海德格尔说,语言如花。他通过这样的表达,强调语言的创造作用,而在中国古文字中,"帝"字的甲骨文字形恰恰像一朵花朵,

---

① 黑格尔:《哲学科学百科全书》,薛华译,北京大学出版社 2010 年版,第 328 页。

② Lindorfer, Bettina. *Einleitung. In : Hegel : Zur Sprache. Beiträge zur Geschichte des europäischen Sprachdenkens*, Tübingen, 2002, p.10.

代表着宇宙间最为根本的生产、创造力量。对于海德格尔来说，语言首先不是一种人类的行为，而首先在于倾听，倾听"Physis"的声音，而"Physis"指的是太阳、月亮、星星的升与沉，首要地指太阳，说话就是倾听太阳的言说。在与日本人的对话中，海德格尔也指出：语言就是来自于 Ereignis 照亮着的恩赐的消息。在《语言与家乡》中，他又指出，我们的道说首先来自于太阳的赐予。海德格尔认为人与动物不同，动物虽然也可发出声音，但只有人才有语言，语言使人成其为人。"人是理性的动物"也就是"人是具有语言的动物"，其中"逻格斯"具有理性和语言两种含义，也显示了语言与人是相互居有的。

海德格尔同样认为，对词与句子的理解需要建立在相互理解的基础之上，词与句子存在一种解释学循环，语言是我们理解并表达世界的形式，语言的结构就是世界的结构。在《存在与时间》第 34 节中，海德格尔指出，语言的生存论基础是话语，话语是此在展开状态的生存论建构，听和沉默属于话语的道说。此在通过话语道出自身。"话语把现身在世的可理解性按照含义分成环节。话语包含有如下构成环节：话语的关于什么（话语所及的东西）；话语之所云本身；传达和公布。"①他批评了流行的语言哲学将这些要素分离进行研究，认为要在此在分析基础上将话语的生存论结构分析和整理出来。要想说话，必须具有听的能力，而听则建立在理解的基础之上，即将语词纳入一个意义整体之中。正如海德格尔所说，听就是理解上的听，我们听到的是摩托车的声音，而不是纯粹的无意义的声响，要听到纯粹的声响，需要专门的训练。海德格尔说："此在作为共在对他人是敞开的，向某某东西听就是这种敞开之在。每一个此在都随身带着一个朋友；当此在听这个朋友的声音之际，这个听还构成此在对它最本己能在的首要的和本真的敞开状态。"②对基督教神学来说，这朋友的声音就是上帝的声音，对主体

---

① 海德格尔：《存在与时间》，陈嘉映、王庆节译，三联书店 2006 年版，第 190 页。
② 海德格尔：《存在与时间》，陈嘉映、王庆节译，三联书店 2006 年版，第 191 页。

形而上学语言学来说,这声音来自心灵或精神,而对海德格尔来说,人之为人,是由人的生存来决定的,太阳对人类的形成具有生成作用,海德格尔语言思想的一个奇特之处在于认为这朋友的声音就是太阳的声音。对于诗人,则是倾听月亮的声音。

理解海德格尔语言思想的关键在于如何理解"逻格斯"。《圣经》"约翰福音"一开始就说:"从一开始就有语言,语言与神同在,语言就是神。语言与神在开端中同在。万物都是由语言造的……生命在它里头,这生命就是人的光……这人来,为要作见证,叫众人因他可以信。他不是那光,乃是要为光作见证。那光是真光,照亮一切生在世上的人。"对海德格尔来说,这"真光"来自于太阳,太阳在他的思想中具有核心地位。通过考察赫拉克利特的思想,他指出"Logos"在赫拉克利特处所指为"火",海德格尔因此将语言的发生与太阳联系了起来。因此,对他来说,语言的主体并不是人,而是太阳,太阳自行升起,自行照耀,也就是语言自行说话,人的说话乃是应和于太阳的说话,海德格尔的语言观虽然奇特,但的确包含着某种语言发生的正确性。语言的发生具有事件性(Ereignis),对于基督教来说,事件指耶稣基督的出生、殉难和复活,对海德格尔来说,意指生存论上的时机(Kairos),即作出决断的时机,也就是指太阳的上升(aufgehen)。解释学作为对上帝话语的解释,在海德格尔处被改造为解释太阳的语言。如荷尔德林诗歌所说的:"神圣者是我的词语",这里的"神圣者",就是指的太阳。在海德格尔看来,一方面,太阳(神圣者)向我们敞开了一个意义世界,从而形成"自然"(Physis),而这自然会趋于终结毁坏,因此"神圣者"又"道成肉身"(耶稣基督)以言词(诗歌)来唤起人类对"自然"的保护与拯救。

语言中的名词来自世界中作为质料的具体事物,而语法则表达了事物间的关系与结构。因此语言的产生必须从世界的产生中去寻找,卢梭认为,语言产生于自然,而世界得以敞亮及事物显现的前提是"光",这光首先是自然之光,其次也是心灵之光,而后者来源于前者。这自然之光来自太阳,是太阳揭开夜的黑暗,开启了一个光明的意义世界。因此,作为语言底基与核心的,必然与太阳有关,我们从各民族语言早期的情况来看,对太阳的表达远远早于对自我的表达。海德格尔将"存在"与"火炉"联系起来,作为世界的"火炉"的是太阳,因此,存在在语言中,就相当于太阳在世界中的地位。海德格尔将逻格斯理解为话语,而逻格斯的本义为显现,那么做为道说(sage)的语言也是一种揭示、让显现,那么它也与太阳有关。

人是以情绪(Stimmung)的方式在世生存的,情绪通过语言的声调、抑扬、言谈的速度、说话的方式等加以表达。

洪堡认为语言与民族精神紧密关联,语言表达精神,"但海德格尔认为,采取这类'哲学地平线'仍然是不够的。在洪堡的语言哲学中,归根到底,语言现象的根本的存在学基础仍未得到揭露"[1]。海德格尔认为,西方传统语言学研究之所以不可能揭示语言的真正本质,在于它持有逻辑主义的态度,是在传统形而上学意义上来研究语言现象,因此总难免于把语言处理为一个现成性的存在者了。索绪尔将语言区分为语言(language)和言语(Parole)。海德格尔把语言区分为语言(Sprache)和言谈(Rede)。言谈道说出来即是语言。言谈同现身、领悟在存在论上是同样"源始的"。言谈作为此在的基本在世能力是一个基本的存在论环节。言谈所及的是世界的意义整体(Bedeutungsganze)。言谈的两种可能方式是"听"与"沉默"。

海德格尔的语言思想异常晦涩难解,最为清晰的一个文本是《语言与家乡》。在其中,海德格尔指出,语言首先是作为方言、作为母语(家庭中言说的语言)在不同的民族和地域而存在的。他认为,处于交谈中的语言的古希腊文"διαλέγεσθαι"(被采集了的彼此交谈)就是作为方言的母语,也就是我们称为口语的语言。语言学家本维尼斯特也认为,没有主体,因此也没有主体性,只有说话者,甚至如他不断重申的,只有交谈者。

海德格尔对现代将语言工具化,尤其是信息时代的编程语言将语言"异化"的情况深感忧虑。在语言中集聚了天、地、人、神的四重一体,唯有

---

[1]　孙周兴:《语言存在论》,商务印书馆 2011 年版,第 76 页。

在诗中,语言才充分地得到了保留。

第三节　对海德格尔艺术思想的批判与
实践存在论美学的转向

　　黑格尔美学中已包含实践思想,黑格尔说:"人还通过实践的活动来达到为自己(认识自己),因为人有一种冲动,要在直接呈现于他面前的外在事物之中实现他自己,而且就在这实践中认识他自己。人通过改变外在事物来达到这个目的,在这些外在事物上面刻下他自己内心生活的烙印,而且发现他自己的性格在这些外在事物中复现了。人这样做,目的在于要以自由人的身份,去消除外在世界的那种顽强的疏远性,在事物的形状中他欣赏的只是他自己的外在现实。儿童的最早的冲动就有要以这种实践活动去改变外在事物的意味。例如一个小男孩把石头抛到河水里,以惊奇的神色去看水中的圆圈,觉得这是一个作品,在这作品中他看出他自己活动的结果。"①对黑格尔来说,艺术是人自身实践的结果,是人制作出的产品,艺术是人的本质力量的对象化。这也可以解释为什么黑格尔认为自然美低于艺术美,因为艺术美出自人的劳动,是经过人类心灵创造出来的产品。

　　虽然如黑格尔一样,海德格尔对艺术具有深刻的洞察力与鉴赏力,他的艺术思想在当代美学中也产生了极其深远的影响,但是我们通过考察可知,在他的艺术思想中,真理高于艺术,艺术是真理之自行设置入作品,他的艺术思想具有内在的矛盾,即他在后记中所说的"含混"(zweideutigkeit,模棱两可)。《艺术作品的本源》"第 59 页和第 65 页上的两个重要线索就是这种指示。在这两个地方谈到一种'含混'。在第 65 页上,在把艺术规定为'真理之自行设置入作品'时,指明了一种'根本的含混'。根据这种规定,真理一会儿是'主体',一会儿又是'客体'。这两种描述都是'不恰当的'。

――――――――――

① 黑格尔:《美学》第一卷,朱光潜译,商务印书馆 1979 年版,第 39 页。

如果真理是'主体',那么'真理之设置入作品'这个规定就意味着:'真理之自行设置入作品'(参见第59页,第21页)。这样,艺术就是从 Ereignis 方面得到思考的。然而,存在乃是对人的允诺或诉求,没有人便无存在。因此,艺术同时也被规定为真理之设置入作品,此刻的真理便是'客体',而艺术就是人的创作和保存。"真理如果作为客体,则意味着人是主体,那么,艺术活动就是属于人的创作,这是海德格尔诗学思想中的内在矛盾。

问题在于,海德格尔所探讨的诗(ποίησις),其原意作为"生产"(her-vorbringen),从其广义而言,并不专指人的劳作,而首先是太阳的生产。在《赫拉克利特研讨班》中,海德格尔指出,人的生产和动物的生产首先都由太阳的生产而来。诚然,海德格尔采取现象学还原的方法探讨诗的本质,并回溯至希腊思想,以探讨"诗"(ποίησις)的本原含义,他的诗学思想在其广义来说是正确的,正如他不得不承认,只有人才能追问存在的意义,没有人便没有存在,他不能不承认人的重要性。而人又是以具体的个人而存在的,这就使得主、客体思想成为他的一个难点。海德格尔对主、客体区分的消弭,虽然为后现代美学、生态美学提供了理论依据,但由于艺术家主体性的消弭,艺术家的个性消失了,这对建立在作家创作个性基础之上的风格具有极其消极的作用。而在传统文艺学中,东西方文艺理论都对作家的风格极为重视,亚里士多德的《诗学》和《修辞学》突出了风格的形式、技巧的一面。布封所谓"风格即人"。他的反美学立场,使得建立在主体性基础上的美学思想被其解构,但又没有一种新的创作论被建构出来。与亚里士多德的《诗学》相比,海德格尔的诗学思想并不能指导艺术家的实际创作,只能作为一种参考。

海德格尔的发问方式就存在着内在的矛盾,他说,规定艺术家和艺术作品的是艺术,但实际上,规定这两者之起源的情况非常复杂,首要的是实践和美。在艺术作品的创造中,人以实践活动为基础,以创造美为目标,判断艺术作品的是美,而不是虚无的艺术。如在原始时期,"艺术活动"往往源于巫术活动,这些作品起初并不是作为艺术作品而存在,而是有着其特殊的用途与含义，但由于它们具有美的特征，因此它们被称之为艺术作品。而后现代的一些所谓的艺术作品，正是由于缺乏美，并不被认为是艺术作品，如杜尚的《泉》与安格尔的《泉》之区别。另外，正如黑格尔所言，美作为精神的产品就连在开始阶段也要有已经发展的技巧，大量的研究和长久的练习，也就是建立在实践基础之上的。

海德格尔的艺术思想里，将真位于美之上，这就降低了艺术作品的艺术性，从一开始他就不是着眼于艺术作品的艺术性展开探讨的，而是以"六经注我"式的方式来表达自己的生存论思想，他通过反对西方形而上学及其主体性，来探讨艺术在古希腊时期的本原含义具有的积极作用，而时代总是在前进，艺术作为对时代的反映，艺术技巧及审美鉴赏力的不断发展，必然要求艺术作品能不断推陈出新，因此，海德格尔的艺术思想对于美学建设并没有太大的贡献，较之黑格尔美学的辉煌的大厦及其强大的历史感与流动性的特征，我们看到海德格尔关于美的思想是苍白的，他确实是反美学的，我们对他的作用要有清醒的认识。

黑格尔用哲学理性改造了的新教与路德对非理性的强调并不一致，海德格尔继承了黑格尔的神学的言说模式，尽管他们都不是正统意义上的神学，海德格尔的整个哲学可以视为一种"世俗"神学，这里的"神"指的是太阳。与海德格尔不同，马克思扬弃了黑格尔的神学外衣，以唯物观史取代了黑格尔的绝对精神自发展的神学唯心史观，他继承并发展了黑格尔的实践观，把实践活动理解为人类自我创生并变革世界的活动，理解为一个人向人生成和自然界向人生成的历史过程，实践对他而言不仅意味着物质生产劳动，而且包括了政治活动、道德活动、艺术活动在内的精神活动，实践是人基本在世方式，存在就是通过劳动实践发现自身生存意义和世界意义的过程，正如朱立元先生指出的，在马克思哲学思想中，本身就有着存在论的维度。"海德格尔的存在论始终没有达到马克思的实践论的高度，而马克思则把实践论与存在论有机地结合起来，使实践论立足于存在论的根基上，而存在论则具有实践的品格。在这个意义上，虽然海德格尔给了我们重要启示，但真正为实践存在论美学提供了直接依据的,乃是马克思。"①朱立元先生提出的实践存在论美学,以审美的生成论代替现成论,以存在论克服主客二分的认识论,积极吸收和改造了实践论美学的理论体系,虽然仍处于探索期,但对中国当代美学的发展无疑指出了一条新出路,在新世纪产生了较大的影响。

---

① 朱立元:《走向实践存在论美学》,苏州大学出版社 2008 年版,第 9 页。

主要参考文献

一、外文文献

［1］Georg Wilhelm Friedrich Hegels, *Frühe Schriften*, Suhrkamp Verlag Frankfurt am Main 1986.

［2］Georg Wilhelm Friedrich Hegels, *Phänomenologie des Geistes*, Leipzig. Verlag der Dürr'schen Buchhandlung. 1907.

［3］Georg Wilhelm Friedrich Hegels, *Vorlesungen über die Ästhetik I*, Suhrkamp Verlag Frankfurt am Main 1986.

［4］Georg Wilhelm Friedrich Hegels, *Vorlesungen über die Ästhetik II*, Suhrkamp Verlag Frankfurt am Main 1986.

［5］Georg Wilhelm Friedrich Hegels, *Vorlesungen über die Ästhetik III*, Suhrkamp Verlag Frankfurt am Main 1986.

［6］Martin Heidegger, *Band 2. Sein und Zeit*, Frankfurt am Main 1977.

［7］Martin Heidegger, *Band 3. Kant und das Problem der Metaphysik*, Frankfurt am Main 1991.

［8］Martin Heidegger, *Band 4. Erläuterungen zu Hölderlins Dichtung*, Frankfurt am Main 1981.

［9］Martin Heidegger, *Band 12. Unterwegs zur Sprache*, Frankfurt am Main 1985.

［10］Martin Heidegger, *Band 13. Aus der Erfahrung des Denkens*, Frankfurt am Main 1983.

［11］Martin Heidegger,*Band 32. Hegels Phänomenologie des Geistes*,Frankfurt am Main 1997.

［12］Martin Heidegger,*Band 40. Einführung in die Metaphysik*,Frankfurt am Main 1983.

［13］Martin Heidegger,*Band 71. Das Ereignis*,Frankfurt am Main 2009.

［14］Martin Heidegger, *Band 53. Hölderlins Hymne*, *Der Ister*, Walter Biemel,1984.

［15］Martin Heidegger,*Band 68. Hegel*,Frankfurt am Main,1993.

［16］Friedrich Hölderlin,*Sämtliche Werke und Briefe in drei Bände*,Bd. 1.

［17］Friedrich Hölderlin,*Sämtliche Werke und Briefe in drei Bände*,Bd. 2.

［18］Otto Pöggeler, *Die Frage nach der Kunst. Von Hegel zu Heidegger*, München:Alber,1984.

［19］Glenn Alexander Magee,*The Hegel Dictionary*,New York:Continuum international Publishing Group,2010.

［20］Stephen Houlgate,*Hegel and the Arts*,Northwest University,2007.

［21］Maurice Blanchot, *The Space of literature*, tran. Ann Smock, London: University of Nebraska Press,1982.

［22］Stephen Houlgate,*An introduction to Hegel:Freedom,Truth,and History*,Blackwell Publishing,2005.

［23］Arthur C.Danto,*After the End of Art:Contemporary Art and the Pale of History*,Princeton:Princeton University Press,1997:4.

［24］Emile Benveniste,*Problem in general linguistics*,trans.Mary Elizabeth Meek,University of Miami press,1971.

［25］Thrasybulos Georgiades, *Musik und Rhythmus bei den Griechen*, März,1958.

［26］David Couzens Hoy,"The owl and the poet:Heidegger critical of Heidegger", *Martin Heidegger and Literature*, 1976.

[27] Günther Pöltner, "Mozart und Heidegger", *Heidegger Studies*, 1992.

[28] Babette E. Babich. Mousikē Technē, The philosophical practice of music in Plato, Nietzsche, And Heidegger, Between philosophy and poetry. New York: Continuum, 2002.

[29] Paul Kretschmer, "Semele und Dionysos", *Aus der Anomia*, 1890.

[30] Otto Pöggeler, "Hegel, der Verfasser des ältesten Systemprogramms des deutschen Idealismus", *Hegel-Studien*, 1969.

[31] Hugh J. Silverman, "Heidegger and Merleau-Ponty: interpretation of Hegel", *Research in Phenomenology*, 1977.

[32] Andreas Grossmann, "Hegel, Heidegger and the question of art", *Research in Phenomenology*, 1990.

[33] Slavoj Žižek, "Hegel versus Heidegger", *e-flux journal*, 2012.

[34] Joan Stambaugh, "Time and Dialectic in Hegel and Heidegger", *Research in Phenomenology*, 1974.

[35] David Nowell-Smith, "The Art of Fugue: Heidegger on Rhythm", *The Heidegger Circle Annual*, 2012.

[36] Cathrin Nielsel, "Rhythmus. Zum wesen der Sprache bei Heidegger", *Prolegomena*, 2003.

二、中文文献

[1] 黑格尔:《精神现象学》,商务印书馆 1979 年版。

[2] 黑格尔:《美学》,朱光潜译,商务印书馆 1979 年版。

[3] 黑格尔:《法哲学原理》,商务印书馆 1961 年版。

[4] 黑格尔:《小逻辑》,商务印书馆 1980 年版。

[5] 黑格尔:《哲学史讲演录》,上海人民出版社 2013 年版。

[6] 黑格尔:《黑格尔早期神学著作》,贺麟译,上海人民出版社 2012

年版。

[7]黑格尔:《黑格尔通信百封》,苗力田译编,上海人民出版社 1981
年版。

[8]黑格尔:《宗教哲学》,魏庆征译,中国社会出版社 2005 年版。

[9]海德格尔:《存在与时间》,陈嘉映、王庆节译,三联书店 2006 年版。

[10]海德格尔:《路标》,孙周兴译,商务印书馆 2000 年版。

[11]海德格尔:《同一与差异》,孙周兴译,商务印书馆 2011 年版。

[12]海德格尔:《荷尔德林诗的阐释》,孙周兴译,商务印书馆 2000
年版。

[13]海德格尔:《思的经验》,陈春文译,人民出版社 2008 年版。

[14]海德格尔:《在通向语言的途中》,孙周兴译,商务印书馆 2010
年版。

[15]海德格尔:《演讲与论文集》,孙周兴译,三联书店 2005 年版。

[16]海德格尔:《尼采》,孙周兴译,商务印书馆 2002 年版。

[17]海德格尔:《形而上学导论》,熊伟、王庆节译,商务印书馆 1996
年版。

[18]海德格尔:《林中路》,孙周兴译,上海译文出版社 2004 年版。

[19]海德格尔:《论真理的本质》,赵卫国译,华夏出版社 2008 年版。

[20]海德格尔:《形式显示的现象学》,孙周兴译,同济大学出版社
2004 年版。

[21]海德格尔:《谢林论人类自由的本质》,薛华译,辽宁教育出版社
1999 年版。

[22]海德格尔:《依于本源而居》,孙周兴编译,中国美术学院出版社
2010 年版。

[23]柏拉图:《柏拉图全集》,王晓朝译,人民出版社 2003 年版。

[24]亚里士多德:《形而上学》,吴寿彭译,商务印书馆 1981 年版。

[25]亚里士多德:《物理学》,张竹明译,商务印书馆 1982 年版。

［26］康德：《纯粹理性批判》，邓晓芒译，人民出版社 2004 年版。

［27］堡特：《洪堡特语言哲学文集》，姚小平选编，商务印书馆 2011 年版。

［28］歌德：《歌德谈话录》，艾克曼辑录，杨武能选译，浙江文艺出版社 2004 年版。

［29］尼采：《悲剧的诞生》，周国平译，三联书店 1986 年版。

［30］赫尔德：《反纯粹理性》，张晓梅译，商务印书馆 2010 年版。

［31］阿尔弗雷德·登克尔等主编：《海德格尔年鉴》第一卷，靳希平等译，商务印书馆 2011 年版。

［32］伽达默尔：《真理与方法》，洪汉鼎译，上海译文出版社 2004 年版。

［33］伽达默尔：《美的现实性》，张志扬等译，三联书店 1991 年版。

［34］荷尔德林：《荷尔德林后期诗歌》（文本卷），刘皓明编译，华东师范大学出版社 2009 年版。

［35］施莱格尔：《雅典娜神殿断片集》，李伯杰译，三联书店 2003 年版。

［36］保罗·克利：《克利教学笔记》，周丹鲤译，行实文化行销 2013 年版。

［37］马克斯·韦伯：《新教伦理与资本主义精神》，三联书店 1987 年版。

［38］大卫·库尔珀：《纯粹现代性批判》，商务印书馆 2004 年版。

［39］莱因哈德·梅依：《海德格尔与东亚思想》，张志强译，中国社会科学出版社 2003 年版。

［40］哈贝马斯：《现代性的哲学话语》，曹卫东等译，译林出版社 2004 年版。

［41］朱立元：《黑格尔美学引论》，天津人民出版社 2013 年版。

［42］卡尔·洛维特：《从黑格尔到尼采》，李秋零译，三联书店 2014 年版。

［43］刘小枫：《诗化哲学》，山东人民出版社 1986 年版。

［44］考夫曼:《黑格尔:一种新解说》,张翼星译,北京大学出版社 1989
年版。

［45］柯小刚:《海德格尔与黑格尔时间思想比较研究》,同济大学出版
社 2004 年版。

［46］蒋孔阳:《德国古典美学》,商务印书馆 2014 年版。

［47］曹俊峰等:《德国古典美学》,北京师范大学出版社 2013 年版。

［48］邱紫华:《思辨的美学与自由的艺术——黑格尔美学思想引论》,
华中师范大学出版社 1997 年版。

［49］刘旭光:《海德格尔与美学》,商务印书馆 2004 年版。

［50］何乾三:《西方音乐美学史稿》,中央音乐学院出版社 2004 年版。

［51］赫伯特·里德:《现代绘画简史》,刘萍群译,上海人民美术出版社
1979 年版。

［52］王美钦:《克利论艺》,人民美术出版社 2002 年版。

［53］陈也奔:《黑格尔与古希腊哲学家》,黑龙江人民出版社 2006
年版。

［54］蔡美丽:《黑格尔》,广西师范大学出版社 2004 年版。

［55］庄振华:《黑格尔的历史观》,上海人民出版社 2013 年版。

［56］王树人:《国外黑格尔哲学新论》,中国社会科学出版社 1982
年版。

［57］陈望衡:《黑格尔美学论稿》,贵州人民出版社 1986 年版。

［58］刘小枫:《〈安提戈涅〉第一合唱歌的启蒙意蕴——纪念康德逝世
二百周年》,《国外文学》2004 年第 2 期。

［59］张世英:《从黑格尔到海德格尔》,《张世英教授学术报告实录》
2006 年第 2 期。

［60］钱雯:《黑格尔美学的"情致说"》,《安徽师范大学学报》1997 年第
2 期。

［61］刘旭光:《黑格尔美学的存在论基础》,《上海师范大学学报》2007

年第 6 期。

　　[62]谭好哲:《论黑格尔美学中实践观点的萌芽》,《山东社会科学》1989 年第 3 期。

　　[63]苏宏斌:《美是理念的直观显现》,《文艺理论研究》2013 年第 3 期。

　　[64]张璐倩:《黑格尔音乐美学研究》,上海师范大学博士论文,2010 年。

后　记

　　本书是在本人博士毕业论文基础上修订而成。2011年，本人有幸进入复旦大学攻读文艺学博士学位，复旦大学浓郁的学术气氛与国内一流名校的优良学风、频繁而密切的高端国际学术交流、美丽的校园、知识渊博学问精深的老师及聪明努力、好学深思的同学们，都给我留下了终生难忘的印象。复旦四年(2011—2015)是我人生最努力，也是学术成长最快的时期，导师朱立元教授作为我国当代著名美学家，长期从事德国古典美学研究，尤其对黑格尔美学有着精深的造诣，在他的指导下，我结合自己以往对海德格尔的研究，选择了这一题目。有幸的是，除了朱老师的指导外，在校时期以及参加学术会议的机会，使我聆听了包括Terry Pinkard、Klaus Vieweg等国外黑格尔美学专家的系列讲座。同时，复旦四年的学习也使我的外语水平有了很大的提高，当然，由于本人学术能力不足及时间的匆忙，这本书依然有许多缺点，甚至可能会有重大的错误，衷心希望能得到学界的批评与指正。最后，感谢西安工业大学文学院对本书出版的资助，感谢人民出版社编辑崔秀军老师为本书付梓所做的辛勤付出。

李　创

2018 年 11 月 25 日

责任编辑：崔秀军
封面设计：汪　阳

图书在版编目(CIP)数据

海德格尔与黑格尔美学思想比较研究/李　创　著. —北京：人民出版社，
　2019.12
ISBN 978－7－01－021754－3

Ⅰ.①海…　Ⅱ.①李…　Ⅲ.①黑格尔(Hegel, Georg Wilhelm Friedrich 1770—
1831)-美学思想-研究②海德格尔(Heidegger, Martin 1889—1976 -美学
思想-研究　　Ⅳ.①B516.35②B516.54③B83－095.16

中国版本图书馆 CIP 数据核字(2019)第 291909 号

海德格尔与黑格尔美学思想比较研究
HAIDEGEER YU HEIGEER MEIXUE SIXIANG BIJIAO YANJIU

李　创　著

人民出版社 出版发行
(100706　北京市东城区隆福寺街 99 号)

环球东方(北京)印务有限公司印刷　新华书店经销

2019 年 12 月第 1 版　　2019 年 12 月北京第 1 次印刷
开本：710 毫米×1000 毫米 1/16　印张：16.5
字数：240 千字

ISBN 978－7－01－021754－3　定价：55.00 元

邮购地址 100706　北京市东城区隆福寺街 99 号
人民东方图书销售中心　电话 (010)65250042　65289539